Pico Iyer

Sushi in Bombay, Jetlag in L. A.

Unterwegs in einer Welt ohne Grenzen

Aus dem Englischen von Carl Freytag

S. Fischer

Die englische Originalausgabe erschien 2000 unter dem Titel
›The Global Soul. Jet Lag, Shopping Malls, and the Search for Home‹
im Verlag Alfred A. Knopf, New York

Satz: Fotosatz Otto Gutfreund GmbH, Darmstadt
Druck und Bindung: Clausen & Bosse, Leck
Printed in Germany
ISBN 3-10-043931-7

In Erinnerung an meinen Vater,
der unermüdlich an der Idee der
Novus Ordo Seclorum, einer Welt für
den Menschen des 21. Jahrhunderts,
gearbeitet hat – und mir zur gleichen
Zeit diese Welt erschloss.

Was ist der Mensch anderes
als eine Versammlung von Nationen?

Ralph Waldo Emerson

Man soll nicht »ich« sein, aber man soll noch weniger »wir« sein. Die Gemeinschaft der Mitbürger gibt das Gefühl des Zuhauseseins. Sich in der Verbannung zu Hause fühlen lernen. Verwurzelt sein in der Abwesenheit jeglicher Stätte.

Simone Weil[1]

Inhalt

Das brennende Haus

Die Philosophie ist eigentlich Heimweh –
Trieb überall zu Hause zu seyn.

Novalis[2]

Plötzlich türmte sich das Feuer zwanzig Meter oberhalb des Hauses auf, der Sturm war zum Orkan angewachsen und peitschte die Flammen durch das trockene Buschwerk. Ich versuchte die Feuerwehr anzurufen, aber die Leitung war tot. Dann wollte ich Licht machen, aber es gab keinen Strom. Ich rannte wieder die Treppe hinauf und sah durch das Panoramafenster auf den Hügel, der hell aufloderte.

Ich schnappte mir Mutters Katze und rannte aus dem Haus. Zwei Freunde, die mir zu Hilfe gekommen waren, flohen mit mir. Meine Eltern waren in der Stadt. Aber wir konnten nirgendwo hin. Unter uns lag der steile Abhang, auf der anderen Seite loderten Flammen bis hinauf zum Kamm des Hügels. Wir sprangen in ein Auto und fuhren die Einfahrt hinunter zu der schmalen Bergstraße, aber dort ging es in keine Richtung weiter. Die Büsche waren zu grellroten Fackeln geworden, die Flammen sprangen neben uns die Hänge hoch wie wütende Hunde an einem Zaun. Der Weg nach unten führte in ein Flammenmeer, der Weg nach oben in eine Feuersbrunst.

Auf der Straße stand außer unserem Auto nur noch ein Fahrzeug – ein Wassertank, dessen Fahrer nun wie wir in der Falle saß. Ganz allein stand er in seinen Shorts auf der Straße und richtete einen armselig dünnen Schlauch in Richtung Feuer. Über uns hörten wir die Rotorblätter eines Hubschraubers, aber der Qualm und die bedrohlichen Rauchschwaden waren inzwischen so dicht, dass wir ihn nicht sehen konnten. Einer meiner Freunde und unser neuer Schicksalsgenosse zielten mit dem kläglichen Wasserstrahl auf jede neue Flamme, die über die Hügelkuppe leckte.

Mir war vorher nie klar gewesen, dass sich Feuer so schnell und so zielstrebig ausbreitet. Jetzt konnten wir sehen, wie es sich quer über den Hang fraß und unsere Einfahrt hinaufkletterte, als hätte dort ein Scheiterhaufen nur darauf gewartet, angesteckt zu werden. Wir saßen alle im Auto, die Katze auf meinem Schoß hustete, mehr als zwei Stunden lang sahen wir nichts außer Flammen und immer wieder neue Flammen. Dann wurde es dunkel, und endlich kam ein Feuerwehrauto und brachte uns weiter nach unten zu einem sicheren Platz. Zu Opernklängen aus dem Radio konnte ich jetzt zuschauen, wie sich das Feuer über mein Zimmer hermachte und vom zweiten Stock des Hauses nur ein Skelett übrig ließ, um dann zum Sturm auf die Stadt anzusetzen.

Ein völlig durchgedrehtes Pferd trabte die Straße entlang, und ein rußbedeckter Mann tauchte auf, der nicht wusste, wohin er eigentlich wollte. Weiter unten brannten am Straßenrand einige Autos friedlich vor sich hin. Endlich, nach einer weiteren Stunde, als das Feuer schon die Vororte erreicht hatte und kurz davor stand, die achtspurige Autobahn Richtung Norden zu überspringen, konnten wir nach unten Richtung Stadt weiterfahren, durch eine Welt der Verwüstung mit rauchenden Autowracks und zerstörten Häusern, zwischen schwarzen Hügeln hindurch, die mit flammenden Halsbändern geschmückt waren. Ich wurde zum Haus eines Freundes gebracht, holte mir in einem Supermarkt eine Zahnbürste – und fing mein Leben noch einmal an.

Am nächsten Morgen ging ich zu der Straße zurück, die ich die ganzen Jahre immer entlanggefahren war. Jetzt war sie gesperrt. Erschöpfte Feuerwehrleute saßen auf der Fahrbahn und tranken aus Wasserflaschen. Das Feuer hatte sich inzwischen in die Hügel zurückgezogen. Da ich Anwohner war, ließen sie mich durch. Das erste Mal seit fünfundzwanzig Jahren ging ich den ganzen Weg zu Fuß. Von vielen Häusern standen nur noch die Außenmauern oder der Kamin, während wenige andere durch Zufall völlig unbeschädigt geblieben waren. Aus dem Asphalt stiegen hier und da noch Rauchschwaden, und neben den Autowracks hatte das geschmolzene Aluminium der Radkappen kleine silberne Pfützen gebildet.

Unser Haus hoch oben auf dem Hügelrücken war nur noch eine graue, rauchende Aschenwüste. Die Bronzefiguren waren weggeschmolzen, die Aktenregale zu bloßen Gerippen verbrannt. Alles, was meine Eltern sich in ihren sechzig Lebensjahren erarbeitet hatten, alle meine Aufzeichnungen und Pläne aus den letzten fünfzehn Jahren, alle Fotos und alle Erinnerungsstücke – die ganze Vergangenheit – hatten sich in nichts aufgelöst.

Als in England geborener Inder, der als Junge nach Kalifornien gezogen war und jetzt mit über Dreißig noch ohne richtige Ausgangsbasis für sein Leben und ohne eigenen Grund und Boden da stand, hatte ich mich oft selbst als heimatlos bezeichnet. Ich hatte in Japan in einem Holzhaus gelebt, die Gedichte buddhistischer Mönche vom »brennenden Haus« gelesen und viel über den Wert eines Lebens ohne Besitz und Zuhause nachgedacht. Jetzt war aus den Bildern Realität geworden, und ein Manuskript mit ein paar Gedichtzeilen, das ich bei der Flucht vor dem Feuer bei mir trug, war meine einzige greifbare Grundlage für den Start in ein neues Leben am Ende des Zwanzigsten Jahrhunderts.

Bald darauf zeigte Kalifornien sein wahres Gesicht: Eine Gesellschaft, die auf Treibsand gebaut ist, wo jeder jeden Tag ein neues Leben anfängt. Gerade als die Renovierung unseres Hauses kurz vor der Fertigstellung war, erschütterte ein Erdbeben die ganze Gegend, und ein paar Monate später (und wenige Tage nachdem ein Erdbeben meine andere »Heimat« Westjapan heimgesucht hatte), als wir endlich wieder oben auf dem Hügel eingezogen waren, stürzten wahre Wolkenbrüche vom Himmel, rissen ganze Teile des Hangs unterhalb des Hauses weg und schwemmten sie hinab in Richtung Stadt.

Ich war daran gewöhnt, dass immer wieder Schlammlawinen die halbe Straße wegspülten, deshalb saß ich trotz des Unwetters über meinen Notizen versunken an meinem Tisch. Ich sollte im über hundert Kilometer entfernten Los Angeles vor einem Frauenverein einen Vortrag halten. Nachdem ich fertig war, zog ich meine einzigen halbwegs respektablen Kleidungsstücke an – blaues Jackett, graue Hose, weißes Hemd, Krawatte. Als ich die Straße hinunterfahren wollte, war diese von riesigen Ästen und Geröll blockiert. Aber solche Hindernisse ist man in kalifornischen Wintern gewöhnt. Ich umkurvte also die Felsbrocken und den Schutt, gab ein paar hundert Meter von meinem Haus entfernt Gas, schoss durch eine lang gestreckte Pfütze – und fand mich in einem schlammigen Fluss wieder, einen Meter tief im trüben Wasser.

Ich musste aus dem Auto herauskommen, aber kaum war mir das gelungen, stand ich knietief im Dreck. Die Kleider waren durchweicht, die Schuhe voll Schlick und mein zerrissener Schirm konnte bestenfalls die Elemente vor mir schützen statt umgekehrt. Rutschend, fallend und hangelnd versuchte ich, zum nächstgelegenen Haus zu gelangen. Weiter unten entdeckte ich dann das rote Dach und die weißen Wände, die zu einer Villa im spanischen Stil gehörten, das einzige Gebäude, das dank seines

Swimmingpools und eines gewaltigen Wassertanks zuvor vom Feuer verschont geblieben war. Der Wind schlug mir den Schirm um die Ohren, und meine durchnässten Hosen waren dick mit Schlamm bedeckt, als ich den braunen, schlüpfrigen Hang hinunterrutschte und mir durch ein Gehölz aus Avocadobäumen einen Weg zu diesem Ort der Ruhe bahnte.

Als ich zu der prachtvollen Einfahrt kam, stellte sich heraus, dass das ganze Haus verlassen war: Alle Tore waren verschlossen und niemand antwortete auf mein Klingeln, nur eine Überwachungskamera über dem Eingang verfolgte jeden meiner Schritte und erinnerte mich daran, dass ich ein Eindringling war (ein postmoderner Nachbar, also ein Nachbar, der noch nie in diesem Haus war, das nicht einmal fünf Minuten von seinem eigenen entfernt lag). Mir wurde klar, dass meine einzige Hoffnung woanders lag, als ich in dem verwüsteten Obstgarten unterhalb des Hauses einige Gestalten sah.

Ich rutschte weiter den glitschigen Abhang hinunter, immer mit diesem Schirm, der wie ein gerade erst erfundenes Fluggerät aussah, das jeden Moment in die falsche Richtung abheben konnte. Inzwischen dachte ich nicht mehr an meine zerrissenen Kleider und den Dreck, stolperte über herabgefallene Äste, verhedderte mich zwischen Bäumen und kam schließlich zu dem kleinen weißen Wohnwagen unterhalb eines steilen Hangstücks. Ich erfuhr, dass die Besitzer des schönen Hauses weit weg waren, in Puerto Vallarta vielleicht, und ihre Angestellten versuchten jetzt, ihr weniges Hab und Gut aus dem Wohnwagen zu retten, bevor er unter dem Hang begraben wurde.

Meine Nachbarn, denen ich in mehr als zwanzig Jahren nicht begegnet war, ja von deren Existenz ich nicht einmal wusste, ganz zu schweigen von ihrem provisorischen Quartier, baten mich herein und gaben mir ein Telefon, damit ich meinen Vortrag absagen konnte. Doch die Verbindungen waren alle unterbrochen, denn innerhalb eines Tages waren in dieser ansonsten so trockenen Stadt 355 Millimeter Regen gefallen. Es gab also erst einmal für mich nichts zu tun, als mich zu setzen und Atem zu schöpfen, während die Männer in ihren derben Gummistiefeln und dicken Pullovern ohne viel Gejammer ihre wenigen Besitztümer in Sicherheit brachten. Auf dem Boden lagen ein paar Matratzen, eine leere Dose *Yuban*-Kaffee und einige Kassetten mit spanischen Liedern von John Sebastian. An der Wand hing ein Kreuz und aus einem Bilderrahmen lächelte ein mexikanischer Filmstar. Ein Comic illustrierte die Geschichte von *Estephania, Defensor de los Indios.*

»Wir waren fünf«, erklärte mir der älteste der Männer, der die Gastgeberrolle übernommen hatte. Höflich hatte er mich zuvor aufgefordert, mich ganz wie zu Hause zu fühlen. »Aber jetzt nur vier. Meine Schwester und zwei Brüder – in Jalisco. Das andere Kind ist gestorben, da war ich noch jung. *Epidemia*, heißt das so?« Er hat neun Kinder, sechs davon sind Mädchen. »Und jetzt sind die Töchter zu alt«, fuhr er fort – dabei sah er für mich aus wie in den Vierzigern. »Dreißig und einunddreißig. Meinen Jüngsten haben Sie draußen am Hang gesehen.«

Wir schauten nach draußen, wo die jungen Männer die Habseligkeiten in einen Pickup luden und dabei so selbstverständlich arbeiteten, als wenn Katastrophen einfach zum Leben dazugehörten. »Dauernd liegen mir die Töchter in den Ohren, ›Komm zurück nach Mexiko, lebe hier bei uns, lass dir's gut gehen, wir kümmern uns um dich‹«, erzählte der Mann weiter und sah mich dabei fast hilflos an. »Aber ich kann das nicht machen. Es ist meine Pflicht, mich um *sie* zu kümmern.« Manchmal schaffte er es, ihnen hundert ersparte Dollar zu schicken, manchmal auch zweihundert.

Der Regen strömte immer noch in Sturzbächen herab. Mein Gastgeber meinte, die Ställe wären sicherer: Eine Gruppe weißer umzäunter Gebäude im spanischen Stil unterhalb des Wohnanhängers, die aussahen, als könnten sie allen biblischen Plagen widerstehen. »Ich will besser Englisch lernen, es ist schrecklich«, sagte er, als wir uns mit ein paar Habseligkeiten in einen der Ställe gerettet hatten. »Aber nein«, widersprach ich und dachte an mein Spanisch. »Doch, ich will es versuchen«, beharrte er.

Ich rechnete aus, dass mein unbekannter Nachbar achtundzwanzig Jahre hier gelebt hatte, also mehr als die Hälfte seines Lebens. »Hier« – das war Texas und Arizona und alle möglichen anderen Plätze, von wo aus er jedes Jahr für zwei Wochen nach Mexiko reisen konnte. Seine Augen leuchteten auf, wenn er von »unserem Mexiko« sprach, von den Traditionen in seinem Dorf, von der Schönheit Guadalajaras und vom internationalen Flughafen, der nicht weit von Aguascalientes lag, wo er über 30 Hektar Land besaß. Hier in Kalifornien hatte er natürlich fast nichts – ausgenommen Nachbarn, denen er nie begegnet war, und einen Wohnanhänger, an einem mehr als ungünstigen Standort.

»Sie müssen Ihr Land doch vermissen, Ihre Familie?« – »Ja, das ist traurig.« Wir hörten Rufe und aufgeregte Schreie, während die Jungen den Wagen fertig beluden und sich lauthals überlegten, ob sie nicht in die Stadt gehen sollten, um ein wenig Spaß zu haben. »Ich langweile mich hier.«

»Abends habe ich das da«: Er zog eine nagelneue Ausgabe des *World Almanac* von 1995 in Spanisch heraus – dabei waren gerade erst zehn Tage des neuen Jahres 1995 vergangen. »Sie haben keinen Fernseher?« – »Doch, doch. Aber er ist schon seit zwei Monaten kaputt. Ich schau nicht gern fern.«

Und doch wollte der Mann Amerikaner sein: »Im letzten September hat mich ein Reporter befragt«, erzählte er stolz, während wir beide in dem dunklen kühlen Stall vor uns hin zitterten, »am 14. September. Aber ich hab die Sendung versäumt.« Draußen hellte sich der Himmel ein wenig auf, die jungen Arbeiter mit ihren Spaten brachen plötzlich in den Regen auf und stiefelten den Hang mit den entwurzelten Bäumen nach oben zur Straße. Der alte Mann winkte ihnen nach. »Jeden Abend gehen sie in die Stadt. Sogar zu Fuß. Ist fünf Kilometer zum Supermarkt.«

Später habe ich dann erfahren, dass weiter unten das Wasser vier Meter hoch in den Unterführungen stand und Jugendliche versuchten, auf der Autobahn zu surfen. Die Leute sagten, es sei der schlimmste Regen seit 500 Jahren gewesen, als wenn die Chumash oder die ersten Spanier schon die Niederschläge aufgezeichnet hätten. Mein Gastgeber machte sich immer noch viel Mühe, um mir das Gefühl zu geben, willkommen zu sein. Er fragte mich über Indien aus: ob das in Europa sei und ob es da viele Arme gäbe.

Als ich ihm sagte, man müsse vierundzwanzig Stunden fliegen, um hinzukommen, schüttelte er nur den Kopf. Dann erzählte er mir, dass der Mann seiner Nichte, einer der jungen Männer, die gerade auf dem Weg in die Stadt waren, nach Baltimore gehen wolle. »Die Staaten müssen hart für sie sein«, warf ich ein. Er zuckte mit den Achseln. Sie verdienten zwar nicht viel, aber für ein, zwei Dollar gab es einen Haufen zu essen und sie hatten so etwas wie Sicherheit. Nach fünf Jahren Arbeit hier konnte man drei Wochen Ferien machen. Das Leben war gar nicht so schlecht, sie müssten nur noch zu Papieren kommen. »Die Jungs sind in Kalifornien in die Schule gegangen, sie haben Englisch gelernt.« Wir schauten hinaus auf den Matsch und in den Regen. In der Nähe stand ein Haus, das nach dem Brand wieder aufgebaut worden war. »Gibt spanisches Wort für Ziegel«, sagte er, ein wenig stolz, und ließ es auf der Zunge zergehen: »*A-do-be*«.

Als ich beschlossen hatte, dass der Sturm nun genug von den Bäumen gerissen hätte und ich wieder zu meinem Haus hinaufstolpern könnte, verabschiedete ich mich bei meinem neuen Freund und rief ihm bedauernd »¡Qué lástima!« zu. Er winkte zurück und lächelte.

Irgendwie ist dies hier eine ganz klassische Geschichte: von Feuer, von Überschwemmung, von Emigration. Feuer und Sintflut kennen wir schon aus dem Alten Testament, und auch all das Gesagte übers Exil, über Heimatlosigkeit und das Reisen ist alt und verweist auf etwas, was zum inneren Wesen des Menschen gehört. Zugleich ist es aber auch eine ganz moderne Geschichte. Die Geschichte von jemand mit einer amerikanischen Greencard, einem indischen Gesicht und einem englischen Akzent auf dem Weg nach Japan – der einen Nachbarn trifft, der nur ein Stück die Straße runter in einer Welt lebt, die die seine noch nie berührt hat. Einen Nachbarn, der in ein Land kam, dessen Sprache er kaum sprach, und hier achtundzwanzig Jahre als »Illegaler« zugebracht hat, um eine Familie zu unterstützen, die er kaum zu Gesicht bekommt. Zwei Erfahrungen der Grenzüberschreitung treffen hier aufeinander: eine postmoderne, von Technologie geprägte – im Flugzeug über den Atlantik –, und eine prämoderne, der Lebensweise nomadisierender Stämme ähnelnde – unter dem Grenzzaun durch.

Diese beiden Erfahrungen überlagern sich heute ständig. In einer Zeit, in der zwei so völlig unterschiedliche Welten aufeinander prallen, werden sowohl Fremde wie ich als auch Illegale, die schon achtundzwanzig Jahre im »Land der Hoffnung« leben, von rasenden Stürmen herumgeworfen, die die ganze Welt erfasst haben.

Das Zwanzigste Jahrhundert lässt sich wohl als »Ära der Bewegung« bezeichnen, in der Flugzeuge, Telefone und noch modernere Spielzeuge die, laut UN-Konferenz Habitat II (1996), »größte Migration in der Geschichte« mit vorangetrieben haben. Mehr Menschen als je zuvor werden – sei es einzeln oder in Gruppen – weiter über den Planeten verstreut, als wir es sonst aus der Geschichte kennen. Diese Entwicklung schafft neue Spannungen und endloses Leid. So ist zum Beispiel in Kambodscha die zweitgrößte Stadt der Khmer ein Flüchtlingslager gewesen; und selbst im relativ stabilen Mitteleuropa übersteigt die Zahl der Flüchtlinge die Einwohnerzahlen von Berlin und Wien zusammen genommen.

Für immer mehr Menschen wird die Welt zur Diaspora, in der sie auf ganz neue Weise existieren – als Gastarbeiter, Boat People oder *marielitos*[3] – und sich auf neue Realitäten einlassen müssen: als Ruander in Auckland oder als Marokkaner in Island. Melbourne wird Houston immer ähnlicher, unter anderem, weil überall vietnamesische *pho*-Cafés aus dem Boden schießen, und die zunehmende Vernetzung trägt dazu bei, dass auch der fernste Punkt der Welt nur einen Mausklick weit weg ist. Jeder Platz der Erde ist – wie ein »polyzentrisches Anagramm« – aus allen möglichen anderen Plätzen zusammengesetzt, sodass es mir gar nicht mehr auffällt, wenn ich in einem »Café de Paris« in Chinatown in San Francisco sitze und mit einem mexikanisch-amerikanischen Freund über Bikulturalismus rede, während eine Haitianerin vorbeikommt und ihn zu seiner Fernsehsendung über den St. Patrick's Day beglückwünscht.

In meinem Hotel wartete eine Frau, die mit mir sprechen wollte. Sie hieß Madame Nhu. »Sind Sie aus Vietnam?«, fragte ich sie aufgrund ihres Namens, nachdem wir uns vorgestellt hatten. »Nein, ich bin Amerikanerin.« – »Sie haben nie in Vietnam gelebt?«, drängte ich weiter – nicht gerade sehr geschickt, und hauptsächlich nur, um ihr meine Begeisterung für dieses Land zu zeigen. »Ich bin aus Hué.« – »Aber« – ich wollte es ihr leichter machen – »Sie sind dort weg, als Sie noch jung waren?« – »Ja, ich habe nie wirklich dort gelebt. Ich bin Amerikanerin.« Mir war bei diesen Fragen ein wenig unbehaglich; ich wusste, dass ich mich in ihrer Lage auch so winden würde; man greift zur kürzesten oder bequemsten Antwort, um in der Unterhaltung voranzukommen. Die Frage »Von wo bist du?« wird ohnehin bald so hoffnungslos veraltet sein wie die Frage »In welchem Regiment hast du gedient?«

Am Abend zuvor war ich mit einem Mann essen, der mir erzählte, er würde in Schwedisch, Englisch und Italienisch träumen – wobei die italienischen Träume in Schwarz-Weiß seien. Das Überraschende an solchen Erfahrungen ist, dass sie kaum mehr überraschend sind. Was gestern noch erstaunlich war, ist heute schon selbstverständlich.

Diese Durchmischungen und Überschneidungen sind an sich nicht neu, und wie gesagt, lässt sich alles über das Exil bzw. über eine zurückgelassene Heimat bei Homer und Dante nachlesen, aber was sich geändert hat, ist die Geschwindigkeit, mit der sich die Welt dreht. Manchmal fühle ich mich an ein existentielles Gegenstück zu einem Spiel aus meiner Kindheit erinnert: Man musste sich immer schneller auf der Stelle drehen, bis man schwindlig umfiel und sich auf dem Boden wiederfand. Die beiden großen Antriebsmotoren unseres Zeitalters, die Technologie und das Reisen (heute der größte Industriezweig der Welt), heizen sich gegenseitig an. Durch unsere Maschinen wird Geschwindigkeit zum Selbstzweck, und die Sehnsucht nach Geschwindigkeit schürt das Verlangen nach neuen Technologien.

Die äußeren Folgen dieser Vorgänge kann man überall beobachten: Pro Minute werden an der New Yorker Börse eine Million Transaktionen abgewickelt, und die Geschwindigkeit der Informationsweitergabe in Silizium-Chips verdoppelt sich alle achtzehn Monate (während sich deren Preis rapide verringert). Aber vielleicht sind die Wirkungen auf unser Inneres noch beunruhigender. Selbst unser Gedächtnis scheint sich zu beschleunigen: Die Dramen von gestern sind heute schon so weit weg wie die Antike. Manchmal hab ich das Gefühl, dass die Welt sich in einem nicht ungefährlichen Geschwindigkeitsrausch befindet. Selbst

Marshall McLuhan, der hoffnungsvolle (wenn auch etwas zerstreute) Pate des »elektronischen Dorfs«, hat es einmal eingestanden: »Du beschleunigst rasant – und landest am falschen Ort.«

Im letzten Winter des alten Jahrtausends habe ich eine Einladung zum Weltwirtschaftsforum in Davos angenommen. Ich wollte wissen, was die »offiziellen« Hüter unserer Weltordnung zu diesen neuen Entwicklungen zu sagen haben. Zu dem Forum kommen Hunderte von »Garanten der globalen Sicherheit«, um die Zukunft unseres Planeten zu entwerfen: Industriebosse, Staatsoberhäupter, Softwaremilliardäre und eine Hand voll ausgewählte gewöhnliche Sterbliche wie ich. Sechs Tage spazierten wir, umringt von bewaffneten Sicherheitsbeamten, in dem hermetisch abgeriegelten Bergdorf durch Schneegestöber, trafen uns zu Podiumsdiskussionen zwischen den summenden Bildschirmen des Kongresszentrums und zum Essen in den feinen Hotels jenes Orts, in dem das Sanatorium aus Thomas Manns *Zauberberg* angesiedelt ist – eine Tatsache, die kein Skeptiker zu erwähnen vergaß.

Wenn Globalisierung anschaulich wird, dann hier mit all den Vorstandsvorsitzenden in Nadelstreifen und den Gestalten, die man vom Bildschirm kennt, die alle zusammengekommen waren, um über »globale Verantwortung« zu reden. Die Teilnehmer erhielten »globale Kalender«, mit denen sie die Zeit in Karatschi, Rio oder Sydney ausrechnen konnten. Eine »*World Electronic Community*« war eingerichtet worden, in der man on- und offline mit allen vernetzt war. Die erste Sitzung am Eröffnungstag war den gesundheitlichen Gefahren des Jetlags gewidmet. Ein Wissenschaftler erklärte den erschöpften Zuhörern, dass die Aufnahmefähigkeit nach einem Langstreckenflug um 500 Prozent absinkt. Am Rand der schmalen matschigen Straße, auf der Bill Gates, Warren Beatty und Yasir Arafat herumstapften, hatte einer der »*Institutional Partners*« – sprich: der Sponsoren – eine riesige Schneeskulptur in Form des Deckels einer Colaflasche aufgestellt.

Von allen gesellschaftlichen Gruppierungen dieser Erde haben die multinationalen Konzerne das meiste Geld in die Botschaft von der *einen* Welt gesteckt (im Wortsinn einer Investition) – schließlich würde in ihr endlich jeder ein potentieller Kunde werden. *CNN*, Teil des Medien-Konglomerats, für das ich arbeite und das weltweit das größte Unternehmen dieser Art ist, untersagt den Gebrauch des Worts »ausländisch« in all seinen Sendungen. Auch IBM, ein Konzern, der wie die meisten großen Konzerne den Anspruch hat, überall zu Hause zu sein, versichert uns: »Irgendwie erscheint das Wort ›fremd‹ heutzutage sehr fremd.« Von »Globalismus« und »Globalisierung« zu reden, ist eine bequeme Art auszudrücken, dass die gesamte Welt ein einziger großer Markt ist.

Die Forumsteilnehmer diskutierten die Tatsache, dass eine »kleine Welt« höchst gefährdet ist. Auf unserem Planeten mit seinen dichten Verknüpfungen kann aus einem Feuer, das an einer Stelle ausbricht, leicht ein Großbrand in weit entfernten Gegenden werden. Tag für Tag traten die Führer der Welt, flankiert von ihrem auf riesigen Bildschirmen übertragenen überlebensgroßen Konterfei, auf die Hauptbühne des Kongresszentrums, um uns zu versichern, dass es das »Wissen um unsere Verbundenheit«, von dem Al Gore einmal gesprochen hatte, wirklich gibt und dass der Großbrand unter Kontrolle sei. Wir gehören jetzt alle zusammen, so betonten sie immer wieder, ob arm oder reich, ob gesund oder krank. Und alles was wir tun können ist, das Beste daraus zu machen.

Ein paar Tage später entzündete sich eine neue Diskussion. Sie ging von den Sprechern der ärmeren Länder der Welt aus, die in den hinteren Reihen der Versammlung saßen. »Unser ›globales Dorf‹ hat Feuer gefangen«, sagte Hosni Mubarak in einem tadellosen Englisch, das fast alle zu beherrschen schienen, »wir wissen nicht, von woher es kam. Einige Flammen haben wir gelöscht, ... aber wir wissen nicht, wo wir mit dem Wiederaufbau beginnen sollen.« Kofi Annan beklagte, dass ein Viertel der Menschheit dazu verdammt ist, zu hungern. Einer seiner Kollegen erinnerte uns daran, dass ein Viertel der Menschheit heute ärmer ist als vor dem Ende des Kalten Krieges. »Bringt die Globalisierung nur den Mächtigen Nutzen?«, fragte Nelson Mandela in seiner Abschiedsbotschaft an die Türhüter der »neuen Weltordnung«, »hat sie für die Männer, Frauen und Kinder, die von der zerstörerischen Gewalt der Armut heimgesucht werden, nichts zu bieten?«

Jenseits der kollektiven Bekundungen tauchten unüberhörbar auch noch andere Töne auf, in denen sich eine verborgene Angst davor ausdrückte, was die globale Neuordnung wohl mit denjenigen Menschen anstellen würde, die nicht ständig auf den Bildschirmen präsent waren. Der Ökumenische Patriarch von Konstantinopel wies darauf hin, dass auch der »globale« Mensch nicht vom Brot allein lebt. Wertvorstellungen werden aber auf den Kapitalmärkten nicht gehandelt, und auch noch so viel Globalisierung verwandelt die Welt nicht in eine Heimat für alle.

Solche Bedenken konnte man zu meiner Überraschung sogar von denen hören, die ganz auf die Synergien des Planeten setzten. Ein junger Wissenschaftler, der als der Erfinder von Parallelcomputern galt, gab ein Dinner, bei dem er seinen Traum von einer »Millenniums-Uhr« vorstellte, einem Gerät, das immer zur Jahrtausendwende schlägt, um uns in einer sich beschleunigenden Welt an die Tugend der Langsamkeit und an die vielen noch kommenden Generationen zu erinnern. Ein Zukunftsforscher sprach über *High-Touch* als notwendiger Ergänzung von *High-Tech*: Die Technologie für die privaten Konsumenten ist in den

USA zum größten Industriezweig geworden, aber die Flucht vor dieser Technologie hat den zweitgrößten entstehen lassen! Ein Filmproduzent gab ein Dinner, bei dem er geradeheraus fragte: »Was ist aus der Heimat geworden?« Ein richtiges Heimatgefühl habe er nur ein einziges Mal erlebt: während einer Reise durch das ländliche Irland in unerwarteten Momenten absoluter Stille, die für ihn fast spirituelle Offenbarungen waren.

Zumindest am Rande war für mich die unausgesprochene Botschaft der Konferenz, dass nicht nur Güter und Daten (oder »vagabundierendes Kapital«) in immer größeren Mengen um den Globus geschickt werden, sondern auch Menschen – Menschen, die es nicht immer gewohnt sind, ohne ein Gefühl für Orientierung zu leben. Das Wort »global«, das so gern allen möglichen Produkten angehängt wird, um ihre Attraktivität zu erhöhen, bekommt in Begriffen wie »globales Herz« und »globale Loyalität« eine weit ernstere Note. All die neuen Joint Ventures, die von der Politik so begeistert gefeiert werden, haben ihre privaten Entsprechungen, die meiner Vermutung nach gerade deshalb umso mehr Bedeutung erlangen, als sie sich nicht im Rampenlicht der Öffentlichkeit abspielen. Im Laufe der Zeit sind die Grenzen in unserem Leben in gleicher Weise wie die auf den Landkarten gefallen – Grenzen zwischen Gegenwart und Zukunft, zwischen hier und dort, zwischen öffentlich und privat. Nach einer schwedischen Quelle waren 1995 zwanzig von dreißig Konflikten auf der Welt interner Art – und Ähnliches gilt auch für immer mehr Menschen und ihre privaten Konflikte, die oft wie bei Madame Nhu durch den Zusammenprall verschiedener Welten gekennzeichnet sind. Die gegenläufigen Entwicklungen auf der Erde – einerseits zerfallen Staaten in kleinere Einheiten, andererseits überspannen die Konzerne immer mehr Kontinente – finden in unserem privaten Leben eine Parallele, wenn wir plötzlich über immer mehr Telefon- oder Flugverbindungen verfügen und über immer weniger

»Verbindungen« im klassischen menschlichen Sinn. Ich habe mich schon oft gefragt, ob wir wirklich dazu geschaffen sind, an einem einzigen Nachmittag mehrere Kontinente zu überqueren und welche Folgen so etwas für uns hat. Und während in Davos über eine Welt ohne Grenzen geredet wurde, saß der letzte Träger des Nobel-Gedenkpreises für Wirtschaftswissenschaften neunzig Minuten auf dem Züricher Flughafen fest, sodass er nicht an der »globalen« Diskussion teilnehmen konnte: In seinem (indischen) Pass fehlte das (Schweizer) Visum.

Während all dieser Ausführungen über »offene« Märkte und den Euro lehnte sich einmal einer der Pioniere der »künstlichen Intelligenz« zu mir herüber und erzählte mir von einem unvergesslichen Ausflug in ein Kloster. Am bewegendsten fand er, wie die Steine der Stufen zum Kloster ausgetreten waren. Die Spuren waren das Werk der Füße unzähliger Mönche, deren Namen längst vergessen sind. Viele Jahrhunderte waren sie immer wieder denselben Weg zur Kapelle gegangen, um jeden Morgen immer wieder dieselben Choräle zu singen.

Ich finde oft einen inneren Halt in den Essays von Ralph Waldo Emerson, in denen asiatische und antike griechische Weisheit – in die hoffnungsvolle Sprache der Neuen Welt übertragen – zu einer Art privater Unabhängigkeitserklärung wird. Die Erfahrungen, die ich gemacht habe, aber auch etwas tiefer in mir Verwurzeltes, ließen mich an eine Komponente des kollektiven Unbewussten glauben, zu der wir Stufe um Stufe aufsteigen, wie es Teilhard de Chardin einmal ausgedrückt hat. Ich denke auch, dass sich wohl fast jeder in seinen besseren Momenten dem Credo einer weltumfassenden Loyalität verschreiben würde, wie es Thomas Paine formuliert hat: »Mein Heimatland ist die Welt und meine Religion ist es, Gutes zu tun.« Emerson schreibt in *Die Natur*, dass eine »All-Seele« hinter uns steht und durch uns hindurchscheint: »Diese All-Seele nennt er [der Mensch] Vernunft;

sie ist nicht mein oder dein oder sein, sondern wir gehören ihr; wir sind ihr Eigentum und ihre Geschöpfe.«[4] In seinem Essay *Der Dichter* ergänzt er: »Wir sind nicht ... Überbringer des Feuers ..., sondern Kinder des Feuers, und dieselbe Gottheit, nur verwandelt, und um zwei oder drei Grade entfernt, wenn wir am wenigsten darüber wissen.«[5]

Der Schlüssel zu dieser »All-Seele« liegt nach Emerson ganz in der Wahrnehmung: Der Mensch ist gar nicht aus dem Garten Eden vertrieben worden, er erkennt nur einfach nicht mehr, dass er in ihm lebt. So gesehen bietet die schrumpfende Welt immer mehr von uns ganz offenkundig eine Chance, zu erkennen, wie viel wir gemeinsam haben. Sie zeigt uns, wie wir – jenseits belangloser Verpflichtungen und Etikettierungen und jenseits der Reichweite der Nationalstaaten – nach dem großartigen Entwurf Emersons leben könnten. Als Edward Bellamy, der von demselben Impuls angetrieben wurde, 1888 in seinem Roman *Ein Rückblick aus dem Jahr 2000* ebendieses Jahr 2000 schilderte, sah er uns alle in einem losen »Staatenbund« von Nationen vereinigt. In diesem System, das er *nationalism* nannte, gab es bezeichnenderweise weder »Verkauf noch Kauf«, weder Geld noch »Güteraustausch«.[6]

Die Möglichkeit, zu dieser höheren Stufe globaler Verwandtschaft zu gelangen, wird allerdings durch die Tatsache überschattet, dass es oft nur Oberflächlichkeiten sind, die wir teilen, und dass die »globale Einheit« sich meist nur in einem »gemeinsamen Markt« und in »verknüpften Netzwerken« verwirklicht. Es scheint manchmal so, dass die »*Novus Ordo Seclorum*« – unsere neue Weltordnung – vor allem durch die Dollarnote vorangetrieben wird (auf der dieses edle Motto im Übrigen über dem Zeichen der Freimaurer abgedruckt ist). Die Welt ist inzwischen für viele von uns in einer Weise zugänglich geworden, die für unsere Großeltern noch unvorstellbar war. Das hat aber auch zur

Folge, dass all die uralten Probleme der Menschheit nun auf der Weltbühne inszeniert werden, die »überall Zentren und nirgends Randbereiche« hat, wie es bei McLuhan in seinem »digitalen« Upgrade des augustinischen Gottesstaates heißt.

Als meine Eltern im Herzen des traditionellen Empire aufwuchsen – ihre Heimatstadt Bombay war die größte »britische« Stadt nach London –, gehörten sie, ob sie wollten oder nicht, zu der weltweiten großen Schar von Schulkindern, die alle dieselben Gedichte lernten und denselben Katechismus aufsagten, obwohl sie Tausende von Meilen von London entfernt lebten. Das britische Empire hat Shakespeare und Wesleys Choräle mit der gleichen Entschlossenheit über die ganze Welt verbreitet wie der Disney-Konzern *Aladin* oder *Mulan.* Im 19. Jahrhundert hat der Raj (die britische Herrschaft über Indien), der aus den Handelsunternehmungen der East India Company hervorgegangen war, ein globales Transport- und Versorgungssystem aufgebaut – es verband Wellington mit den Falklandinseln und Kingston mit Nairobi –, das sich wenig von dem der multinationalen Konzerne heute unterschied.

Der Unterschied bestand darin, dass im britischen Weltreich jedes Kind schon von Geburt an die Zerrissenheit eines Immigranten in sich trug: zwischen der Heimat, wo es geboren war und der anderen Heimat, die auf dem Papier stand. Alle Menschen aus den Kolonien waren gezwungen, mit zwei Gesichtern zu leben. In der modernen Welt des »internationalen Empire« ist das Heimatgefühl nicht nur zweigeteilt, sondern über die ganze Welt zerstreut. Die Menschen fühlen sich wie auf dem offenen Meer, da es überhaupt kein Zentrum mehr gibt. Die Werbung singt Hymnen auf *Planet Reebok* und *Planet Hollywood*, und sogar auf meiner Telefonrechnung in Japan steht »Eine Welt – eine Telefongesellschaft«, ohne dass sich deshalb jemand in einem tieferen Sinn stärker als Teil des großen Ganzen empfindet.

Wenn man all dies bedenkt, könnte man sich fragen, ob nicht die Zeit für eine neue Art Mensch gekommen ist: für den Bürger dieses internationalen Empire, einem Resultat von Fusionen (und Konfusionen), wie wir sie bislang noch nie gesehen haben, für eine »globale Seele« – nicht so sehr in der erhabenen Weise, wie sie Emerson erträumt hat, sondern eher in einem privaten Sinn, der immer neu in Frage gestellt wird. Dieses neue Wesen könnte jemand sein, der zur gleichen Zeit in verschiedenen Kulturen aufgewachsen ist und daher an den Bruchstellen zwischen ihnen zu Hause ist. Oder jemand, der zwar an einem Ort verwurzelt ist, aber überall auf dieser Welt gelebt und gearbeitet hat, die ihn in drei Stunden aus den Tropen in einen Schneesturm wirbelt. Die »globale Seele«, um bei dieser Etikettierung zu bleiben, hat einen Namen, der nichts über ihre Nationalität aussagt – Kim, Maya, Tara oder dergleichen. Ihr Selbstgefühl ist offen und wird sich an den jeweiligen Ort anpassen. Sie wird selbst die zeitlosen Riten der Menschheit – etwa den indischen Brauch, die Asche des Vaters zu verstreuen, oder eine feste Lebensgemeinschaft einzugehen – möglicherweise zehntausend Kilometer von dem Ort entfernt zelebrieren, den sie zufällig gerade ihre Heimat nennt.

Diese »globale Seele« lebt in einer Art Gegenstück zum internationalen Luftraum, in gewissem Sinne der menschlichen Version des Cyberspace: Ihre Währung sind die »Flugmeilen«, die von den Luftfahrtgesellschaften vergeben werden, zu ihrem Katechismus gehört »Bitte legen Sie die Anschnallgurte an und stellen Sie die Rückenlehnen senkrecht«. Ihre Erinnerungen entstammen den Flughäfen, die mehr und mehr wie transnationale Städte aussehen, und den Städten, die mehr und mehr transnationalen Flughäfen gleichen. Ihr fehlt ein verbindliches »Wir«-Gefühl, aber sie wird nichtsdestotrotz voll Leidenschaft »ihrer« Fluglinie die Treue halten.

Hoch über den Wolken, auf einer alternativen Tragfläche der Existenz schwebend, in einer Dutyfreezone, in der jeder um sie herum ein Fremder ist, wird die »globale Seele« nicht nur neue Antworten auf uralte Fragen ins Auge fassen, sondern auch ganz neue Fragen stellen, weil sie sich mit Verschiebungen auseinander setzen muss, wie sie sich der Fahrgast früherer Zeiten auf einem Ozeanriesen oder in der Eisenbahn überhaupt nicht vorstellen konnte. Sie fühlt sich nicht als Teil einer festen Gemeinschaft und entwickelt daher einen neuen Sinn für Verpflichtungen und Verantwortung. Ihr Gefühl für Heimat stützt sich – wenn es überhaupt existiert – auf die Krawatten und Maskottchen, die sie mit sich herumschleppt. Soweit sie sich mit irgendjemandem verwandt fühlt, ist es aller Wahrscheinlichkeit nach ein Mitglied jener Nation der Entwurzelten, zu der sie selbst gehört.

An einem Frühlingstag besuchte ich in London Kazuo Ishiguro. Er lebte an der Northern Line in der Nähe von »J. J.-Town«, wie er die Gegend mit einem schiefen Lächeln nannte – »J. J.« wegen der vielen jüdischen und japanischen Immigranten. Er lebte mit seiner Frau, die aus Glasgow stammte und die er während seiner Arbeit für Obdachlose kennen gelernt hatte, und seiner Tochter zusammen. »Ish«, wie er allgemein genannt wird (wie viele Gestalten bei Graham Greene kennt man ihn meist nur unter seinem Nachnamen), scheint mir in vieler Hinsicht eine typische »globale Seele« zu sein: Er gehört nicht ganz zu dem Japan, das er verlassen hat, als er fünf war, und er gehört nicht wirklich zu dem England, wo ihn sein Name und sein Aussehen (aber nicht sein Benehmen) sofort als »Ausländer« kennzeichnen. Ishs Werke sprechen Leser in aller Welt nicht zuletzt deshalb an, weil er eine Art »Übersetzer« ist, der die japanischen Werte in Begriffe übertragen hat, die »Westler« verstehen können, wobei er für beide

Beinahe-Heimaten einen Hauch von Heimweh übrig hat und eine amüsierte Distanz zu ihnen bewahrt, die bei echten »Einheimischen« nur wenig Zustimmung findet.

Ich hatte sehr bald gemerkt, dass Ish im Gespräch ein distanzierendes »sie« für beide seiner »Heimaten« benützte. Für ihn waren einerseits die Engländer »Einheimische«, während er andererseits »Nagasaki« mit so kurzen »a« aussprach, wie es kein Japaner jemals tun würde. Wie er mir versicherte, sprach er Japanisch nicht besser als ein Kind, aber auch seine sorgfältig artikulierende Sprechweise zum Beispiel des Wortes *»aeroplane«* klang, als hätte er als Kind Englisch als Fremdsprache gelernt. Er erzählte mir, dass er in den letzten Monaten viel Zeit damit verbracht hatte, einen Namen für die halb japanische, halb schottische Tochter zu finden, die in einem England aufwachsen wird, das vermutlich voller islamischer Fundamentalisten (und ihrer Feinde) sein wird. Seine Prosa ist natürlich von jener klassischen, altertümlichen Art, die man in England nur noch selten findet, und zeugt von der wachen Aufmerksamkeit eines Menschen, der sich ein Leben lang im Imitieren geübt hat.

»Ich kann mich noch daran erinnern, wie ich Worte gehört habe, deren Sinn ich nicht kannte und deren Klang ich so genau wie möglich kopiert habe«, sagte er mir. Da er der einzige »nicht-englische« Junge in seiner Schule war, wurde ihm klar, dass er sich wie seine Mitschüler verhalten musste, um zu überleben – nicht ohne dabei von seiner exotischen Herkunft gelegentlich guten Gebrauch zu machen. »Immer wenn es für mich angebracht war, ›richtig‹ japanisch zu sein, konnte ich sehr japanisch sein«, ergänzte er entwaffnend, »und wenn es genug war, wurde ich wieder zu diesem ganz gewöhnlichen Engländer«.

Plötzlich wurde ich wieder in die Zeit zurückversetzt, als ich neun war, dreimal jährlich zwischen der Wohnung meiner Eltern in Kalifornien und dem Internat in England pendelte und merkte, dass ich als Mitglied keiner Kultur ganz nach Wunsch zwischen verschiedenen Identitäten wählen konnte: Meine kalifornischen Freunde konnte ich mit Texten in Latein und Griechisch begeistern, die ich in England schon gelernt hatte, und meinen atemlos lauschenden Mitbewohnern in Oxford konnte ich berichten, dass ich in Kalifornien in der Nähe der *Greatful Dead* wohnte. Die Herkunft, auf die mein Aussehen schließen ließ, konnte ich (weitgehend) durch meine Art zu reden verdecken – oder ich konnte sie hervorheben, wenn das Gespräch auf Maharishi oder auf Patschuli-Öl kam. Ich konnte wahlweise auf die Zugehörigkeit zu jeder meiner möglichen Heimaten pochen – oder sie verleugnen. Sind im Normalfall Heimat, Geschichte und Gemeinschaft für jeden vorgegeben, oft auch in einengender Weise, so kann jemand wie ich – oder Ish oder Madame Nhu – selbst die fundamentalen Details seines Lebens auswählen.

Die Ungetrösteten, Ishs letztes Buch, spielt mehr oder weniger in einem Hotel in einer namenlosen Stadt irgendwo in Europa, durch die ein Musiker auf Tournee wie durch das Labyrinth in einem Traum läuft, von Menschen und Leidenschaften umgeben, zu denen er keinen Zugang findet. Das Buch beschreibt einen Zustand, der dem Jetlag gleicht, einen Albtraum der Orientierungs- und Beziehungslosigkeit. Der Protagonist weiß weder, wo er ist, noch zwischen welchen Leuten er sich bewegt oder für wen er gehalten wird. Ish sagte mir in seiner erstaunlich offenen, freundlichen Art, er verzichte mit Absicht auf Umgangssprache und alle lokalen Anspielungen, weil er nach achtzehn Monaten Vortragsreisen rund um die Welt wisse, dass die meisten seiner Leser ohnehin Norwegisch, Mandarin oder Portugiesisch sprechen.

Wenn man Ish zuhört, kann man sich vorstellen, wie mit diesem neuen Lebensstil auch eine ganz neue Ära des Schreibens (der Kleidung, des Essens) aufkommen wird, weil es den »globalen Seelen« ähnlich geht wie den Nationen in der Endzeit der alten Weltordnung. Die Helden vieler zeitgenössischer Romane sind multikulturelle Findelkinder. Ein typisches Beispiel ist »Devi« in Bharati Mukherjees Buch *Leave It to Me*. Sie hieß zuvor abwechselnd »Debby« oder »Faustine« und bekommt auf der Suche nach ihren Vorfahren heraus, dass ihre Mutter mindestens sechs verschiedene Pässe hatte. Diesem Kind eurasischer Eltern werden die Geheimnisse des Ostens in San Francisco durch einen chinesischen Liebhaber vermittelt. Alles, was für ihre Eltern selbstverständlich war, muss sie sich von Grund auf neu schaffen. Wer dieses Buch liest, wird vermutlich manchmal – was Namen und Begriffe betrifft – ähnlich verwirrt reagieren, als wenn er *Norwegian Wood* in Punjabi gesungen mit Sitar-Begleitung hört und im Restaurant um die Ecke französisch-koreanisch essen geht.

Die wichtigste Aufgabe für uns ausgesetzte Wesen scheint darin zu bestehen, angesichts des verworrenen Globalismus die Seele intakt zu halten, und in einer Welt, die ihre Einheit durch größere Aufteilung und Zersplitterung definiert, ein Gefühl für Universalität zu bewahren. Mir fällt dazu der Taxifahrer aus dem Punjab ein, der mich kürzlich in Toronto am Lester-B.-Pearson-Flughafen mitnahm und für den alle die üblichen Probleme von Immigranten immer wieder in neuer Form auftauchten und immer komplizierter wurden, weil die Mitglieder seiner Familie und seine Freunde über verschiedene Kontinente verstreut lebten.

»Hier nicht wie zu Hause, Sir«, versicherte er mir – wie fast jeder indische Taxifahrer in Toronto, »hier ist keine Korruption. Indischen Film haben wir hier, Sir, indischen Markt, sogar indische Straßennamen, Sir.« (Vermutlich meinte er die Albion und die Dundas.) Aber als ich ihn fragte, ob er sich in dieser auserwählten Stadt, deren Lobpreis er sang, denn zu Hause fühle, wurde seine Stimme ganz weich und gefühlvoll: »Den Ort, wo man als Kind zu Hause war, kann man nie vergessen. Ich bin hier, und ich bin gern hier. Aber«, und ich konnte seinen Schmerz spüren, »ich liebe mein Indien.«

Ich weiß ein wenig über die »globale Seele« – das liegt zum Teil sicher daran, dass ich in drei verschiedenen Kulturen gleichzeitig aufgewachsen bin, von denen keine ganz meine eigene war, und dass ich schon sehr früh ein Gespür für das Losgelöstsein von Zeit und Raum entwickelte. Ich spürte, dass ich keine Geschichte hatte und litt darunter, keine Heimat zu haben. Was für mich zu den grundlegenden Dingen in meinem Leben gehört und mir fast alltäglich vorkommt, wäre meinen Großeltern surreal erschienen. In meiner Kindheit hatte ich auf dem ganzen Kontinent, auf dem ich lebte, keinen einzigen Verwandten. Ich habe nie ein Wort der Sprachen meiner Eltern gelernt – mein Vater und meine Mutter kamen aus verschiedenen Teilen Indiens und selbst ihre einzige gemeinsame Sprache war Englisch – und kann bis heute nicht genau sagen, was mein Nachname bedeutet. Man kennt mich unter meinem italienischen Vornamen, der auch oft als spanisch oder portugiesisch missdeutet wird, oder als Frauenname. Meinen Eltern war bewusst, dass ich vermutlich unter Menschen leben würde, die mit indischer Vielsilbigkeit überfordert wären, und sie hatten mich deshalb nach jenem italienischen Neuplatoniker aus dem 15. Jahrhundert benannt, dessen Namen man leicht aussprechen und buchstabieren kann.

Ich war immer in der Position eines Fremden, ich konnte nie zur Wahl gehen und hatte in keinem Land, in dem ich lebte, eine feste Anstellung. Ich dachte nicht viel darüber nach, dass ich via Nordpol zur Schule flog und hatte nie eine Lebensgefährtin mit derselben Herkunft wie ich selbst. (»Mischlinge sind die große Hoffnung und die Zukunft der Menschheit«, versicherte mir ein Mensch in San Francisco voll Optimismus, »weil man seinen

Enkel nicht hassen kann.«) Als Sohn theosophischer, als Hindus geborener Eltern wurde ich ausschließlich in christlichen Schulen erzogen und lebe jetzt die meiste Zeit in buddhistischen Ländern: In der Karibik hat man dafür den Begriff *nowherian.* Und obwohl ich den größten Teil des Jahres in der westjapanischen Provinz oder in einem katholischen Kloster verbringe, habe ich bei nur einer amerikanischen Fluglinie allein schon 1,5 Millionen Flugmeilen angesammelt.

Jemand wie ich kann sich natürlich nicht als Exilant bezeichnen, der einer Heimat nachtrauert, die für ihn verloren ist. Genauso wenig bin ich jemand, der seine Heimat verlassen hat, um anderswo mehr Geld zu verdienen, oder ein Nomade, dessen Lebensweise von den Jahreszeiten und den Traditionen des Wanderlebens bestimmt wird. Und vor allem: Ich war nie dem Flüchtlingselend ausgesetzt. Eine »globale Seele« wird am besten dadurch definiert, dass sie zu keiner der gängigen Kategorien gehört. Früher auf dem College galt ich weder als Einheimischer, der ein staatliches Stipendium bekommen konnte, noch als Ausländer, der erhöhte Gebühren bezahlen musste. In dem Land, wo die Leute aussehen wie ich, kann ich keine der dortigen Sprachen sprechen. In dem Land, wo die Leute reden wie ich, sehe ich im höchsten Maße »fremd« aus, und das Land, wo Leute leben wie ich, ist der fremdeste Platz von allen. In meiner Jugendzeit war ich noch fast der einzige »Mischling« in der Schule und in der Nachbarschaft, während es heute mehr und mehr Leute in der gleichen Situation gibt: Kinder einer Welt verschwindender Grenzen und globaler Mobilität.

Ich bin allerdings durchaus auch mit dem deutlichen Gefühl aufgewachsen, dass es Vorzüge hat, *nicht* «dazuzugehören«. Für mich hieß es, dass fast jeder Ort auf der Welt für mich neu und fremd war (und ich für den Ort neu und fremd) und dass ich mir fast überall ein Gefühl des Staunens und der Unvoreingenommenheit bewahren konnte. Man sollte auch nicht vergessen, dass der Fremde in der glücklichen Lage ist, alle Möglichkeiten und Segnungen eines Landes zu genießen, ohne dafür Steuern bezahlen zu müssen und ohne ausnahmslos allen gesetzlichen Pflichten zu unterliegen. Mit meinem Aussehen (und meinem Namen) gehe ich in Kuba, Peru oder Indonesien als Einheimischer durch – und keines dieser Länder ist fremder für mich als England, wo ich *nicht* wie ein Einheimischer aussehe, die USA, wo ich als »Ausländer mit Greencard« eingeordnet werde oder Indien, wo ich kein Wort der fast zweihundert einheimischen Sprachen verstehen kann. Das lässt mich hoffen, jeder Form von Spießigkeit entkommen zu können und alles mit offenen Augen zu sehen. Begriffe wie »Zuhause« oder »Heimat« sind mir fremd, meine Heimat drückt sich am ehesten darin aus, »Ausländer« zu sein – oder vielleicht darin, mit den Ungewissheiten zu leben, die ich in mir herumtrage.

Jenseits solch glatter Formulierungen gibt es allerdings einen Berg von Fragen, und es bleibt die Tatsache, dass die Menschen noch nie zuvor über so viel Mobilität verfügt haben – und so entwurzelt waren wie heute. Zu keiner Gemeinschaft zu gehören, kann auch dazu führen, nicht verlässlich zu sein und kein Gefühl für Verantwortung zu entwickeln. Den Platz zu wechseln kann eine falsche Art von Distanzgefühl verstärken; und ist der Nationalismus, der sich weltweit entzündet, einem zu engen und starren Loyalitätsgefühl entsprungen, so könnte der entstehende Internationalismus Ausdruck der Ruhelosigkeit und des Fehlens eines klar definierten Gefühls von Zugehörigkeit sein. Die »globale Seele« lernt so viele Seiten eines jeden Problems kennen, dass sie vielleicht nie eine feste Überzeugung auszubilden vermag; sie ist so sehr gewöhnt, den jeweils wechselnden Umgebungen eine unterschiedliche Identität zu präsentieren, dass sie, wenn sie mit sich allein ist, den Blick dafür verliert, wer sie überhaupt ist.

Selbst die grundlegendsten Fragen muss sie allein beantworten. Wenn dann im Flugzeug, wo sie sich am ehesten zu Hause fühlt, die Stewardess die Einreiseformulare austeilt, wird die »globale Seele« bei Fragen nach ihrer »Heimatadresse« und »Staatsbürgerschaft«, dem »Grund des Besuchs« und sogar vielleicht beim »Familienstand« ihre Probleme haben.

Fast jede dieser Fragen kann ich ganz unterschiedlich beantworten: Ich kann mich in Kuba als Inder, in Burma als ein in England Geborener oder auf den Philippinen als ein Einwohner Kaliforniens bezeichnen. Aber sosehr das auch ausreichende Antworten auf die Frage »Wo kommst du her?« sein mögen, so offen bleibt die Frage »Für was stehst du?«

Die vielen Bedenken, von denen ich hier rede, sind natürlich nur die Angelegenheit einer winzigen Minderheit – dazu noch einer Minderheit, der es relativ gut geht. Wie uns die Klagen in Davos zeigen, sind die vordringlichen Probleme der Welt aber immer noch dieselben wie seit ewigen Zeiten: Wie werde ich satt? Wie finde ich einen sicheren Platz für die Kinder? Wie kann ich den nächsten Tag überleben? Es gehört zu den beunruhigendsten Aspekten der Globalisierung, die wir so verklären, dass die Vernetzung unseres Planeten den Abstand zwischen den Menschen nicht verkleinert, sondern vergrößert hat: Nach einer Rechnung der UN entspricht die Finanzkraft der 358 reichsten Menschen auf der Welt derjenigen von 2,3 Milliarden der ärmsten. Selbst in den USA, dem Land, das sich am vehementesten die Gleichheit aller auf die Fahne schreibt, hat Bill Gates, der mit dem Rest der Welt am dichtesten vernetzte Bürger, ein Vermögen, das dem von 100 Millionen seiner Mitbürger entspricht. Wer reich ist, lebt in dem Bewusstsein, dass er jederzeit überall hin kann, aber 95 Prozent der Neuankömmlinge auf der Erde zählen zu den Armen. Während ich mir Gedanken über die Auswirkungen von E-Mails und die Überwindung und den Wegfall aller Grenzen und

Schranken mache, haben zwei Drittel der Menschen dieser Welt noch nie ein Telefon benützt.

Vor nicht allzu langer Zeit bin ich nach Haiti geflogen, das ganze zwei Flugstunden von New York entfernt liegt. Ich stieg aus dem Flugzeug und sah mich in biblische Zeiten versetzt: Frauen pinkelten am Straßenrand, und die Hauptsehenswürdigkeiten entlang des National Highway No. 1 waren Grabsteine. Um das Centre de Formation Intellectuelle herum waren die Bürgersteige voller Menschen; die Arbeitslosigkeit in Haiti beträgt 70 Prozent. Eine Tafel mit »Die Zukunft gehört Haiti« verschwand fast völlig unter Abfallbergen. Die meisten Erwachsenen waren nie in die Schule gegangen, und die durchschnittliche Lebenserwartung der Männer beträgt gerade mal vierundvierzig Jahre. Nur 5 Prozent dieser Leute beteiligen sich an Wahlen. Man sagt dort, es sei gefährlich, nachts draußen zu sein – »wegen der Demokratie«.

In einer Welt, in der immer mehr Länder sich auf dem Weg in die Anarchie befinden, verkörpert Haiti eher die Regel als die Ausnahme, was den Sorgen, mit denen sich eine »globale Seele« herumschlägt, ebenso Hohn spricht wie dem fröhlichen Geplapper der Fluglinien über die »15 000 Reisenden, die pro Minute irgendwo auf der Welt eine Grenze überfliegen«. Dass zum Beispiel Tokio über mehr Telefonanschlüsse verfügt als der gesamte afrikanische Kontinent, wirft ebenfalls ein Schlaglicht auf die krassen Gegensätze, die unser Zeitalter beherrschen, und wer sich so mühelos zwischen den Ländern bewegen kann wie zwischen den Kanälen auf dem Fernsehschirm, wird leicht dazu verleitet, die Distanzen zu unterschätzen, die er überwindet. Als meine Eltern damals nach England auswanderten, das größte Ziel, das ein gebildeter Inder haben konnte, mussten sie noch per Schiff reisen, durch den Suezkanal oder um das Kap der guten Hoffnung. Die zwei Wochen an Bord eines Schiffes der *Peninsula and Oriental-Line* ließen ihnen Zeit, den Abstand zwischen beiden

Ländern zu ermessen. Verglichen damit, gehen solche Ortswechsel heute fast augenblicklich vonstatten, und es ist nicht immer leicht, zwischen einer Reise von der 7th zur 8th Avenue und einer Reise zu einem Ort zu unterscheiden, wo wir auf keinerlei uns vertraute Traditionen oder Werte treffen.

Kürzlich erwachte ich noch morgens in Laos – einem verschlafenen Land, so irreal wie ein Märchen, wo im Zentrum der Hauptstadt die Straßen aus rotem Lehm bestehen und die Brunnen ohne Wasser sind – und ging schon am selben Abend in Los Angeles in einen Film im Westside Pavillon. Zwei Wochen später wachte ich morgens im ruhigen, akupunkturversessenen Santa Barbara auf und war abends im zerrissenen Herzen von Manila, wo die Kinder wie Lumpenbündel auf den Fußgängerbrücken herumliegen und sich Mädchen, die kaum zehn sind, ihre langen Haare kämmen, bevor sie sich unter Plastikplanen an den Rändern der großen Straßen zum Schlafen legen. Man kann sich leicht vorstellen, dass solch rasante Übergänge zu Konflikten führen – und manchmal Illusionen wecken, mit denen wir zuvor nicht konfrontiert worden waren. Ich arbeite gelegentlich als Journalist und reise daher mehr als viele meiner Bekannten, aber auch ich treffe in den Flugzeugen auf Management-Berater, Angestellte von Computerfirmen, internationale Entwicklungshelfer und Angehörige des Nomadenstamms der Rucksackreisenden, die noch viel mehr fliegen als ich.

Was die Verwirrung der »globalen Seele« noch steigert ist, dass nicht nur wir uns um die Welt bewegen, sondern sich die Welt auch genauso schnell um uns dreht. Selbst wer sein Zuhause nicht verlässt, könnte durchaus den Eindruck haben, dass sein Zuhause ihn verlässt, denn Eltern, Kinder und Liebhaber sind über die ganze Landkarte verstreut und nehmen, wohin sie auch immer gehen, ein Stück derjenigen mit, die sie zurücklassen. Immer mehr Menschen geraten in einen Zustand, eine Art emotionales oder metaphysisches Gegenstück zu der Erfahrung, die wir von der Eisenbahn kennen: Wir sitzen im Abteil, warten auf die Abfahrt und können beim Blick aus dem Fenster nicht unterscheiden, ob unser Zug abfährt oder der Zug auf dem Nachbargleis zurückrollt.

Daher sind auch die Menschen, deren Leben sich eigentlich nicht verändert hat, gelegentlich mit einer Welt konfrontiert, die von der »globalen Seele« beeinflusst wird. Der Bangladeshi, der sein Dorf noch nie verlassen hat, wird vom Fernsehen mit Bildern aus Hongkong heimgesucht, mit Videos aus Bombay und vielleicht mit Telefonanrufen aus Toronto konfrontiert, während wiederum sein Verwandter aus Toronto, der bei seiner Familie zu Besuch ist, zwischen all den fremden Leuten auf der Straße Zeichen und Botschaften entdeckt, die er nicht lesen kann, und Worte hört, die er nicht versteht. Ich vermute, dass Menschen noch nie zuvor in der Geschichte von so vielem umgeben waren, dem sie innerlich nicht folgen können.

Nach Graham Greene, dem großen Analytiker des Zustands der modernen Welt, könnte es angesichts all dessen verführerisch sein, irgendwo Anker zu werfen, um eine Heimat und festen Boden unter den Füßen zu haben, selbst wenn man dabei einer Botschaft folgt, an die man nur zur Hälfte glaubt. Vielleicht ist es letztlich ganz wesentlich für unser Menschsein, ein Zentrum zu haben. Simone Weil, wie Greene Vertreterin des Katholizismus, hat es so formuliert: »Die Verwurzelung ist vielleicht das wichtigste und meistverkannte Bedürfnis der menschlichen Seele.«[7]

Bei der uns umgebenden Datenflut beruhigen wir uns gern mit dem tröstenden Klang, den ein Begriff wie »globales Dorf« hat: Ein Dorf ist schließlich im überlieferten Sinn ein ehrlicher, einfacher Ort, an dem man mit den anderen Bewohnern die Ideale teilt und wo ein allen gemeinsames Verständnis von Hierarchie und Mitte herrscht – all die Dinge, die im Cyberspace keinen Platz haben. Wir steuern aber letztlich nicht auf jenes globale *Dorf* zu, sondern auf die globale *Stadt* mit all den Problemen der Entwurzelung, der Entfremdung und einer gewaltsamen, falschen Abwendung von der Natur, die mit dem Wort »urban« verbunden ist. Zu Beginn des Zwanzigsten Jahrhunderts lebten weniger als 14 Prozent der Weltbevölkerung in Städten, an seinem Ende waren es rund 50 Prozent – und nach der Aussage von UN-Vertretern wird das 21. Jahrhundert das »Jahrhundert der Städte« sein – mit vielleicht dreiunddreißig »Megastädten« schon im Jahr 2015. Was wir zu unserer Beruhigung »Dorf« nennen, sieht schon heute wie eine überdimensional aufgeblasene Version von Los Angeles aus: verstopfte Autobahnen, verpestete Luft und die einzelnen Bevölkerungsgruppen in anarchischer und chaotischer Weise überall verstreut. Um in L. A. zu bleiben: Schon schlagen die Flammen von South Central, dem Armenviertel, an den geschützten Mauern von Bel Air, der Festung der Reichen, empor.

Was aber am globalen Dorf wirklich dörflich ist, waren schon immer all die Zwänge, vor denen die Menschen zu Millionen in die Städte geflohen sind: weg aus einer allzu kleinen Welt, weg von dem engen Horizont, den Dorfdeppen und den uralten Feindschaften und Fehden. Gerüchte, Verschwörungen und Aberglaube breiten sich heute mit Lichtgeschwindigkeit über *CNN* oder das Internet rund um den Globus aus. Während früher die Armen vielleicht in New York, Rio oder Johannesburg ihren zornigen Blick auf die Türme der Reichen werfen konnten, genügt heute ein Klick mit der Fernbedienung. Wenn sich immer mehr Menschen krank vor Heimweh fühlen, dann ist es vielleicht die Sehnsucht nach der virtuellen und unerreichbaren Heimat, die sie nur vom Bildschirm kennen.

Jeden Tag überschreiten eine Million Menschen irgendwo eine Grenze, und man kann mit Sicherheit annehmen, dass viele von ihnen Viren, illegale Waren, Waffen, Hass und Vorurteile im Gepäck tragen. Während ich dies schreibe, steigen vielleicht gerade einige Nigerianer an Bord einer *Lufthansa*-Maschine in Richtung Frankfurt, verschwinden gleich nach dem Start in den Toiletten und vernichten Seite für Seite ihre Pässe. Bei der Ankunft in Frankfurt werden sie erklären, sie haben keine Papiere und wollen Asyl beantragen. Wenn auch der Antrag vermutlich abgelehnt wird, »verdienen« sie mit dem bisschen Geld, das sie jeden Tag als Asylbewerber bekommen, weit mehr, als in ihrer Heimat möglich wäre. Nach Angaben der International Organization for Migration, selbst eine globale Institution, kamen in letzter Zeit rund eine halbe Million Ukrainer illegal in den »Westen«. Allein 100 000 von ihnen leben davon, ihren Körper zu verkaufen.

Wie die »globale Seele« neue Wege finden muss, mit einer chamäleonhaften Identität zu leben, wird sich folgerichtig die Weltordnung immer mehr in Richtung auf ein indifferentes Ganzes verflachen. Ich habe jedoch bei meinen Reisen kreuz und quer über den Globus die Erfahrung gemacht, dass die Welt gespaltener ist als je zuvor, was zum Teil gerade durch unsere Illusion von Nähe bewirkt wird. Bei meinem letzten Aufenthalt in Havanna wurde ich wie schon oft von einem auffallend sprachgewandten und gut informierten Studenten angesprochen, der wie fast alle auf dieser isolierten Insel verzweifelt irgendwelche Kontakte in die Vereinigten Staaten suchte. Er sagte mir, sein Bruder lebe in Kalifornien in einem Nest namens Tamal (von dem ich allerdings noch nie gehört hatte). Er habe dort eine Villa, einen Pool, Tennisplätze und dicke Autos. Ob ich denn bitte bei meiner Rückkehr in die USA einen Brief an den Bruder mitnehmen könne, damit der vielleicht etwas unternimmt, um ihn aus seinem Elend in Havanna zu retten?

Ich habe zugesagt – mein Koffer war immer bei der Rückkehr

aus Kuba mit solchen Bittgesuchen vollgestopft –, obwohl ich von früher wusste, dass die meisten Briefe mit dem Stempel »Adressat unbekannt« zurückkommen würden oder bei Leuten landeten, die nie wieder an Kuba denken wollten – wenn sie überhaupt noch am Leben waren, denn die meisten kubanischen Flüchtlinge der letzten Zeit endeten in den am meisten von Gewalt und Drogen heimgesuchten Gegenden der USA. In diesem Fall kam jedoch schon nach einer Woche eine Antwort aus Tamal in Kalifornien: »Lieber Pico Iyer«, schrieb der erfolgreiche Bruder, »haben Sie vielen Dank dafür, dass Sie mir den Brief von meinem Bruder in Havanna geschickt haben. Ich denke immer an ihn, ich denke immer an Kuba. Ich habe keine Ahnung, ob er weiß, wie es mir hier geht, aber ich bin im Gefängnis von San Quentin in der Todeszelle. Meinen Sie, ob er wohl irgendetwas tun kann, damit ich frei komme und nach Havanna zurück kann? Bitte schreiben Sie mir bald!«

Auf dem O'Hare-Flughafen in Chicago – einem der großen Treffpunkte aller Kulturen – hat mir kürzlich ein Rumäne erzählt, wie es seiner Mutter erging, die noch nicht lange im Land war, als sie ihre neunjährige Enkelin betreut hat. Das Mädchen sagte, es wolle fernsehen. Die Oma sagte nein, das Kind protestierte und die Großmutter tat, was sie in Rumänien auch getan hätte: Sie gab dem Kind eine Tracht Prügel. Das neunjährige Kind wählte als gute Amerikanerin sofort die Nummer »911«, um dort einen Fall von »Kindesmissbrauch« zu melden. Als der Vater nach Hause kam, wurde gerade seine völlig verwirrte Mutter, die kein Wort Englisch sprach, von Polizeibeamten abgeführt.

Die Welt, die wir uns gern als vereint vorstellen, ähnelt meiner Erfahrung nach eher einem Haufen Jugendlicher verschiedener Hautfarbe, über deren Betten das gleiche Poster von Leonardo DiCaprio hängt und die sich darüber streiten, ob *Titanic* ein Angriff auf die Herrschaft des Kapitals ist oder eine konfuzianische Parabel über das Selbstvertrauen – kurz: hundert Kulturen, babylonisch getrennt durch eine gemeinsame Sprache. Es macht vielleicht nicht viel aus, dass »blau« für jeden eine andere Schattierung hat, aber es macht sicher etwas aus, wenn sich meine Vorstellungen von »wahr« oder »bald« oder »Hoffnung« von denen anderer unterscheiden. Da kann sich Saddam Hussein zu seinem vierundfünfzigsten Geburtstag Frank Sinatra vorspielen lassen, da mag sein Sohn Udai ein Magazin namens *Babel* herausgeben und einen Fernsehsender für die Jugend betreiben, der mit dem Film *JFK* an den Start geht – die Gefahr, dass beide mit Washington in Konflikt geraten, wird dadurch nicht geringer.

Immer noch hat die CIA weltweit mehr Angestellte als die Vereinten Nationen, und während manche Teile des Globus bunt zusammen gewürfelt sind, bemüht man sich – wie ich von Aufenthalten in Nordkorea, Paraguay und Bhutan weiß – anderswo nach allen Kräften, um sich gegen den Rest der Welt abzuschotten. Mir fällt dazu Wittgenstein ein, der 1947 geschrieben hat: »Es könnte sein, dass ... Wissenschaft und Industrie nach und mit unendlichem Jammer die Welt einigen werden, ich meine, sie zu *einem* zusammenfassen werden, in welchem dann freilich alles eher als der Friede wohnen wird.«[8]

Wenn ich ein Märchen über eine »globale Seele« schreiben müsste, würde ich von einem Jungen erzählen, der in Bombay in die Cathedral School geht, wo er von Briten erzogen wird, die offiziell sein Heimatland schon verlassen haben, als er gerade geboren wurde. Er ist schon von klein auf mehrfacher Exilant: ein Muslim, der nach der Teilung Indiens eigentlich in Pakistan leben sollte und der in der Stadt, wo er geboren wurde, zu keiner der wichtigsten religiösen Kategorien – Hindu, Christ, Sikh – gehört. In einer Stadt übrigens, wo auch Rudyard Kipling geboren wurde, der in seinem berühmten Roman *Kim* allerdings die umgekehrte Geschichte erzählt, von einem britischen Jungen, der von Indern aufgezogen wird.

Dieser junge Wechselbalg aus dem Viertel Windsor Villas geht dann auf die Rugby School, die »britischste« aller britischen Lehranstalten, wo laut Dr. Arnold jeder Junge zu »einem Engländer und einem Christen obendrein« wird. Dann geht er auf das King's College in Cambridge – wie Sri Aurobindo und Edward M. Forster. Er fängt an, Romane zu schreiben – in englischer Sprache, die er neu belebt durch die Erscheinungen und Geister, die er von seinem tropischen Geburtsort mitgebracht hat, und mit einer Magie, die dort zu seinem Alltag gehört hatte. Als Prototyp eines Menschen, der zu keiner gängigen Kategorie gehört, kann er die Fremdheit Indiens mit den Augen eines Engländers sehen – und die Fremdheit Englands mit dem Blick des Inders. Die Geschichte, wie er und sein Land gleichzeitig als *Mitternachtskinder* mündig wurden, gilt als der stärkste »britische« Roman der letzten Jahre.

Das Besondere dieses Autors resultiert unter anderem aus seiner Wertschätzung der neuen *masala*-Mischungen unserer Zeit – teilweise, weil er sie selbst lebt – und in seiner Verabschiedung der überkommenen imperialen Unterscheidungen zwischen »Ost« und »West«. Er spricht für die Menschen, die nun im Internationalen Empire leben, weil er sich über alle Traditionen und Religionen hinwegsetzt und in den Nischen zwischen den Kulturen lebt. Sein Buch über Indien beleidigt die Inder, sein Buch über Pakistan kränkt die Pakistani. Er gehört nirgendwo hin, er ist keinem Land verpflichtet und unterschätzt vielleicht, da er in keiner Religion zu Hause ist, das Ausmaß, in dem viele Menschen noch aufs Tiefste in der alten Ordnung der Doktrinen, des Erbes und der Vergangenheit verwurzelt sind – und das umso mehr, als sie die alten Gewissheiten in Rauch aufgehen sehen.

Die Kräfte, die gegen die ihm unterstellten grenzenlosen Freiheiten der »globalen Seele« angehen und auf die Verehrung der Flugzeuge und auf die zunehmende Geschwindigkeit mit den Worten des Propheten antworten – »Hast und Eile sind Werke des Teufels« –, verfechten ihre nahezu mittelalterliche Sache allerdings mindestens so global, wie es ihr Gegner tat. Sie bringen den Übersetzer ins Japanische um, sie attackieren den Übersetzer ins Italienische und den norwegischen Verleger. Die Symbolik ihrer Handlungen ist so präzise und erfindungsreich wie die der besten Schriftsteller – etwa wenn sie in Paris in Anspielung auf die CIA als Terrorgruppe »GIA« auftreten, unter dem Namen »Moslems Against Global Oppression« das Lokal *Planet Hollywood* in Kapstadt in die Luft sprengen oder 1993 eine Bombe im World Trade Center in New York legen. Indem sie das Vorbild aller »globalen Seelen« auf allen Ebenen angreifen, wollen sie in einer Zeit, in der alles in Bewegung ist, die Kraft Gottes, die heiligen Schriften und die alten Absolutheiten stärken. Wenn man sie »Fundamentalisten« nennt, so hauptsächlich, weil sie in einer Zeit, in der viele der fundamentalen Gewissheiten, Grundbedürfnisse und Grundforderungen der Menschen verloren zu gehen scheinen, deren Beachtung fordern.

Als Stimme der Diaspora wird dieser Autor, von dem mein Märchen handelt, zu einem Phantom, das von den Sicherheitskräften eines Landes geschützt wird, dem eigentlich seine Ablehnung gilt. Er taucht in nächtlichen TV-Runden auf, bei Popkonzerten, in den Empfangsräumen von Präsidenten auf allen möglichen Kontinenten, aber während er sich selbst immer als Symbol der neuen Weltordnung gesehen hat, wird er nun von der alten Weltordnung als Symbolfigur benutzt. Sein letztes Buch im alten Jahrtausend handelt vom wegbröckelnden *Boden unter ihren Füßen*, von der brennenden Heimat der Kindheit – von Erdbeben in der Welt derer, die nirgends dazugehören –, und inmitten all seiner Beteuerungen erhebt sich die klagende Frage:

»Wie sollte man in einer zerbrochenen, veränderten Zeit Halt, Fundamente, Fixpunkte finden?«[9]

Es bleibt immer noch die Emersonsche Hoffnung: In Davos sprach einer der Wissenschaftler, die ich dort traf, vom Internet als Produkt der »planetarischen Seele«, und jeder kommt heute gut an, wenn er Chief Seattles berühmten Ausspruch »Was immer jemand für das *web* tut, tut er für sich« zitiert. Václav Havel hat immer betont, dass man den Terminus »global« vorrangig mit dem Bergriff »verantwortlich» verknüpfen sollte und dass sich in einer Welt, in der alle Probleme des einen auch die der anderen sind, ein neuer Gemeinschaftssinn auf der Grundlage von etwas entwickeln muss, das tiefer ist als die Erde unter uns, und höher als die Zinssätze. Andernfalls wird die erträumte »eine Welt« in homogene Ethnien zerfallen, die dann jeweils nur ein Bruchstück »einer Nation« darstellen.

Viele der Menschen, die an der Gestaltung der neuen Welt mitarbeiten, sind selbst »globale Seelen« – manchmal aus eigener Wahl (der frühere Präsident Mexikos sprach beispielsweise fließend Japanisch), manchmal unter dem Zwang der Umstände (obwohl der König von Tonga als irdischer Nachfahre des Himmelsgottes Tangaloa gilt, hat er viel Zeit damit verbracht, zwischen Auckland, Sydney und San Francisco herumzureisen, weil die meisten Angehörigen seines Volkes außerhalb von Tonga leben). Durch die Technologie haben weite Bereiche lokaler Politik einen globalen Charakter angenommen – in manchem Wahlkreis werden so viele Sprachen gesprochen wie in der Immigrantenschlange im Flughafen –, und Führergestalten aus allen möglichen Bereichen haben bemerkt, dass es für einen schlauen Kopf leichter denn je ist, die ganze Welt in einem wirkungsvollen Moment mit seinen Weisheiten zu erleuchten.

Bei allem Optimismus erscheint es unwahrscheinlich, dass

sich die Globalisierung als weniger zwiespältig erweisen wird als irgendein anderer unserer Träume. Während ich an diesem Buch schrieb, besuchte ich den Dalai Lama in seiner wachsenden Gemeinde am Fuß des Himalaja. (Die Uhren in den Pensionen des Orts zeigten die Zeit in Israel an – ein Service für die vielen Touristen von dort.) Er sagte, dass durch das Schrumpfen unseres Planeten sichtbar und fühlbar wird, was Buddhisten, und nicht nur diese, schon immer angenommen haben: All unsere Schicksale sind miteinander verflochten, und selbst das armseligste Eigeninteresse führt dazu, dass wir unseren Blick auch auf die Welt um uns richten: »Dank der modernen Ökonomie und auch dank der Information, der Erziehung, des Tourismus und der ökologischen Probleme – dank all dieser Faktoren – sind alle auf der Welt heute in höchstem Maße voneinander abhängig und miteinander verknüpft. Durch diese Umstände hat sich das Konzept eines ›wir und die anderen‹ aufgelöst. Wenn wir unserem Nachbarn schaden, schaden wir uns selbst.« Und *jeder* ist dein Nachbar!

Aber als jemand, der zwanzig Jahre in Logik und Dialektik geübt ist, wollte sich das Oberhaupt der tibetischen Buddhisten nicht mit einer verwässerten »globalen Ethik« zufrieden geben, die nicht mehr wäre, als die spirituelle Variante des »kleinsten gemeinsamen Nenners«. »Wenn wir versuchen, alle Glaubensrichtungen auf der Welt zu einer einzigen Religion zusammenzufassen«, hatte er einige Monate zuvor einer Gruppe von Katholiken erläutert, für die er die Evangelien interpretierte, »werden wir viele der Qualitäten und Reichtümer der jeweiligen besonderen Überlieferungen verlieren.« Tibetischen Buddhismus zu praktizieren ist in der Tat für einen Westler so schwer, wie »den Kopf eines Yaks auf den Körper eines Schafs zu verpflanzen«, sagte er, um deutlich zu machen, dass die Regeln des Buddhismus als Antwort auf eine Kultur entstanden sind, die sich von der im Westen stark unterscheidet. Weil die tibetische Lehre, die lange Zeit auf den höchsten Bergen der Welt verborgen war, heute in alle Sprachen »übersetzt«, überall auf der Welt zu haben ist, durchlebt dieser buddhistische Mönch jetzt selbst das zwiespältige Schicksal der Globalisierung: Er hat mehr Kalachakra-Initiationen für den Weltfrieden veranlasst als die dreizehn Dalai Lamas in den vergangenen sechs Jahrhunderten zuvor – und muss sich die Fragen gefallen lassen, warum der tibetische Buddhismus so »patriarchalisch« erscheint oder warum er selbst kein Vegetarier ist.

In »Tibet« treffen in der Tat viele unserer Hoffnungen auf eine »kleine gemeinsame Welt« zusammen. Durch die Aufweichung der Grenzen haben immer mehr Menschen – sogar im hintersten Westjapan oder in Madison (Wisconsin) – Zugang zu Riten und Lehrern einer Kultur, die zu Zeiten der Jugend meiner Eltern so weltabgelegen war wie *Irgendwo in Tibet.*[10] Im Gegenzug hat nun auch Tibet sein *Holiday Inn* und ein *Rambo-Café* bekommen und die Kinder betteln nach Kugelschreibern. Bands wie »Public Enemy« und »Porno for Pyros« fordern ein »freies Tibet«, während der Disney-Konzern (und nicht etwa das amerikanische Außenministerium) Henry Kissinger als Botschafter nach Peking schickt und die Inkarnation des tibetischen »Gottes des Mitleids« seine Rolle als Gastherausgeber der französischen Ausgabe von *Vogue* nutzt, um die Sache seines Landes zu fördern. Tibet ist jetzt auf allen Leinwänden der Welt präsent: Täuschend echt wird es in den Bergen von Marokko und Argentinien in Szene gesetzt, während das Land selbst und seine Kultur immer mehr in Gefahr geraten, ausgelöscht zu werden. Die Tibeter fliehen aus ihren brennenden Häusern und werden über die ganze Welt verstreut, und es könnte sein, dass wir zwar alle ein Stück Tibet dazugewonnen haben, aber ein Stück von jenem Shangri-la für uns verloren gegangen ist, das es bisher verkörperte.

In den letzten Jahren war die »globale Zukunft« Gegenstand zahlloser Bücher, aber nur wenige davon haben sich mit unseren Träumen, dem Abgespaltensein, der Entwurzelung und dem Gefühl der Verlorenheit im Gebäude des Unpersönlichen befasst. (Wenn ich Fieber habe, klickt mein Unbewusstes zwischen einer Schwindel erregenden Folge von Flugnummern, Codes von Fluglinien und Zielflughäfen hin und her – früher war es das Streckennetz der Londoner U-Bahn.) Fast all diese Bücher scheinen sich eher an Politologen oder politische Experten zu richten als an die Dorfnachbarn jenes Laoten vom Stamm der Hmong, der, nachdem er mit dem Flugzeug in wenigen Stunden nach Amerika gelangt war, im Schlaf starb. Wie ihm ging es mehreren seiner jungen und gesunden Landsleute. Die Ärzte vermuten, dass sie Opfer entsetzlicher nächtlicher Albträume wurden, die das Herz zum Stillstand brachten. Während im Wirtschafts- und Technologieteil unserer Zeitungen von internationalen Koproduktionen oder »virtuellen Rathäusern« die Rede ist, berichten die Schlagzeilen auf der Titelseite von Rassenkonflikten und »Balkanisierung«.

Die wirklich tiefen Geschichten werden meistens übersehen; man findet sie auf den Seiten mit den Kontaktanzeigen »Er/sie sucht ihn/sie«. Es könnte daher interessant sein, einiges darüber zu erfahren, wie die Erschütterungen des Planeten auf der ganz privaten Ebene eines typischen Bewohners des globalen Dorfes, der in der durcheinander geschüttelten Welt umherzieht, ankommen. Anstatt Experten zu befragen, denen man nur ein Mikrofon hinhalten muss, damit sie reden, wie es von ihnen erwartet wird, und anstatt in Gebiete zu reisen, die weitab der üblichen Pfade liegen, habe ich mich entschlossen, zu beobachten, wie die Kräfte, von denen die Rede ist, ungebetenerweise das Leben durchkreuzen, während ich, eine zugegebenermaßen privilegierte »globale Seele«, meinen Geschäften nachgehe, Freunde treffe, die Romane lese und ab und zu auf Reisen gehe – der Arbeit wegen oder zum Vergnügen: Wenn auch nicht aus einer tiefen Verzweiflung heraus, so doch aus einem starken Bedürfnis, zu erkennen, wohin ich einmal gehört habe. Zumal ich, nachdem mein Haus abgebrannt war, von meiner Vergangenheit ebenso abgeschnitten war wie von jeder Zukunft, die ich mir einmal vorgestellt hatte.

Früher habe ich oft über Thoreaus kluge Erkenntnis nachgedacht, dass alle neuen Kommunikationsmittel der Welt nicht garantieren, dass wir uns auch mehr (und Wichtigeres) mitzuteilen haben – in Wirklichkeit wird es durch sie eher weniger. Als sich nun die Jahrtausendwende mit der etwas trügerischen Vorstellung näherte, wir würden damit nicht nur einen Satz zu Ende schreiben, sondern eine neue Seite aufschlagen, fand ich mich mehr und mehr in dem Anspruch eines ziemlich unbekannten angelsächsischen Mönchs aus dem 12. Jahrhundert, Hugos von St. Viktor, wieder:

»Wem sein Heimatland lieb ist, der ist noch zu verwöhnt; wem jedes Land Heimat ist, der ist schon stark; wem aber die ganze Welt Fremde ist, der ist vollkommen.«[11]

Diese Sätze habe ich zum ersten Mal von einem jungen Freund schwedisch-amerikanischer Herkunft gehört, der in Kalifornien mein Nachbar war. Der hatte sie wiederum per E-Mail von einem Briefpartner auf Barbados bekommen, der sich nach einiger Zeit in England und Deutschland jetzt in Israel niedergelassen hat. Ein wenig später stieß ich auf sie in einem Essay von Edward Said über das Exil, ein weiteres Mal fand ich sie als poetisch aufbereitetes Motto eines Artikels eines chinesischen Australiers in einem japanischen Magazin, und dann noch einmal in etwas abgewandelter Form unter den Fragmenten globaler Weisheit, die am Rand der letzten Abhandlung des holländischen Architekten Rem Koolhaas verteilt waren.

Die Verpflichtung des Mönchs auf ein höheres Heimatgefühl verweist allerdings weniger auf das windige Chamäleondasein einer »globalen Seele« als auf eine jenseitige Welt. Hugo glaubte, dass für jemanden, der im Himmel verwurzelt ist, alle Plätze auf Erden gleich viel bedeuten. Für uns, die wir noch nicht ins Jenseits entrückt sind, bieten also die Sätze leider wenig Trost und Hilfe bei dem Versuch, uns im Durcheinander aus »postkonfessionellen« Tempeln und selbst gebastelten Traditionen zu orientieren.

Als ich mich an dem Tag, nachdem unser Haus abgebrannt war, in dem Aschehaufen umsah, waren mir die buddhistischen Gedichte mit dem Bild vom »brennenden Haus« eingefallen. Es wird beispielsweise im *Lotus Sutra* verwendet und ist dort das Symbol für völlige Konfusion. Eine Konfusion, wie sie ein Vater bei seinen Kindern wahrnimmt, die von ihren neuesten Spielsachen so sehr gefangen sind, dass sie nicht bemerken, wie um sie herum die Wände in Flammen stehen. Der Vater erkennt, dass es nur eine einzige Möglichkeit gibt, die Kinder aus dem Haus zu locken: Er muss ihnen ein noch verlockenderes Spielzeug versprechen. Eine hilfreiche neue Illusion soll also die Rettung für diejenigen darstellen, die völlig von Illusionen gefangen sind, während ihre bisherigen Lebensgrundlagen niederbrennen.

Der Flughafen

»Wenn du dich ein Jahr lang auf diesem Flughafen aufhalten würdest«, sagte sie, strahlend wie eine kleine Kellnerin, während wir den glitzernden Übergang zur Schalterhalle hochfuhren, umgeben von Passagieren und Leuten auf der Suche nach ihrem geliebten Partner, »würdest du dort die ganze Welt treffen. Und du würdest bestimmt hundertmal Charley Pride sehen.«

Richard Ford[12]

Meine Reisen haben – wo auch sonst? – immer im Flughafen begonnen. Viele »globale Seelen« verbringen heute mehr Zeit in der Luft als mit den engsten Familienangehörigen – bei mir waren es einmal vierzig Tage im Jahr. Das hat zur Folge, dass sie die wichtigsten Dinge an einem Nicht-Ort erledigen, in einer Art Zwischenwelt, wo nur noch die IATA-Regeln gelten und die meisten Menschen aus weit entfernten Zeitzonen kommen. Zu den lebendigsten Erinnerungen an meine Kindheit gehört, wie ich mich von meinen Eltern verabschiedet habe und dann im Jumbo als »Kind ohne Begleitperson« zur Schule geflogen bin – hinter mir eine glatte, synthetische Welt mit wenig Bezug zur Vergangenheit, vor mir die alten Klostermauern meiner Schule, wo wir zweimal täglich zur Kapelle pilgern mussten und jede Überschreitung der Regeln Schläge einbrachte. Solche Übergänge macht natürlich jedes Kind durch, das sich von seiner Mutter verabschiedet und zu seinen Freunden eilt, aber es ist doch um einiges fremdartiger, wenn man zwischen zwei so unterschiedlichen Welten – 1968 und 1441 – reist und weder da noch dort ganz zu Hause ist.

Für mich war damals der Flughafen eine Art Interregnum zwischen zwei miteinander rivalisierenden Formen von Autorität. Das Flugzeug selbst war das verzauberte Niemandsland, in dem ich wie ein VIP behandelt wurde und mir attraktive junge Frauen Softdrinks, Nüsse und Kopfhörer brachten, in dem ich mir (für meine Verhältnisse) reichlich gewagte Filme ansehen konnte und *Burt Bacharach's Greatest Hits* hörte. Mein Schulweg bestand also aus höchst verbotenen Vergnügungen: aus Filmen, Snacks, Cokes und jungen Frauen. Das Fliegen war das Hightech-Gegenstück zu den Geschichten von Charles Dickens, die wir in der Schule lasen: Ein Sitznachbar erzählte mir, er sei Football-Profi und habe gegen Cassius Clay geboxt, und die Frau vor mir in der Schlange beim Einchecken erwies sich als Raquel Welch. Im April erhielten die Stunden im internationalen Flughafen von Los Angeles für mich einen besonderen Glanz, wenn ein oder zwei Engländer mit der goldenen Statuette winkten, die sie am Abend zuvor bei der Oscarverleihung bekommen hatten, und mit mir in meine Maschine stiegen.

Auf halbem Weg über dem Nordpol wechselte ich immer die Frequenz meines Radios, stellte die Uhr acht Stunden vor und verrückte meinen Akzent (und vielleicht auch meine Art zu denken) ein wenig. Bei der Ankunft wartete am Flugzeug eine Dame, die sich meiner wie eine Mutter annahm und der ich meine Papiere – und damit meine Identität – für die Einreise übergab. Bei der Passkontrolle legte ich meinen britischen Pass dem ebenfalls britischen Passbeamten vor, verabschiedete mich mit *good bye* – und war für einige Stunden frei und allein: inmitten von bunten Turbanen und Galabias und Plattenläden und Telefonen, die ihren besonderen Zauber durch die Tatsache bekamen, dass ich unbeaufsichtigt zwischen ihnen herumstreifen konnte. Wäre es nur darum gegangen, in die Schule zurückzufahren – ein paar Stunden vor meinen Klassenkameraden, die vielleicht den Abendzug von London nahmen –, hätte ich mich auf nichts als einen zugigen mittelalterlichen Raum, eine herrische Hausdame und einen einäugigen Geistlichen freuen können. So aber konnte ich auf dem Flughafen, den ich selbst zum Wohn-, Schlaf-, Arbeits- und Aufenthaltsraum deklariert hatte, noch ein bisschen die Freiheit genießen.

Ich denke, ich habe schon damals geahnt, dass ein Flughafen eine Art spirituelle Drehscheibe ist: Man kommt als die eine Person an und geht als eine andere. Ich bin seinerzeit mit dem Flugzeug nach Kalifornien ausgewandert – ich habe dabei den Sari meiner Mutter zum ersten Mal als exotisch empfunden, als in Reykjavik die Leute ihre Nasen an die Scheiben drückten, nur um sie anzuschauen, und habe so begriffen, dass schon ein zehnstündiger Routineflug ein Leben unwiderruflich umkrempeln kann. Irgendwann später bin ich auf Caryl Phillips *European Tribe* gestoßen. Der Autor beschreibt in dem Buch, wie er im Queen's College in Oxford seine Tutorien absitzt, um dann sofort nach Notting Hill zu eilen und dort die Abende mit Leuten aus Westindien zu verbringen. Eine Geschichte hat sich mir bleibend eingeprägt: Er gesteht, dass er, würde er eines Tages in London den letzten Zug verpassen und wäre zu arm, um sich ein Hotelzimmer leisten zu können, die Nacht in Heathrow verbringen würde – in jener Vorstadtsiedlung des Empire, wo er mit Sicherheit von Indern und Jamaikanern umgeben wäre.

Als ich erfahren habe, dass oft mehr als ein Dutzend Menschen ständig im Kennedy-Airport leben und sich dort zwischen den vielen Snackbars und Klimaanlagen eingerichtet haben und sich Passagieren anvertrauen, die durch den Jetlag oder den Kulturschock ein offenes Herz (und eine offene Brieftasche) haben, hat mich das kaum überrascht. Ich hatte das früher auch schon gemacht und war mit meinem Koffer als Kissen ganze Tage im Flughafen geblieben, um einmal frei durchatmen zu können.

Flughäfen sind neuerdings mehr als nur übernationale Einrichtungen, in denen für alles gesorgt ist – sie sind zu Modellen unserer Zukunft geworden und öffnen sich uns mit anonymen Räumen, in denen die vertrauten Totems von *The Body Shop*, *The Nature Company* und *The Sharper Image* aufgestellt sind, diesen unpersönlichen Nachfolgern der ehemaligen Familienunternehmen. Neben uns hackt jemand in die Tasten seines Laptops, und ein anderer murmelt in sein Handy, dass »es einfach nur eine Geschäftsentscheidung ist, wenn keine Gefühle im Spiel sind«. Die Luft kommt aus der Klimaanlage, und die Pflanzen sind künstlich.

Die Menschen in einem modernen Flughafen kommen von überall her. Wenn man will, dass sie sich wie zu Hause fühlen, muss man ihnen daher etwas bieten, was sie wiedererkennen. Deshalb sind die Flughäfen zu Anhäufungen gesichtsloser Einrichtungen wie Einkaufszentren, Lebensmittelläden und Hotelhallen geworden, die mit dem Leben so viel zu tun haben wie *Muzak* mit Musik. Es gibt dort heute Discos, Zahnkliniken und Karaoke-Bars, Peep-Shows, Go-Cart-Bahnen und konfessionsneutrale Kapellen. Die Grundfläche des Fort Worth International von Dallas ist größer als die Manhattans, und in Istanbul wurde ein besonderes Terminal für die *Shuttle-Shopper* aus der früheren Sowjetunion eingerichtet. Als ich kürzlich eine Zwischenlandung in San Francisco einlegte, wurde dort gerade eine Ausstellung über die Geschichte der Flughäfen gezeigt. Man konnte lesen, dass 1925 Berlin-Tempelhof der am stärksten frequentierte Flughafen der Welt war mit 11 000 abgefertigten Passagieren pro Jahr – das entspricht dem heutigen Passagieraufkommen des Chicagoer O'Hare-Flughafens von gerade einmal zwei Stunden!

Als Junge fand ich Flughäfen so aufregend, weil es dort fast wie im *Raumschiff Enterprise* aussah. Sie waren für mich eine Kombination aus billigem Abenteuerland, Reich der Zukunft und Fantasie, voller blinkender Bildschirme und exotischer Gewänder. Inzwischen geht es an jeder Straßenecke in Paris, Sydney oder Vancouver genauso zu; die moderne Stadt ist ein Ort, wo jeder ein Fremder ist, scheinbar ziellos unterwegs.

Die überall gleiche Szenerie der Flughäfen wird zu etwas Besonderem, weil sie die Bühne für die ergreifendsten Momente unseres Lebens darstellt: Schon als Junge sah ich immer, wie am Ausgang zum Abflug die Leute in Schluchzen ausbrachen, irgendwo brüllt jemand auf einen Angestellten ein, den er gerade erst getroffen hat, ein Mädchen küsst mit geschlossenen Augen ihren wiedergefundenen Liebsten, ein Kind tröstet seine Mutter, die gerade zur Witwe geworden ist, und eine Gruppe dunkel gekleideter Gläubiger steht betend um einen abreisenden Missionar. Im Transitbereich stoßen viele Passagiere an ihre Grenzen, sie befinden sich in einem Zustand aus höchster Wachsamkeit gepaart mit heilloser Verwirrung. Höchst intime Begegnungen werden in einem Labyrinth aus Joghurtläden zelebriert, während die Lautsprecherdurchsagen dröhnen und Leute mit pyramidenförmigen Schokoladenschachteln winken, auf denen »*America the beautiful*« steht.

Die häufigste Todesursache auf JFK ist Herzinfarkt. Ein Teil der Aufregungen und des Stresses auf Flughäfen beruht darauf, dass hier Lebenswege unwiderruflich verändert werden und dass man nichts hat, um wieder festen Boden zu gewinnen, als eine Filiale von *Coffee People*, ein *Sky Plaza*-Hotel und einen *Smarte-Cart*, der (zumindest in Los Angeles) seine Dienste in sieben Sprachen anpreist: alle Annehmlichkeiten, die man von zu Hause kennt, aber in kühler, anonymer Form.

Nach diesen Überlegungen und weil ich vermutete, dass die meisten Menschen, die ein neues Leben anfangen wollen, dafür L.A. wählen (derzeit sind 40 Prozent seiner Einwohner im Ausland geboren, die Hälfte aller Immigranten in die USA gehen nach Kalifornien), entschloss ich mich, eine Zeit lang in LAX, dem internationalen Flughafen von Los Angeles, zu leben.

Als ich mich in den Terminals von LAX wie in einer fremden Stadt umzusehen begann, war mir schnell klar, dass man dort alles finden konnte, was zu den Annehmlichkeiten moderner Metropolen gehört. Man findet eine Feuerwache und gleich daneben eine Privatklinik, der Flughafen hat sein eigenes Postamt, das 10 Millionen Dollar gekostet hat. Eine besondere Polizeieinheit fährt mit *Crown Victoria*-Einsatzfahrzeugen herum, andere patrouillieren auf Fahrrädern, und sogar die Küstenwache ist vertreten. Es gibt eine Koordinierungsstelle für Leute, die hier Filme drehen wollen, einen Abschleppdienst und eine Flughafen-Kommission, die aus fünf Personen besteht – vor kurzem waren es ein Chinese, ein Japaner, eine Latina, ein älterer Weißer und ein Afro-Amerikaner, der Johnnie Cochran, Jr., hieß. Der Flughafen hat sogar eine Public-Relations Abteilung, die mir mitteilte, dass das FBI, der Secret Service und sogar der CIA hier vertreten sind.

In LAX gibt es 23 000 Parkplätze (der PR-Mann sprach vom »größten Parkplatz der Welt«), und mehr als 50 000 Menschen arbeiten in diesem Mini-Universum, also fast doppelt so viele, wie in Monaco leben. Dies alles ist viel komplexer, als ich mir vorgestellt hatte. Ich dachte eigentlich, LAX ziemlich gut zu kennen, schließlich war es der Flughafen, über den ich dreißig Jahre zuvor in die Staaten eingewandert bin, und schließlich war ich danach alle paar Monate von dort abgeflogen und wieder gelandet – und viele meiner schicksalhaftesten Trennungen und Wiederbegegnungen hatten sich dort abgespielt. Aber als ich mich jetzt umsah, hatte ich das Gefühl, in einer völlig unbekannten Welt zu treiben. Sogar die meisten hier vertretenen Fluggesellschaften waren mir absolut unbekannt. Da gab es *Air A. L., Great American Air, AOM, Carnival, Leisure Air, Express One, Translift, Sun Country* und *Canada 3000*. Im Jahr zuvor waren sogar Passagiere mit einer *Air Evasion* angekommen und abgeflogen.

Um mich in diesem turbulenten Moloch zu orientieren, ging

ich zu einem Infoschalter im Tom Bradley International Terminal (oder TBIT, was schon viel exotischer klingt) am World Way 400, das anlässlich der Olympiade von 1984 gebaut worden war. Ein blonder Mexikaner mit einem *Caesar's Palace*-Hut hatte eine Inderin im *Giordano*- und *Vuitton*-Outfit im Arm, während eine Japanerin im Sari mit einer grellbunten Ausgabe der *Bhagavad-Gita* einen Afrikaner bekehren wollte. Die freundlichen Helfer vom Infoschalter versicherten mir, dass ich Rat in mehr als hundert Sprachen erhalten könne – von Tajik über Pashto bis Pampango und Waray-Waray.

Flughäfen sagen viel über eine Stadt aus, denn sie sind ihre Visitenkarte und vermitteln den ersten Eindruck davon, was die Stadt gern wäre – und was sie wirklich ist. Alle Staaten machen gern Schmuckkästchen aus ihren Flughäfen und bauen prächtige Zufahrtsstraßen durch potemkinsche Dörfer, um orientierungslose Neuankömmlinge zu täuschen. Der Flughafen von Bangkok begrüßt uns mit der Ankündigung: »Von hier ab werden Sie beeindruckt sein.« Der Kansai International Airport von Osaka, der 15 Milliarden Dollar gekostet hat, ist das größte Gebäude Japans. Sein kilometerlanges Terminalgebäude ist – neben der Chinesischen Mauer – das einzige von Menschen geschaffene Bauwerk, das vom Mond aus mit bloßem Auge zu sehen ist. Der Flughafen von Hongkong mit 20 Milliarden Dollar Baukosten ist stolz auf den »weltgrößten Komplex von Restaurants« und auf einen *Sky Mart* mit 140 Läden. Sogar die ansonsten wenig bemerkenswerte Stadt Eldoret in Kenia hat inzwischen einen internationalen Flughafen für 90 Millionen Dollar – Eldoret ist die Heimatstadt von Präsident Moi.

Verglichen damit ist LAX für Menschen, die aus der Ferne von diesem Ort geträumt haben, eher eine Enttäuschung: ein Durcheinander flacher Gebäude ohne rechten Zusammenhang und ohne Herzstück. Ein graues Terminal nach dem anderen gruppiert sich um ein Zentralgebäude für die internationalen Flüge, das zu deren Bewältigung schon längst nicht mehr ausreicht. Acht Satelliten auf der Suche nach einer Sonne, könnte man sagen.

Im Mikrokosmos von LAX fand ich verlassene Schalter der *Eastern Airlines*, an denen noch die alten Zielflughäfen angeschrieben waren und Souvenirs an einen World Cup erinnerten, der schon längst vorbei war. Riesige Wartungshallen von *Pan Am Clipper Cargo* standen herrenlos am Rand des Flughafengeländes, und zehn der zwölf Telefone, mit denen man einen Mietwagen bestellen konnte, waren kaputt. Trotzdem verkündete *AMC GRAM*, das Infoblatt des Air Mobility Command, voll Stolz, ja voll Patriotismus: »LAX – jeden Tag an der Spitze«, und die Ansichtskarten im Andenkenladen (»*Made in Korea*«) erklärten LAX zu »einem der geschäftigsten und schönsten Flughäfen der Welt«. Er ähnelt in gewissem Sinn manchen seiner Besucher, die sich für den besonderen Anlass herausgeputzt haben, an denen aber das wirkliche Leben schon seine Spuren hinterlassen hat. Auch hat er Ähnlichkeit mit den Hollywood-Stars, die sich immer noch an ihre längst überholten Autogrammkarten klammern, während die gelifteten Gesichter und ihre Haut, die an Ledertaschen von *Gucci* erinnern, eine viel traurigere Geschichte erzählen.

Während meines Aufenthalts in LAX musste ich einmal eines Auftrags wegen für ein Wochenende nach Melbourne und passierte daher in schneller Folge eine ganze Reihe von Flughäfen. Im neuen Flughafen von Osaka, wo man von Telefonen mit »*welcome*« begrüßt wird und wo in der Abflughalle fünfzig Video-Flipper warten, wurden Telefonkarten, T-Shirts und Handtücher mit dem Logo des Flughafens angeboten. Touristen aus ganz Japan kommen nur nach Osaka, um dieses moderne Weltwunder zu besichtigen. In Auckland stieß ich im Transitbereich durch

Zufall auf eine neu eingerichtete Kapelle, ein kleines Theater und einen wunderbar stillen Schreib- und Leseraum, an dem man eine letzte Abschiedskarte schreiben konnte. Im Gegensatz dazu bietet LAX nur zwei rätselhafte Schildkrötenskulpturen vor Gate 111 und 113. Die Ausgabe von *Business Traveller,* die ich auf dem Rückflug las, stufte LAX unter die fünf schlimmsten Flughäfen ein, was die Zollabfertigung, die Einrichtungen und den Komfort betrifft. Der einzige Trost war, dass JFK in all diesen Kategorien noch schlechter abschnitt und an letzter Stelle lag.

Kürzlich wurde das internationale Terminal von seinen Betreibern zum Themenpark umgestaltet, sodass die Reisenden nun durch ein im Neonlicht glitzerndes Konglomerat aus *L. A. Sports, Euro Coffee, Sushi Boys* und Warner Bros.-Läden streifen können, das sich *El Paseo* nennt. Es ist klar, dass LAX mehr über L. A. erzählt, als beabsichtigt sein kann, etwa wenn Lautsprecherdurchsagen von einem Endlosband den 30 000 internationalen Passagieren, die hier pro Tag ankommen, verkünden: »Sehr geehrte Fluggäste! Geben sie niemandem Geld, der um Spenden bittet. Der Flughafen unterstützt diese Praktiken *nicht.* Ich wiederhole: Geben Sie niemandem Geld ...«

Flughäfen haben immer etwas von diesen ineinander geschachtelten russischen Holzpuppen: Sie wirken wie eine verkleinerte Ausgabe der Stadt, zu der sie gehören. Das erinnert an eine Werbung von *My Twinn,* die man im neuen Stapleton-Flughafen von Denver sehen kann – dessen Terminal so gebaut wurde, dass es den schneebedeckten Bergen der Umgebung ähnelt: Ein kleines Mädchen hält eine maschinell hergestellte Kopie von sich in der Hand, die mit den Worten »Ein perfektes Ebenbild ihrer Tochter – individuell hergestellt« angepriesen wird. Im Flughafen von Shanghai bewachen, ganz wie man es erwartet, Soldaten der Volksbefreiungsarmee (unter der Leuchtreklame für die weltweiten Dienste von *Master Card*) die glänzenden Gänge, und livrierte Dienstmänner erwarten die ankommenden Passagiere mit einer Gepäckkarre – um dann prompt Geld für ihre Dienste zu verlangen. In Rio macht ein berühmter Transvestit mit heiserer Stimme die Lautsprecherdurchsagen. Sein gehauchtes »*final call*« hat schon oft ganze Gruppen hypnotisierter japanischer Geschäftsleute ihre Flüge verpassen lassen. In Dum Dum, dem Flughafen von Kalkutta, landen dagegen – um ein maximales Chaos aufrechtzuerhalten – offenbar alle internationalen Flüge gleichzeitig um 2 Uhr in der Nacht.

Orly bei Paris hat eine Kunstgalerie, San Francisco präsentiert sich als Platz unserer Hoffnungen mit einer »Greatful Dead«-Ecke, einem *Cyber-Shop* mit präzisen Computergrafiken der Bay Area, einem *Hairport*, einem irren *b-zinc*-Laden mit Büchern von Krishnamurti und C. G. Jung und jeweils vierzehn umwerfenden Ausstellungen in den Gängen mit so ungewöhnlichen Themen wie »Plateauschuhe« und »Ashanti-Hocker«. L. A. bietet dagegen kleine Nummernschilder fürs Auto, auf denen »*Vac8ion*« steht, schiefe Becher, mit dem Aufdruck »Kalifornien gibt dem Leben eine neue Richtung«, Oscar-Nachahmungen für $ 12.95 und die *Beverly Hills Confection*-Kollektion. Das meiste davon kann man überall in den USA finden: Army-Sticker, Nachbildungen der goldenen Schallplatten von Elvis oder Magnete in Form von Briefmarken aus Tansania mit dem Bild von Whitney Houston. In der Hauptsache verkauft L. A. Strände und Leinwandstars und Geld – die ganze abnorme Mischung aus Vergnügungen und Überfluss, die der seltsame Begriff »Unterhaltungsindustrie« umfasst.

Während meiner Zeit in LAX wurde gerade Malibu Stück für Stück ins Meer gespült, der Hollywood Boulevard war heruntergekommener als Tegucigalpa, und in manchen Teilen von L. A. konnten nur 11 Prozent der Menschen über achtzehn lesen. Aber im Flughafen wurden immer noch die Bilder einer heilen Welt vermittelt. Die Ladeninhaber im Flughafen hatten schnell gemerkt, dass besonders die japanischen Kunden gern bereit waren, für ein Stück »kalifornischen Traum« großzügig zu bezahlen. In vielen Andenkenläden wurden *JCB*-Kreditkarten aus Japan akzeptiert, in den Schaufenstern stand »Herzlich willkommen« auf Japanisch und im Coffee-Shop fand man *Daruma*-Puppen zwischen *Misu*-Suppe und *Onigiri*. Als eines der wenigen Bücher, das nicht von Michael Crichton oder Judith Krantz stammte, wurde der *Japanese Visitor's Guide to Silicon Valley* angeboten. Wer aus Osaka angekommen war und seine $95 für ein Teriyaki Beef Jerky ausgegeben hatte, hätte leicht meinen können, gar nicht wirklich von zu Hause weggekommen zu sein.

Überall auf dem Flughafen konnte man Magnete kaufen, auf die eine 100-Dollar-Note gedruckt war. In einigen Läden gab es Trinkbecher, die wie ein zusammengerolltes Bündel von 100-Dollar-Noten aussahen, oder Feuerzeuge in Form einer 100-Dollar-Note. Es war ein ergreifender Anblick, wenn Filipinos mit echten 10-Dollar-Noten, die sie sich in Monaten erspart hatten, solche 100-Dollar-Noten kauften, um sie ihren Brüdern mitzubringen, oder andere, die hier nichts als ein hartes Leben vorgefunden hatten und enttäuscht nach Hause zurückkehrten mit Schlüsselanhängern, auf denen »Das Leben: ein Palmenstrand« stand.

Flughäfen sind – im Unterschied zu irgendwelchen Souvenierläden in Universal City oder einem x-beliebigen Warner-Bros.-Shop – Geschenkartikelläden mit Kulturschock, mit ihren Videoläden, Hotels und Cocktailbars sind sie das Produkt einer Mixtur aus Grenzübertritt und Einkaufszentrum. Das Verwirrende, das von Läden ausgeht, deren Aufschriften man nicht entziffern kann und deren Verkäuferinnen man nicht versteht, wird hier noch einmal verstärkt, weil so viele der Kunden von weit her kommen und auch viele der Ladenbesitzer vor kurzem noch Neuankömmlinge waren und nur gebrochen Englisch sprechen. Vieles geht bei der Übersetzung verloren, und das ganze Drama der sich überschneidenden Kulturen wird noch durch eine Art Traumzustand, in dem sich viele Menschen auf Flughäfen befinden, verstärkt.

Als ich in einem Andenkenladen nach Macadamia-Nüssen kramte – wenn man sich nur auf Flughäfen aufhält, könnte man meinen, dass sie eine Welt-Einheitswährung darstellen –, wühlte ein Inder (mit der neuen Ausgabe von *Variations* unterm Arm, einem Hardcore-Magazin, das er der Diskretion wegen halb zugedeckt hatte) in seinen Taschen herum, um mich dann auf Hindi zu fragen, ob ich Wechselgeld hätte (ich nehme mal an, es war Hindi, aber es kam auch das englische Wort «*change*« vor). »Entschuldigung, ich kann kein Hindi«, erwiderte ich nicht gerade freundlich. »Sie sind kein Inder?« – »Ich bin Inder, aber ...«

Inzwischen kamen Soldaten der »Kirche Christi vom Kreuz« und klapperten mit ihren Sammelbüchsen, während Priester – oder zumindest wie Priester gekleidete Männer – Reisende um Geld anbettelten. Eine süße Brasilianerin mit einem Anstecker, der »Kein Profit – keine Sekte« versicherte und ihr offensichtlich erlaubte, hier tätig zu sein, zog aus einer Papiertüte Bücher mit dem Titel *Renunciation.* Auf jedem Flughafen der Welt versuchen Gauner orientierungslosen Ausländern Taxifahrten, Ausflugstouren und Frauen anzudrehen. In L.A., das fand ich amüsant, gingen sie vorwiegend mit der Erlösung hausieren.

Die auffälligsten Gestalten im Abflug-Terminal waren jedoch dunkelhäutige Männer in gediegenen Anzügen und mit dezenten Krawatten, die mit ihren Klemmbrettern wie UN-Diplomaten auf Ausgang aussahen – vielleicht wirkte ihr Auftritt so außergewöhnlich, weil sie so sehr von sich eingenommen waren. Ich sah, wie einer sich an ein taiwanesisches Mädchen heranmachte, die eine Ausgabe von *Mademoiselle* umklammerte, seine Mappe aufschlug und ihr schreckliche Bilder von im Iran gefolterten Menschen zeigte.

Das Einmalige an Flughäfen ist, dass man nicht weiß, wo all die Leute herkommen und was gerade mit ihnen los ist – was inzwischen allerdings immer mehr auch für das normale Stadtbild gilt. Als ich einmal mit einer blonden Freundin aus L.A. auf dem Flughafen herumgelaufen bin, machte ihr eine koreanische Matrone die schönsten Komplimente für ihre Englischkenntnisse, während ein Mujahedin, in welcher Absicht auch immer, sie fragte, ob sie Inderin sei.

Im oberen Stockwerk, wo eine Gruppe von Studenten »holländischen Kakao« und »japanischen Kaffee« trank und die unterschiedliche Bedeutung von *school* in England und in Amerika diskutierte (aus schlechten Erfahrungen wusste man schon, dass ein *solicitor* sich beim Weg über den Atlantik von einem Anwalt in einen Stricher verwandelt), kraulte ein korpulenter Mann den Nacken einer sündhaft schönen Filipina, und ein paar Briten starrten mit unverhohlener Skepsis auf die Ankündigung, dass der Fisch »freundlicherweise am Tisch serviert wird« (nur in den USA? dachten sie zweifellos). Wie Krankenschwestern gekleidete Frauen schüttelten ihre Sammelbüchsen, andere erklärten: »Wir helfen der Jugend, von den Drogen loszukommen«, und eine zweifelhafte Gestalt schob sich von Tisch zu Tisch und legte auf jeden einen Schlüsselring mit einem Miniglobus. Immer wenn ein argloses Opfer dachte, dass dies wirklich das Land sei, wo alles »frei« ist, und das Ding anfasste, tauchte der Mann sofort auf, zeigte sein Schild »Ich bin taub« und bestand auf einer »Gabe« von einem Dollar.

Vor meinem letzten Flug nach L.A. hatte ich in Osaka einen *Skynet*-Computer befragt, was mich bei der Ankunft erwarten würde. »Vorsicht in der Ankunftshalle! Ein Dieb wartet auf dich!«, hatte er mich gewarnt. Sonst hieß es immer: »Vorsicht, wenn sich eine Gruppe verdächtig aussehender Kinder nähert, beispielsweise Mädchen mit hellen Shorts und Tüchern.« Inzwischen werden auf Monitoren kleine Minidramen gezeigt mit all den schrecklichen Dingen, die arglosen Japanern am Ziel ihrer Reise zustoßen können: freundlich aussehende Fremde, die ihnen vergifteten Orangensaft einflößen, Männer vom Zimmerservice, die sie niederschlagen, Kriminelle, die sich als Taxifahrer ausgeben oder einfach nur typische Ausländer, die vergessen, die Währung anzugeben, wenn sie die Quittung für die Kreditkartenzahlung ausstellen.

Jeder, der zu einem Flughafen fährt, befindet sich in einer Art Alarmzustand. Auf diesen unbestimmten Ängsten beruht die Hoffnung der Versicherungsgesellschaften (und ihrer spirituellen Pendants), dicken Profit zu machen. »Die Leute haben hier Angst«, erklärte mir ein Sicherheitsbeamter, als wir uns die Durchleuchtungsanlage anschauten, für die er zuständig war. (Die Sicherheitsschleusen sind übrigens ein beliebter Ort für Kriminelle, die in dem Tumult aus Wachbeamten, die in Tagalog miteinander reden, und Passagieren, die sich in Hindi aufregen, Gepäck von den Förderbändern zu klauen versuchen.) »Sie haben Angst, weil die Polizei hier arbeitet. Weil verdeckte Ermittler hier arbeiten. 350 Polizisten! Du könntest ein Undercoveragent sein, ich könnte einer sein, wer weiß das schon?«

Allein im Bradley-Terminal sind zehn konkurrierende Sicherheitsdienste im Einsatz, und in der Ankunftshalle piepst und jault es überall aus ihren Pagern, Handys und Walkie-Talkies. Überall versichern sich Leute mit einem Griff auf ihre Taschen, dass sie ihren Pass noch haben – oder fragen sich, ob ihre Wertsachen ins Nirgendwo verschwunden sind. »Ich würde nicht sagen: ›Gehen Sie da nicht hin‹«, erklärte eine Dame am Infoschalter in Englisch einer Mrs. Chang, »alles, was wir raten können, ist: ›Gehen Sie nachts nicht raus. Und passen Sie auf sich auf!‹«

»Sehr geehrte Fluggäste! Geben Sie niemandem Geld, der um Spenden bittet. Der Flughafen unterstützt diese Praktiken nicht. Ich wiederhole: Geben Sie niemandem Geld ...«

Flughäfen sind in der Tat gefährliche Bereiche, wo wir uns immer wieder an die Mahnungen unserer Mutter erinnern, nichts von Fremden anzunehmen, und wo es wenig hilft, wenn im Reiseführer steht, dass die meisten wartenden Taxifahrer nichts anderes wollen, als uns mit ihrem Taxi an unser Ziel zu bringen (diese erstaunliche Erkenntnis stand auf der ersten Seite von *Airport Press*, einem Magazin, das ich in LAX aufgegabelt habe). Die ganz privaten Ängste werden durch die Ängste der offiziellen Stellen verstärkt, die an einem solchen Ort ungeahnte Ausmaße annehmen. Da gibt es bestimmte »sensible« Bereiche, wo man nicht fotografieren darf, Militärs in Khaki patrouillieren auf der Rollbahn, weil gegenüber Tarnkappenbomber und Helikopter mit Tarnanstrich in geheimer Mission auf den Einsatz warten: eine Schattenwelt als Gegenpol zu dem offenen, bunten Kommen und Gehen der Reisenden. Flughäfen werden während Aufständen und bei einem Putsch geschlossen. Auf Flughäfen werden manchmal Dissidenten, die zu viel Ärger machen, niedergeschossen – man denke an Ninoy Aquino. Ihr düsteres Vokabular mit so befremdlichen Begriffen wie »Versorgungsader«, »Flugschreiber« und »Passagierliste« (nach dem Absturz einer Maschine) wird noch bedrohlicher, wenn wir an die Bilder denken, die wir von Luftpiraten und schwarzmaskierten Antiterroreinheiten in unseren Köpfen haben.

Jeder weiß, dass es ein zwanzigmal größeres Risiko gibt, bei einem Autounfall umzukommen als bei einem Flugzeugabsturz. Selbst die Wahrscheinlichkeit, durch den Absturz eines Asteroiden zu Tode zu kommen, ist dreimal größer. Und trotzdem sind wir von mehr Angst erfüllt, wenn wir zu einem Flughafen fahren, als wenn wir zur Zigarette greifen oder in ein Auto steigen oder eine Ecstasy-Pille einwerfen. Jeder Flugzeugabsturz kommt auf die Titelseiten – es sind eben immer ein paar hundert Tote und nicht nur einer – und all die Ängste erwachen wieder: das Gefühl, dass es irgendwie nicht in Ordnung ist, irgendwie anmaßend und nicht menschengemäß, uns in die Lüfte zu erheben. James Kaplan hat geschrieben, das »KIA« von »Kennedy International Airport« stehe auch für »*killed in action*«, für »gefallen in der Schlacht«. Einmal besichtigte ich LAX unter Führung einer PR-Frau, wobei sie mich besonders auf die Bremsspuren auf dem Rollfeld aufmerksam machte, die an einen furchtbaren Crash erinnerten, ein »Highlight« in der Geschichte des Flughafens.

Dennoch geht zweifellos von Flughäfen ein gewisser Reiz aus, der sich noch dadurch erhöht, dass sie ebenso wie Luxushotels und Einkaufspassagen zu den Plätzen des öffentlichen Lebens gehören, an denen die Unsterblichen Seite an Seite mit dem Rest der Welt stehen und wo jeder den gleichen Regeln unterworfen ist: Selbst Michael Jordan muss durch den Zoll, und selbst Königin Elisabeth muss aus dem Flugzeug steigen. Ein Flughafen ist weniger gefährlich als ein Busbahnhof oder die Piers am Hafen, weil er nicht so viele völlig verarmte Menschen anzieht. Er ist aber in gewisser Weise auch gefährlicher als diese anderen Plätze, weil sich in dem bunt zusammengewürfelten Durcheinander aus Touristen und Terroristen, Berühmtheiten und gewöhnlichen Sterblichen auch Scharen reicher Menschen befinden.

Die Flughäfen versuchen alles Erdenkliche, um die Privilegierten vom Rest zu trennen. Die Business Class, die zu diesem Zweck erfunden wurde, hat sich so bewährt, dass es inzwischen auch »Executive Floors« in den Hotels und Leihwagenschalter für Inhaber von »Gold Cards« gibt. Für einen Aufpreis von lumpigen $ 2000 kann man sich das Gesindel während des 15-Stunden-Trips vom Leib halten. Man checkt an einem besonderen Schalter ein, man wartet in einer besonderen Lounge auf den Abflug, man kaut seine Nüsschen, ohne vom Geplärr der anderen gestört zu werden: Eine kostspielige Form der Absonderung, über die sich *Virgin Airline* lustig macht, wenn sie ihre teuersten Plätze ganz frech *Upper Class* nennt. In der Anfangszeit des Fliegens wurden in England keine Passagiere der »Touristenklasse« akzeptiert – was zum Aufschwung des irischen Flughafens Shannon beigetragen hat.

Aber trotz solcher Maßnahmen wecken Terminals doch all die Ängste in unserer Welt ohne Grenzen, in der alle in derselben Warteschlange vor der Passkontrolle stehen müssen und in der für »erschwinglichen Luxus« geworben wird, als sei Exklusivität neuerdings das Recht aller: Das edle *Harrods* hat auf Tokios zweitem Flughafen seinen Platz neben einem Shop des Metropolitan Museum of Art, und *Wolfgang Puck* bietet in LAX einen Express-Pizzaservice an. In der Zeitschrift *Los Angeles* wurde einmal die Buchladenfiliale von *Waterstone's* im Terminal 1 als die beste von ganz Los Angeles angepriesen: »geradezu das Musterbeispiel für eine gut sortierte Buchhandlung«. Ein Flughafen bietet somit den Privilegierten jeden Luxus – außer dem einen, den sie wirklich brauchen: zu jedem Zeitpunkt ungestörte Privatheit.

Flughäfen erinnern auch an Bilder, wie wir sie von den ärmsten Städten dieser Welt kennen – Port-au-Prince oder Addis Abeba –, wo Sicherheitsbeamte, hohe Stacheldrahtzäune und bewaffnete Wächter diejenigen, die am Boden zurückbleiben müssen, von den Glücklichen trennen, die abfliegen oder ankommen. Die Gestrandeten schauen durch die Maschen im Zaun auf die Gesegneten, die zu den Bürgern des »globalen Dorfs« gehören.

In LAX lässt sich solche Exklusivität am besten in dem privaten Terminal beobachten, das von *MGM Grand* für Privatflugzeuge betrieben wird. Es liegt weit entfernt von den anderen Terminals draußen am Imperial Highway zwischen Lagerhallen – in einer Gegend, die bei den Arbeitern auf dem Flughafen unter »Cargo City« läuft. An dem Nachmittag, an dem ich jene letzte Zuflucht der »Privatheit« mit ihren goldenen Wasserhähnen und den Toiletten mit Teppichboden besuchte, die einem 5005-Zimmer-Hotel in Las Vegas und einem Themenpark von 13 Hektar angeschlossen ist, war das Gebäude bis auf einen mürrischen pakistanischen Wachmann völlig leer. Er saß an einem still stehenden Laufband für die Gepäckdurchleuchtung und erzählte, er sei erst vier Tage hier, habe aber schon Beispiele von so ungeheurem Reichtum gesehen, wie ich ihn mir überhaupt nicht vorstellen könne. Einmal kam eine 727 rein mit genau einem Passagier an Bord. »Alle großen Tiere benützen dieses Terminal«, sagte er, eher mit feierlichem Ernst als voll Stolz, »Du und ich, kleine Lichter wie wir, haben hier nichts verloren.«

Während der Großteil des dienstlichen Übereifers auf Flughäfen darauf gerichtet ist, die Passagiere vor Kriminellen zu schützen, gilt der Rest der Anstrengungen den Passagieren, die selbst Kriminelle sind. Der größte Geldraub aller Zeiten in den USA wurde auf JFK begangen, und Lucky Luciano starb auf einem Flughafen – auf dem Weg nach Hollywood zu einem Filmproduzenten. Während meiner Zeit in LAX wurden vier Chinesen festgenommen, die Gallenblasen asiatischer Schwarzbären, Hoden von Moschusrindern und Pulver aus Rhinozerushörnern hereinschmuggeln wollten. Einer trug ein Gipsbein aus pulverisierten Tigerknochen – alles zusammen Aphrodisiaka im Wert von 2 Millionen Dollar, alle aus gefährdeten Tierarten hergestellt.

Ich war daher in der Abflughalle von TBIT nicht besonders erstaunt, zwischen all den Iranern zwei große Schaukästen mit der Aufschrift »Warnung an Reisende« zu entdecken, in denen eine bunte Mischung von Schmuggelgut angehäuft war: Unter anderem Walfischzähne, Buddhastatuen aus Elfenbein, präparierte

Tukanköpfe, Leopardenfelle (mit Kopf) und eine Handtasche aus Krokodilleder, als deren Besitzerin Lai Ching Hsing aus Beverly Hills genannt wurde – dies als eine allzu notwendige Warnung, obwohl sie mit einem »Pandämonium« auf der anderen Seite eine etwas seltsame Kombination bildeten: Dort wurden batteriebetriebene Pandas, Karten zum Valentinstag mit Pandas und eine elegante Kleiderpuppe mit Pandamaske ausgestellt.

Auf dem Flughafen von Osaka, nicht weit von Massageliegen, die man stundenweise mieten kann, und einer Maschine, die Visitenkarten ausspuckt, stieß ich auf einen kompletten »CIQ«-Raum[13], wo angehende Kriminelle alles über ihren gewählten Beruf erfahren konnten. In einer kleinen Vitrine waren Nachbildungen von Farbverdünnern für Schnüffler, von verbotenen Appetitzüglern, Peyote-Trips und *»black mollies«* aufgestapelt. Von *Valium* über *»microdots«*, *»pink ladies«*, *»red birds«* und *»yellows«* war alles an Tabletten zu finden, und als ich mir noch die Muster von *»roaches«*, *»rainbows«* und *»PCP black tar heroin«* ansah, wurde mir ein weiteres Mal klar, dass ich im Flughafen etwas über Welten lernen konnte, von denen ich bisher nicht einmal ahnte, dass es sie gab. – »Du könntest ein Undercoveragent sein, ich könnte einer sein, wer weiß das schon?«

Das Paradoxe an einem Flughafen ist, dass er all diese Segnungen für Menschen bereithält, die eigentlich gar nicht dort sein wollen, und dass er versucht, Menschen zu zerstreuen, die eigentlich nur wissen wollen, wann sie endlich hier rauskommen. (Dem Transitbereich im Moskauer Flughafen Scheremetjewo 2 ist im UNHCR-Buch *The State of the World's Refugees* ein eigenes Kapitel gewidmet, da dort immer um die zwanzig Menschen in Haft gehalten werden.) Im Flughafen von Miami kann man oben auf dem Dach in einem Pool schwimmen, während man im O'Hare in einem Meta-Miniflughafen spielen kann, der alles hat, was ein

Flughafen braucht: vom Kontrollturm bis zu den Gepäckbändern. Ein spezielles Buch – *Stranded at O'Hare* – gibt Auskunft, wo für die Zeit zwischen zwei Flügen der Nachtclub liegt, in dem man Russisch spricht. In Bangkok gibt es eine Mini-Brauerei zu besichtigen, in Kuala Lumpur Wanderwege zu erforschen. Am Flughafen von Palm Spring wartet ein Golfplatz – so das *Wall Street Journal* – und in Seattle eine Bar, in der medizinische Massagen angeboten werden. Im Frankfurter Flughafen stehen eine Bowlingbahn, eine chemische Reinigung und ein Pornokino zur Verfügung. Aber all diese Zerstreuungen ähneln ein wenig den Schattenbildern in Platons Höhle und dienen nur dazu, die Menschen von der Welt aus Fleisch und Blut fern zu halten.

Die Sprache der Flughäfen hat in unserer Umgangsprache Einzug gehalten. Wir reden zum Beispiel vom »Einchecken« und von »Aktionen im Blindflug«, von »Stop-overs« und vom »Jetlag« und fahren zwischen den Terminals mit Shuttle-Bussen. Dabei ist diese Sprache höchst unpersönlich – alles wird im Passiv ausgedrückt, und man spricht beispielsweise von einer »technisch bedingten Verspätung«. Wir bewegen uns über Rollbänder zum Terminal und zu den Gates – vorbei an Räumen für die Belegschaft und zur Schulung des Info-Personals, an Schildern, die auf Renovierungsarbeiten zur Verschönerung der Gebäude hinweisen. Die ganze Fliegerei weckt unsere Sinne, aber in einem anonymen Raum. Das Ergebnis ist, dass wir uns in einem frei schwebenden Zustand zeitweiser Intimität verlieren. Ein Teil von uns ist mit den Gedanken bei der »Romantik des Reisens«, von der eine Anzeige der *Singapore Airlines* schwärmt, bei der Szene aus *Emmanuelle*, die im Bordkino läuft, oder surft im *dating channel*, der modernen Version des Tischtelefons, über den man auf dem privaten Bildschirm im Flieger von *Virgin* mit attraktiven Unbekannten Kontakt aufnehmen kann (in der Upper Class von *Virgin* stehen Masseurinnen zur Verfügung, in der »Club

House«-Lounge der Linie warten Meisterfriseure). Der andere Teil unserer Seele buchstabiert sich unterdessen durch Begriffe wie »Notausstieg«, »Fluggerät«, »Türverriegelung«, »Verweilzeit« und »Sicherheitsmaßnahmen«.

An all das musste ich immer denken, wenn ich durch die langen Korridore von LAX lief, durch Labyrinthe, die in immer wieder neue Labyrinthe mündeten, vorbei an Angestellten von *Jody Maroni's Sausage Kingdom*, mit Namensschildchen an ihren Uniformen (»Baby Lee Reynolds«, »Narita Weiss«). Ich rief mir den ersten bangen Satz von Kathryn Harrisons Erinnerungen an die Liebesaffäre mit ihrem Vater zurück – »Wir treffen uns auf Flughäfen« – und dachte an einen Freund, der mir von einem *Aeroflot*-Flug erzählt hatte, auf dem ihn eine Stewardess in das Personalabteil einlud, dort ein Essen auf richtigen Porzellantellern servierte und ihn anschließend verführte, während tief unten die schneebedeckte, unendliche Landschaft Sibiriens vorbeizog. Bei der Landung winkte sie ihm noch nach, und ihm fiel ein, dass er nicht einmal ihren Namen wusste.

Einmal, als ich mich ein wenig verwirrt fühlte und nicht ganz sicher war, ob es nach Osten oder Westen weiterging und ob es Tag oder Nacht war, gelangte ich in einen ganz seltsamen Bewusstseinszustand (oder Zustand meines Un-Bewusstseins), der zu der Un-Zeit und dem Un-Ort eines Flughafens passt. Es ist jener Zustand, bei dem man sich außerhalb seines Körpers fühlt und nicht ganz »da« ist, aber auch sicher nicht irgendwo anders. Zwischen meinen Worten bestand kein Zusammenhang mehr, und ich nahm die Welt wie durch ein Lärmschutzfenster wahr. Meine Existenz erschien mir wie ein Leben im Wartezustand, irgendwo acht Kilometer über dem Meer, müde, benommen, ungewiss darüber, wie viel Gewicht den Dingen beizumessen sei: Ich war im exterritorialen Land des Jetlag angekommen.

Inzwischen fühle ich mich in diesem Niemandsland wie zu Hause, in jenem Reich eigenartiger Verträumtheit, wo einiges in einem unbeteiligt ist und anderes sich auflöst, sodass man entweder mit dröhnendem Herzen und voller Schwindel dahingleitet oder sich auf mysteriöse Weise irgendwie gebremst fühlt, als steckte man knietief im Schlamm. Ich fliege alle paar Wochen von Japan nach Kalifornien und fühle mich bei der Landung immer voll aufgedreht und vom Adrenalin aufgeputscht. Der Verstand ist wie ausgeschaltet, und mein Schutzwall gegen die Welt ist zusammengebrochen. Ich schreibe aufgewühlte Briefe an Leute, die ich kaum kenne. Jeder Film bringt mich durcheinander und berührt mich tief, wie wenn ich unter irgendeinem fremden Einfluss stehen würde: Es wirkt die Zauberdroge der Orts- und Zeitverschiebung.

Beim Rückflug nach Japan falle ich ins andere Extrem: Tagelang fällt es mir schwer, morgens überhaupt aufzustehen, jedes Buch und jeder Gedanke wiegen wie Blei. Meine Worte haben noch nicht zu meinem Ich aufgeschlossen und sind wie Gepäckstücke, die fehlgeleitet wurden und nun erst mit der nächsten Maschine nachkommen. Nur sehr langsam kommt meine Justierung wieder in Ordnung, bis ich dann vielleicht eine Woche nach meiner Rückkehr am Morgen zu einer vernünftigen Zeit aufwache und feststelle: Ich bin wieder richtig zusammengesetzt, alles stimmt, ich bin angekommen.

Das alles ist natürlich nur eine Frage des Biorhythmus und so genannter »zirkardianer Rhythmusstörungen« und damit nur eine beschleunigte und komprimierte Form jenes Prozesses, der uns um 8 Uhr morgens so anders aussehen lässt als um 3 Uhr nachmittags. Ein »Morgenmensch« bleibt wach und steht nach einem Jetlag die ganze Nacht unter Spannung. Die Ärzte warnen uns, dass das ständige Hin und Her zwischen den Zeitzonen Stimmungstiefs, grauen Star und Probleme beim Hören hoher

Frequenzen zur Folge haben kann. Besonders interessant sind die weniger berechenbaren Auswirkungen dieses modernen Herumgeschleudertwerdens oder die Effekte, die noch zu neu sind, als dass man sie wissenschaftlich untersucht hätte. Die Menschheit wird heute mit unglaublich vielen plötzlichen Änderungen konfrontiert, manche von uns begrüßen sie als Ausdruck unbegrenzter Möglichkeiten, ohne ihre Konsequenzen zu kennen. Wir sehen heute an einem Tag so viele verschiedene Bilder wie vielleicht ein Mensch im Viktorianischen Zeitalter während seines gesamten Lebens. Dies alles führt zu Verschiebungen in Raum und Bewusstsein, wie sie sich in diesem Ausmaß weder Sigmund Freud noch Oscar Wilde vorstellen konnten. Wir wachen verwaist in West Hollywood auf und gehen, umgeben von unserer Familie, im mittelalterlichen Kathmandu zu Bett. Wir eilen im Zickzack durch die Jahrhunderte, wie wenn wir in einem Dorf von Haus zu Haus gehen.

Bei meinem Weg durch die langen grauen Terminals von LAX – Tag für Tag und von Halle zu Halle – fiel mir auf, wie viele der Leute um mich herum auch Schlafwandler waren: überreizt und genervt, versuchten sie, das Dämmerlicht in ihrem Inneren mit dem diesigen Sonnenlicht draußen in Einklang zu bringen. Manche breiteten irgendwelchen Fremden ihre ganze Lebensgeschichte aus, andere fingen mit einem Unbekannten, den sie umarmten, eine neue Lebensgeschichte an. Wieder andere schüttelten sich gegenseitig die Hand mit einer lärmenden Kumpelhaftigkeit, wie wenn sie gerade einen Schiffsuntergang überlebt hätten – oder sie steckten ihre Enttäuschung weg und verbargen ihre Erleichterung hinter einer dicken Make-up-Schicht. »Die Leute werden hier hässlich«, sagte mir eine Frau, die siebzehn Jahre bei Travellers Aid, der »Bahnhofsmission« auf amerikanischen Flughäfen, gearbeitet hatte. »Ich glaube schon längst nicht mehr, dass Reisen ein Vergnügen ist, es ist nichts als harte Arbeit.«

Die Leute, die immer wieder hierher kommen, verwandeln den Flughafen in ein Krankenhaus, in dem sie im Zustand höchster Erschöpfung oder Aufregung zusammenbrechen – oder ganz zerbrechen.

Die Zeit spielt ganz schön verrückt, wenn man morgens in Tokio aufwacht, um dann am Abend davor in L. A. anzukommen. In der Abflughalle schauen alle dauernd auf ihre Uhr, aber jede Uhr zeigt eine andere Zeit. Die Leute trommeln mit ihren Fingern, sie strecken die Beine und laufen unruhig hin und her. Manchmal rennen sie aufgeregt herum, springen über Hindernisse und rempeln völlig fremde Menschen an, die in anderen Welten leben und sie nur teilnahmslos anstarren. In Flughäfen haben wir die seltene Gelegenheit, sechs oder acht oder sogar zehn Stunden warten zu müssen und manchmal dafür auch noch bezahlt zu werden: mit einem Gratis-Hotelzimmer oder mit $ 200 in bar, wenn wir noch drei Stunden Wartezeit zugeben. Hin und wieder erscheinen die Ereignisse zeitlich eigenartig gerafft, etwa wenn plötzlich die Leute in ihre primitiven Instinkte verfallen und sich alle wie verrückt zum Schalter vordrängeln. Manchmal dehnt sich auch die Zeit wie die letzten elf Sekunden eines Basketball-Matchs, aus denen im Fernsehen 15 Minuten werden.

In gewisser Weise werden wir in Flughäfen wieder zu Kindern, ohne Verantwortung und ohne Aufsicht, wie ich damals als Neunjähriger in Heathrow. Wir fühlen uns zugleich unbefriedigt, ruhelos und verwirrt, und wie bei allen anderen modernen Einrichtungen als Geiseln einer Maschinerie, die uns eigentlich dienen soll. Viele der Passagiere in den Warteräumen sind offensichtlich frustriert, weil sie der Gnade irgendwelcher Kräfte ausgeliefert sind, die sie weder verstehen noch kontrollieren können, und warten mit rot unterlaufenen Augen und angeödet darauf, dass man sie endlich transportiert.

Flughäfen können Schwindel erzeugen, weil wir dort nichts

haben, woran sich unsere Identität klammern kann, und weil selbst die fundamentalsten Dinge nicht mehr sicher sind. John Le Carré schrieb über den russischen Spion Tschetschejew, Heathrow sei »einer von [dessen] Lieblingsorten. Dort kann er für halbe Tage Zimmer nehmen, die Hotels wechseln und sich als anonymer Reisender fühlen.«[14] Der Flughafen Gander in Neufundland ist seit Jahren dafür berühmt, dass Menschen sich dort eine neue Identität beschaffen. Während die Maschine nur eine kurze Zwischenlandung macht um aufzutanken, laufen Passagiere (zum Beispiel aus Kuba) quer über das Rollfeld und verstecken sich im angrenzenden Buschwerk, bereit, ihr bisheriges Leben aufzugeben und mit einer neuen Identität hier von vorne anzufangen.

Nach einigen Tagen in LAX hatte mich mehr und mehr die zentrale Bühne dieses Reichs der Übergänge angezogen, die Ankunftshalle im internationalen Terminal. Flugzeuge haben oft etwas von einer Garderobe, in der sich Frauen noch schnell den Lippenstift nachziehen und einen kurzen Blick in den Spiegel werfen, wenn die Durchsage »Wir befinden uns im Landeanflug auf ...« kommt – während Männer oft romantische Erinnerungsstücke im Inneren ihrer Brieftaschen verschwinden lassen, wenn »Die Maschine ist nun startbereit. Wir bitten Sie, die Sicherheitsgurte anzulegen ...« ertönt. In ärmeren Ländern kommt es zu den meisten Gefühlsausbrüchen im Bereich der Abflug-Gates, wo zum Beispiel der Student, der ein Stipendium bekommen hat, in ein neues Leben aufbricht und Dutzende von Freunden und schluchzenden Verwandten zurücklässt. In Flughäfen wie LAX sind die großen Gefühle eher in der Ankunftshalle zu finden, wo Menschen, die oft ihr ganzes Leben lang von diesem Land geträumt haben, das sie nur vom Bildschirm kennen, zum ersten Mal mit der amerikanischen Realität konfrontiert werden.

Um im Flughafen ein wenig heimischer zu werden, habe ich mich öfters vor der großen Wand des *Desertland* niedergelassen, die den ersten Stock von TBIT beherrscht. Von diesem Beobachtungsposten aus konnte ich den Leuten dabei zusehen, wie sie einander über Jahrhunderte hinweg die Hand reichten oder Unterschiede entdeckten, die sie zuvor noch nicht einmal geahnt hatten. Die meisten der auf die Ankunft eines Flugzeugs Wartenden waren vermutlich früher selbst Immigranten gewesen. Jetzt hatten sie sich so angezogen, dass man sehen konnte, wie gut es ihnen in ihrer neuen Heimat ging, sie starrten auf den Ausgang der Zollkontrolle wie auf ein Relikt aus ihrer Vergangenheit. Die meisten, die aus dieser Tür kamen, sahen aus, wie die auf sie Wartenden ein paar Jahre zuvor ausgesehen haben mochten, als sie neu ins Land gekommen waren. Die einzige Währung, die auf beiden Seiten der Schranke galt, war »Amerika« – oft waren die Ankömmlinge mit Schwarzenegger-Videos beladen oder hatten Aufnahmen von John Cougar Mellencamp dabei, sie trugen Cowboyhüte, Jacken mit dem Emblem der 49er und andere Symbole Amerikas, die an Bedeutung zunehmen, je weiter entfernt man von dem Land lebt. Die Wartenden, die sie begrüßen wollten, waren inzwischen »richtige« Amerikaner geworden, und Chiang Hsieng erfuhr, dass seine Nichte sich jetzt Cindy nannte und einen glitzernden Nasenring trug.

Alle paar Minuten wurde der ganze Terminal, man konnte glauben, ganz L.A. von einer neuen Welle von Ankommenden überflutet. Innerhalb nur einer Stunde spuckten Flugzeuge aus Taiwan, England, den Philippinen, aus Mexiko, Österreich, Spanien, Costa Rica, Deutschland und Guatemala ihre Passagiere aus und brachten eine jeweils andere Stimmung und einen neuen Rhythmus mit: Am Morgen kamen mit den Frühflügen aus Tokio die blauen Blazer und weißen Hemden, am Nachmittag mit den Maschinen der *Hawaiian Air* eine Flut tropischer Farben.

Was auf die Neuankömmlinge wartete, war eine Kurzfassung ihrer Zukunft: Inder, die mit dem Kopf wackelten, Iraner, die sich schmatzend auf die Backen küssten, Flitterwöchner aus Okinawa in farblich aufeinander abgestimmtem Outfit und Girls in Hot Pants, die genauso aussahen wie die, über die man zu Hause nicht spricht. Für viele Immigranten war die größte Überraschung an L. A., dass sie in eine Stadt voller Immigranten kamen, die überhaupt nicht wie diese Robert Redfords und Michelle Pfeiffers aussahen, die sie vom Bildschirm kannten. Das Land von »*mom*« und »*apple pie*« entpuppte sich als die Heimat von Tacos, Udon und Wiener Schnitzel.

Ich denke, dass sich diese schockierende Erkenntnis, die ein Merkmal des »globalen Dorfs« widerspiegelt, in L. A. besonders aufdrängt, weil diese Stadt die Welthauptstadt der Illusionen ist, eine Art Terminal der Träume, an dem so viele Menschen unbedingt »ankommen« wollen (mehr als die Hälfte der Passagiere kommt zum Vergnügen nach L. A.). Wenn wir an London und Paris denken, fallen uns das Parlamentsgebäude und der Eiffelturm ein, oder wir erinnern uns an Bilder, die wir aus der Schulzeit kennen: an ein Aquarell von Claude Monet oder einen Roman von Thomas Hardy. Wenn wir an L. A. denken, fallen uns als erstes Kulissen ein: Strände, Bikinis, Palmen und Sonne. Wir haben das Gefühl, wir passten in die zweidimensionalen Szenerien aus *Baywatch* oder *E. T.- Der Außerirdische* und ahnen, dass es weniger um Geschichte als um Lifestyle geht. Die vielleicht größte Gefahr unserer globalen Gesellschaft besteht darin, dass ein Einwohner von L. A. ernsthaft glaubt, er kenne Kambodscha, weil er im Kino *Killing Fields* gesehen hat, und der Neuankömmling aus Kambodscha nicht weniger sicher meint, L. A. zu kennen, weil er *Crow – Die Rache der Engel* auf Video gesehen hat.

Inmitten der Tschadors, Nationalflaggen und Mickey-Maus Luftballons im Terminal 4 schienen mir plötzlich die Übergänge, die zu Hause noch so einfach ausgesehen hatten, hier gewaltige Dimensionen anzunehmen. Ein konfuzianisches Paar, das irgendwo bei Kwangju auf dem Land gelebt hat, taucht in das grelle Licht einer Kultur ein, wo Menschen in Kursen lernen, wie man Kinder bekommt und wo das Altwerden ein Problem ist, das man verdrängen muss. Eine indische Frau fühlt sich geborgen, weil ihr Mann sie bei der Hand hält – aber kaum entdeckt er seine Freunde von *Intel*, lässt er sie allein und rennt davon, um für die Männer Kaffee zu besorgen. Ein Mann kommt mit seiner Braut an, die aus Chiang Mai stammt. Sie ist jung genug, um seine Tochter sein zu können, denkt sein Sohn mit gemischten Gefühlen, während sie auf einer Anzeige der Kosmetikmarke *Clinique* eine Buddhastatue entdeckt.

Viele der Neuankömmlinge in LAX haben den Kopf voller Erinnerungen an jahrhundertealte Rivalitäten oder an Mullahs aus dem 13. Jahrhundert – und landen in einer Stadt, in der alles, was gestern war, als alter Hut gilt, wo der Zweite Weltkrieg nur die Kulisse in einem Filmstudio ist und wo sich die Menschen selbst ständig für unfertig halten und meinen, noch an sich arbeiten zu müssen, indem sie ihre Geschichte zum dreizehnten Mal neu schreiben. Manche der Menschen, die hier ankommen, haben oft nicht viel mehr als ihre Geschichte – der Flughafen scheint auch noch diesen letzten Rest aufzulösen.

Gerade auf Flughäfen spürt man besonders stark das Gefühl von Unsicherheit, ob und wie sehr sich die erwartete Person – sei es der Geliebte, den man ein paar Wochen zuvor zum Abschied geküsst hat, oder eine Tochter, die man zwanzig Jahre lang so sorgfältig behütet hatte – bis zum Wiedersehen verändert haben mag. Das war in Häfen, Bahnhöfen und auf Postkutschen-Stationen durch die Jahrhunderten nicht anders, hatte aber nicht die Intensität und das Tempo wie in modernen Flughäfen, wo sich Henry James'sche Dramen im *MTV*-Rhythmus abspielen.

Wir können mit der Anonymität der Flughäfen spielen und ein Abenteuer daraus machen, indem wir ins *Love-Hotel* gehen, wo die Betten die Form von Flugzeugen haben, oder in die *Arty Space Airport*-Bar in der Vergnügungsmeile von Kyoto. Wir können den glatten Glamour eines Ortes genießen, wo jeder für eine gewisse Zeit irgendwer sein kann. Aber der Preis, den wir für all das bezahlen müssen, ist eine Verletzlichkeit und ein Ausgesetztsein, wie wir es immer an Plätzen empfinden, die wir nicht verstehen – ein Gefühl, das noch vielfach verstärkt wird, wenn wir gerade aus 10 000 Metern Höhe wieder gelandet sind.

Eine Psychiaterin aus L. A. soll Klientinnen geraten haben, in LAX selbstbewusstes Auftreten zu üben, um ihre Schüchternheit zu überwinden: »Such dir ein Land aus, dessen Menschen du attraktiv findest, geh in die Ankunftshalle, wenn ein Flugzeug aus diesem Land ankommt, und dann schau jedem Mann, der in Frage kommt, volle dreißig Sekunden in die Augen. Sie sind sowieso aus ihrer gewohnten Umgebung gerissen, und du hast den Heimvorteil.« Ich stelle mir vor, wie diese Männer landen, völlig verloren, und in eine Halle kommen, wo sie der Reihe nach von fremden Frauen Sekunden lang angestarrt werden – und denke mir, dass sich so wenigstens einer der Mythen über L. A. bewahrheitet.

Bei meinen Streifzügen durch die Ankunftshalle kam es mir doch ziemlich seltsam vor, dass für mich der Flughafen ein »*home away from home*« darstellte, einen Ort bleibender Kindheitserinnerungen. Für viele, insbesondere für die gerade Gelandeten, ist der Flughafen eine Zone der Unsicherheit und der Aufregung – der fremdartigen, erregenden Dinge, die mit jedem Eintritt in ein neues Leben oder eine neue Welt verbunden sind.

In Winfried G. Sebalds so entschlossen-melancholischer, von Todesahnungen erfüllter Vision wird der Flughafen ganz wörtlich zum Terminal – zur Endstation, zum »Vorhof des unbekannten Landes, von dem kein Reisender mehr wiederkehrt«[15], wo Leute in hellen, sterilen Räumen wie in einem Krankenhaus auf ihren Sitzen warten und wo einer nach dem anderen verschwindet, wenn sein Name oder sein Flug aufgerufen wird. Noch ist LAX für viele der Ankommenden zunächst so etwas wie der Himmel auf Erden und die Befreiung aus langem Eingesperrtsein. Um genauer herauszubekommen, was das für einen dieser Immigranten bedeuten könnte, versuchte ich mir bei einem meiner Flüge aus Osaka vorzustellen, dass ich selbst ein Neuankömmling sei, der nun endlich an dem Platz angekommen ist, von dem er immer geträumt hat.

Die erste Regel für eine glückliche Ankunft in L.A. ist, dass man nach Einbruch der Nacht landen sollte. Dann erlebt man die Stadt als ein glitzerndes Netz dröhnender Energie, ihr leuchtendes Skelett erinnert an das wohl geordnete Geheimnis im Inneren eines Transistorradios – um an ein Bild Thomas Pynchons zu erinnern, das uns in der High School fasziniert hat. Es ist das Lichtermeer, das wir aus den Kameraschwenks in Hunderten von L.A.-Filmen kennen. »Bei Nacht anzukommen hat etwas von der Aufregung eines Orgasmus«, las ich in einem Artikel von Jackie Collins in *Los Angeles.*

Tagsüber ist der Anblick weniger hinreißend. Die Stadt erscheint, eingehüllt in eine dicke braune Dreckwolke, als eine endlose Ansammlung graubrauner Lagerhallen, durchzogen von den schmutzigen Bändern der Schnellstraßen, verstopft von Autokarawanen, die kaum vom Fleck kommen: ein Schandfleck ohne Farbe, dem selbst die azurblauen Swimmingpools fehlen, die in Johannesburg und New York beim Landeanflug für freundliche Akzente sorgen.

Meine Maschine schwebte durch die Dunstschicht nach unten und rollte vor einem Hangar aus, auf dem »T ANS RLD AIR-

LINES« stand – neben einem Schild, das uns alle im »TOM BRADL Y INTERNATIONAL AI PORT« willkommen hieß. Es gab mir auch nicht gerade ein Gefühl von Sicherheit, dass der Kontrollturm hinter einem Baugerüst versteckt war. Als wir in das Terminal marschierten, begrüßten uns als Erstes ein paar Asiaten, die unter einer Tafel auf dem Boden hockten, deren Aufschrift für die Einfuhr unerlaubter Lebensmittel $ 20 000 Strafe androhte. Unser Weg ging durch lange, kahle Korridore, über Rolltreppen, Flure und weitere graue endlose Gänge zu weiteren Rolltreppen (sie sind eine der Hauptursachen für Unfälle auf Flughäfen, da viele der Ankommenden noch nie zuvor eine Treppe gesehen geschweige denn betreten haben, die sich bewegt). Nirgends war von einem »Herzlich willkommen« die Rede (später in Terminal 5 hing dann immerhin noch ein vergilbtes Bild von Bürgermeister Riordan, umgeben von einer multikulturellen Schar Kinder), und die Gesichter der auf uns Wartenden sahen ähnlich desorientiert aus wie unsere eigenen.

Eine Frau namens Noriko wies mir den Weg zur Passkontrolle, dort stempelte mir Herr C. Chen meinen Pass und Yoji Yasaka sorgte für den Transfer meines Gepäcks zum Inlandsterminal. Im grenzenlosen Chaos der Zollabteilung schnüffelten Beagles geschäftig an unserem Gepäck – mit der Bezeichnung »Beagle-Truppe des Landwirtschaftsministeriums« auf der einen und »Wir schützen Amerikas Landwirtschaft« auf der anderen Seite ihrer »Uniform«. Eine Lautsprecherdurchsage fragte nach einem Stanley Plaster. Auf einer Pinwand war der Brief eines Kindes angeheftet, der für jemand, der gerade aus Guangzhou ankam, recht verwirrend sein musste: »Lieber Taffy, wir mögen deine Show. Du bist so süß und du bist ein guter Schnüffelhund ...«

Kaum hatte ich die USA betreten – an einem wuchtigen bewaffneten Wachmann vorbei, der hinter einem Pult saß und vor den Invasoren durch dicke Seile geschützt wurde – sah ich ein

Schild, mit dem man mir zuwinkte: »Mr. T. Ego« – der Fahrer einer Leihlimousine machte seinen Job. Ein ganzer Haufen japanischer Angestellter mit umgehängten Handys und Gesichtern, deren Härte verriet, wie weit entfernt von Japan sie schon waren, fuchtelte mit Schildern, auf denen »*Jet Tour – best tour – look Japan Travel Bureau*« stand. Hinter ihnen saß die komplette Cook Islands-Tanztruppe mitsamt Ruderblättern in Formation auf dem Boden: siebenundsiebzig Girls mit säuberlich auf die Ärmel genähten *JTB*-Stickern, die ihre völlig identischen Taschen exakt neben sich aufgereiht hatten.

Die gelbe Linie auf dem Boden bedeutete »Sicherheitsbereich. Frei halten!«, und auf dem gelben Band, das die Grenze zu anderen Bereichen absteckte, stand nicht gerade vielversprechend DOA (Department of Administration). Die Warntafeln hinter dem Infostand rieten eindringlich, man solle sich nicht betrügen lassen: »Tragen Sie dazu bei, die Sicherheit im Luftverkehr zu erhöhen!« Außen an einer Bar warnte ein Schild davor, Getränke anderswohin mitzunehmen.

Für mich war das alles ja nicht neu – und ich wusste auch, dass L. A. keine Sitcom ist. Doch wie musste das alles auf jemanden wirken, der Gefängnis und Tod riskiert hatte, nur um hierher zu kommen, oder der dreißig Jahre gespart hatte, um nun plötzlich in ein Rudel Sicherheitsleute mit Uniformen der *Elsinor Airport Services* zu geraten – oder an Leute, die mit ihren Sammelbüchsen klapperten und Geld für die Ärmsten der Armen sammelten. Im Männerklo las ich auf der Wand die unheimliche Botschaft irgendeiner Gangsterorganisation: »*Sharraz spirit line*«. Und draußen verlangte eine Frauenstimme über Lautsprecher immer und immer wieder, ein Vertreter des »*U for Understanding*«-Programms möge sich doch bitte melden.

In dem ganzen riesigen Komplex der TBIT-Ankunftshalle gab es gerade mal eine Snackbar zur Versorgung der 5000 Menschen, die hier jede Stunde durchgeschleust werden. Das Angebot bestand aus ganzen neun Speisen: fünf davon waren »Würstchen mit Käse«, »Würstchen mit Chili«, »Würstchen mit Käse und Chili«, »Nachos mit Käse« und »Nachos mit Käse und Chili«. Gegenüber dem Haupteingang ließen uns Tafeln die Wahl zwischen *Payless-* oder einem *King Cobra*-Auto, zwischen dem *Grand Hotel Cockatoo* und dem *Banana Bungalow*, wo aus unerforschlichen Gründen »Gratis-Toast«, »Gratis-Bettwäsche«, »Gratis-Filme«, eine »Gratis-Party« und ein Basketballplatz auf uns warteten.

Draußen auf dem Gehsteig begrüßten mich ein »Van Stop«, ein »Bus Stop«, ein »Courtesy Tram Stop« und ein »Shuttle Bus Stop«, die alle sorgfältig mit wirbelnden Farben und Diagrammen beschriftet waren. Allein der Shuttle-Bus des Flughafens bot drei verschiedene Routen an: A, B und C. Ich ging zum Haltebereich der Shuttle-Busse Richtung Stadt und wurde mit 49 verschiedenen Angeboten konfrontiert: vom *Great America*-Shuttle über den *Apollo*-Shuttle zum *Movie*-Shuttle oder dem *Celebrity Airport Livery*-Dienst, die mich alle nach Las Vegas oder Disneyland bringen wollten. Koreaner sammelten sich in Bussen, die mit *Taeguk Airport*-Shuttle bezeichnet waren und sie nach Koreatown verfrachten würden, wo alles in koreanischer Hangul-Schrift angeschrieben ist. Männer in langen Gewändern bevorzugten hingegen den *Sahara*-Shuttle, der arabisch beschriftet war. Überall liefen Anhänger von Louis Farrakhan herum, ganz dezent und nett in dunklen Anzügen mit Fliege, sprachen Neuankömmlinge an und erbaten einen Dollar »Spende« für ihre Zeitschrift, die, in unfreiwilliger Komik, *The Final Call* hieß – das Hauptquartier der »Nation of Islam« liegt ein paar Straßen weiter.

»Dieses Terminal gehört zum Fruchtfliegen-Quarantänegebiet«, begrüßte mich das nächste Schild, »Stoppt die Ausbreitung der Fruchtfliege!« Gegenüber im Parkhaus geriet ich in ein Chaos aus Sirenen, Beepern und dröhnenden Alarmanlagen. Passagiere zappten mit ihren elektronischen Türöffnern, Diebstahlsicherungen wimmerten endlos und hinter mir erklang die Durchsage »Lassen Sie ihr Auto nicht unbewacht zurück. Unbewachte Autos werden sofort abgeschleppt«. Der Mann im Parkwächterhäuschen (den Stammesnarben nach ein Tigre) zeigte mit den Fingern, wie viel Dollar ich zahlen müsse – wohl in der sicheren Annahme, ich würde kein Englisch verstehen.

Wenn man den Flughafen verlässt und auf den Century Boulevard kommt, eine riesige achtspurige Schneise durch eine lange Reihe von Mini-Einkaufszentren, Hochhausblöcken und Fastfood-Treffs, drängt sich der Gedanke förmlich auf, man sei nun in der definitiv zur Einkaufsmeile verkommenen Stadt der Zukunft gelandet. Die Straßen heißen Avion und Aviation, Airport Boulevard und Concourse Way, sie sind mit »Zu vermieten«-Schildern vollgepflastert und mit gesichtslosen Gebäuden verbaut. Reklametafeln für *Nissan* (»Luxus – für die vielen Auserwählten«) stehen neben Bildern von Las Vegas-Kopien des Canale Grande. Ein Stück weiter, Richtung Christopher Columbus Transcontinental Highway und Howard Hughes Parkway, vorbei am Phantom-Campus eines College der University of Phoenix für Fernstudien, kann man sich gut vorstellen, in einer Stadt mit schätzungsweise 2000 Straßengangs, 40 000 Supermärkten, 20 000 Sweatshops und 100 000 Obdachlosen angekommen zu sein.

Die Menschen, die sich – wie ich eine Zeit lang – in diesem Nirgendwo aufhalten, scheinen in einer Art endlosem Zwischenstopp zwischen dem reduzierten Leben im Flughafen und den Gräbern des nahe gelegenen Forest-Lawn-Friedhofs gefangen zu sein. Sie wohnen – wie ich – im *Marriott*, im *Sheraton*, *Hyatt* oder *Holiday Inn*. Sie hören – wie ich – das Airport-Radio auf 530 kHz, das rund um die Uhr läuft, und nutzen das Happy-Hour-Angebot der *Proud Bird*-Bar, in der man an den Tischen die Mitteilungen der Luftüberwachung im Tower über Kopfhörer mithören kann.

In einem Geschäft »nur für Erwachsene« neben dem *Hilton* – dem einzigen, in dem ich je Eintritt bezahlen musste: 50 Cent –, inspizierten Geschäftsleute von allen fünf Kontinenten in meditativer Stille Plastikutensilien, die »*Womb Broom*«, »*Double Dong*« und «*Wind-Up Dirty Old Man*« hießen. Gleich nebenan, in der Filiale von *Live Nudes*, boten Girls mit Namen wie Sunni, Cinnimin, Trixie und Cherokee zwei phlegmatischen Filipina-Matronen und einigen Angestellten aus Singapur Lap-Dance, wobei die Kundschaft reichlich verwirrt darüber war, dass sie für die obligate Coke $ 14.25 zahlen musste, während der »Dancer's«-Salat nur $ 2.10 kostete. All das ist so unpersönlich wie eine Transithalle oder irgendein anderer dieser gottverlassenen Bereiche für alle jene, die von auswärts kommen. Gelangweilt, ohne jeglichen Halt und weit von zu Hause hat seit den alten Phöniziern jeder Kaufmann den Wunsch, seine Einsamkeit zu lindern.

Doch eine Besonderheit zeichnet den konturlosen Raum um LAX als zum Flughafen gehörig aus: Im *Gateway Sheraton*, in dem ich untergekommen war, nicht weit weg von der Flight Avenue und dem Sky Way, hatte einen Stock tiefer eine spirituell ausgerichtete Psychogruppe einen Raum gemietet. Die Leute standen im Kreis, hielten sich an den Händen und bekannten ihre Sünden – der Gründer von »Lighthouse«, wie sich das Ganze nannte, hatte offensichtlich bemerkt, wie fruchtbar der Boden hier war, um verlorene Seelen zu retten. In der *Zeno*-Bar waren die Bardamen mit Halloween-Masken verkleidet und nebenan hatte eine Firma, die sich um die optimale Abwicklung von Scheidungen kümmerte, ihr Büro.

Der größte Schock für Neuankömmlinge, die schließlich an jenem Ort gelandet sind, der sich selbst als »*World Gateway Community*« anpreist, ist aber, dass viele der grandiosen Hoffnungen auf dem Papier eigentlich ganz machbar erscheinen. Zu Zeiten der Ureinwohner wurden in Kalifornien mehr Sprachen als in ganz Europa gesprochen. Auch jetzt noch nennt sich die Urheimat der Mestizen »eine Stadt, wo sich alle Straßen der Welt kreuzen«, ein »modernes Alexandria«. Der *Airport Annual Report* beschreibt den Stadtrat von L. A. als eine bunte Mischung von Abgeordneten, mit Namen wie Woo, Goldberg, Yaroslavsky, Alarcón und Ridley-Thomas.

Doch die Schwarzen am Century Boulevard machen weiterhin ihre Geschäfte und tragen T-Shirts, auf denen immer noch die Unschuld von O. J. beteuert wird, und eine Aufschrift im Klo der internationalen Ankunftshalle besagt: »Ja zum Parlamentsantrag 187. Raus mit den Mexikanern!« Es war Kalifornien, das den Volksentscheid wieder abgeschafft hat und dessen staatliche Universität sich in ständige Debatten über umgekehrte Diskriminierung verwickelte. In Flughäfen bekommt man vielleicht eine Einreiseerlaubnis, aber man wird nicht willkommen geheißen. In JFK hat ein Polizist zu James Kaplan mit erstaunlicher Offenheit gesagt: »Wir hassen hier jede ethnische Gruppe. Wenn man in der Dritten Welt die Klospülung zieht, dann rauscht alles durch die internationale Ankunftshalle«.

Als aus meinen Tagen in LAX langsam Wochen wurden und ich mehr und mehr in einen amphibienähnlichen, degenerierten Zustand versank – sozusagen dem räumlichen Gegenstück zum zeitlichen Jetlag –, fiel mir noch etwas anderes am Flughafen auf: Ich traf hier auf Namen, die mir zuvor noch nie untergekommen waren – Hoa und Ephraim, Glinda und Hasmick, Frauen, die Roccio hießen und blonde Lorenas. An nur einem Tag im Terminal 5 begegneten mir ein Ignacio und ein Ever, eine Aura und ein Erick – alle in einer einzigen Cafeteria – und viele von ihnen redeten in Muttersprachen, die ich nicht annähernd identifizieren konnte. Weiter unten an der Straße (und ein wenig weiter oben in der Hackordnung) in meinem Hotel verkündeten mir die Namensschilder an der Hotelrezeption, die exakt denen glichen, die das Personal in Las Vegas trug, dass Viera aus Bratislawa, Faye aus Vietnam, Isabelle aus Guatemala City, Khrystynne aus Long Beach (ich bin sicher, sie war aus Phnom Penh) und Moe (sonderbarerweise) aus West-L.A. zu Diensten standen. Viele der Menschen, die mit hoch gesteckten Erwartungen in LAX ankamen, haben den Flughafen niemals so richtig verlassen. Sie merkten, dass die Fähigkeiten, die sie mitgebracht hatten, hier auf wenige einfache reduziert wurden: Khmer zu sprechen, mit ungestümen Kroaten umgehen zu können – Fähigkeiten, die vorwiegend im Umkreis des Flughafens gefragt waren. Es ist überall das Schicksal von Immigranten, dass hoch qualifizierte Ärzte und Professoren sich als Pförtner und Hotelpagen wiederfinden, die von Schuljungen herablassend behandelt werden, wenn sie mit ihrer vierten oder siebten Sprache noch Probleme haben.

Besonders zynisch und schlimm ist, dass sie nicht nur von anderen Immigranten aus ihren zu Grunde gerichteten Ländern umgeben sind, die selber mit Problemen zu kämpfen haben wie sie, sondern auch von den Leuten, die sie aus ihrer Heimat vertrieben. Ich fragte einmal das äthiopische Zimmermädchen in meinem Hotel, ob sie L.A. möge. »Ganz gern«, sagte sie in gepflegtem Englisch. Sie war schon sieben Jahre hier. Sie müsse doch ihre Heimat vermissen, meinte ich, wohl wissend, dass die Einkaufszentren von L.A. voll von Plätzen wie der *Homesick Bakery* sind. Sie nickte traurig: »Ja, ich vermisse mein Land sehr, aber ich kann nicht zurück.« – »Warum nicht?«, fragte ich, immer noch lächelnd. »Weil sie vor zwei Jahren meine Familie umgebracht haben – meinen Vater, meinen Bruder.« »Sie« – das bezog sich auf die Tigre und erinnerte mich an den freundlichen Mann im Parkhaus, der mir mit seinen Fingern zeigte, wie viel Dollar ich zu zahlen hatte, und an die anmutige Frau, die im vierten Stock im Flur den Müll einsammelte.

Der globale Marktplatz

»Die Vögel im Flug, so behauptet der Architekt Vincenzo Volentieri, leben nicht *zwischen* den Orten, sie haben ihren Ort bei sich. Wir fragen uns nie, wo sie leben: Sie sind am Himmel zu Hause, im Flug. Ihr Dasein in dieser Welt ist das Fliegen.«

Geoff Dyer

Kürzlich besuchte ich in Hongkong einen meiner ältesten Freunde von meiner englischen High School. Seine Wohnung war fast nur mit Koffern eingerichtet – am Griff von einem baumelte noch der »*PRIORITY*«-Anhänger, ein anderer war voller Hotelaufkleber. Auf dem Tisch im Gästezimmer stand ein Desk Jet-Drucker von *Hewlett Packard*, daneben Briefpapier von einem *Marriott*-Hotel, ein paar Postkarten vom *Imperial* (Bombay oder Bangkok? Ich könnte es nicht sagen). Ein paar Bilder von Macao lagen herum und Briefbogen vom *Oberoi* Hotel in Bombay, mit einem Namen bedruckt, den ich noch nie gehört hatte. Neben dem Bett lag der Flugplan von *Dragonair*, an der Wand stand zwischen ein paar Reiseführern ein Reisebügeleisen.

Mein alter Freund Richard und seine Frau Sharon waren dieselben netten, außergewöhnlichen Leute, wie eh und je, aber ihre Wohnung war – genau wie die Stadt um sie herum – nur nach den Bedürfnissen von Durchreisenden eingerichtet. In dem Zimmer, in dem ich schlief, lagen eine Box für einen weltweit geeigneten Strom-Adapter, ein Haufen 3.2er-Disketten (chinesische Standardversion) und eine Streichholzschachtel von *Rick's Café* weiter unten in der Straße. Und überall Koffer. Als ich ankam, räumten gerade zwei junge Manager aus L. A. das Gästezimmer und zogen in das nüchtern-funktionale Wohnzimmer um. Sie waren kurz übers Wochenende eingeflogen – auf Konto der ungenutzten Gratisflugmeilen der Gastgeberin.

Als ich mich jetzt zu meinen Freunden setzte, um das Abendessen zu besprechen, begann ich die vierzehnstündige Zeitdifferenz zwischen Kalifornien und Hongkong in meinem ohnehin schon benommenen Kopf zu spüren. Wir hätten den Zimmerservice bemühen können: von einem 565-Zimmer-Hotel gleich nebenan, einem 604-Zimmer-Hotel ein Gebäude weiter oder von einem 512-Zimmer-Hotel in unserem Komplex.

In einiger Entfernung lagen die letzten traurigen Überbleibsel der britischen Herrschaft: der Happy-Valley-Rennplatz, der Noon Day Gun und der Craigengower Cricket Club. In unmittelbarer Nähe, im Bezirk Admirality, fanden sich dagegen die Verlockungen des neuen Empire: ein vierstöckiger Einkaufskomplex, der schlicht, einfach und definitiv *The Mall* hieß und in dem leuchtende Wegweiser in Richtung Atrium, United Center, One Pacific Place und Two Pacific Place zeigten.

»Was unseren Block hier betrifft«, sagte Richard zu mir, während ich zwischen den Zeitzonen hin und her glitt, »so gibt es im Parterre einen Mini-Flughafen, wo du zu allen *Cathay*-Flügen einchecken kannst. Im zweiten Stock gibt's ein *Seibu*-Warenhaus, wo es alles gibt, was man sich nur vorstellen kann. Meine Bank hat eine Filiale neben dem Lift, und die Einwanderungsbehörde hat Amtsräume direkt neben meinem Büro. Du musst also das Gebäude eigentlich nie verlassen.«

Im Gästebadezimmer, wo ich mein Gesicht unter kaltes Wasser hielt, um endlich ganz am Boden anzukommen, lag neben dem Waschbecken ein Haarpflegeset von *Thai Air*, eine Flasche vom *La Quinta Resort*, Feuchtigkeitscreme von *Spa*, ein ganzer Waschbeutel von *Delta* (Business Class), ein kleines Handtuch von *British Airways* und ein *French Formula*-Shampoo von *Princess Cruises*. Ansonsten nichts.

Es gab einen Wäschedienst, und wenn man wollte, konnte man ein Dienstmädchen mieten oder Schilder mit »Bitte nicht stören« vor die Tür hängen. Das Haus wurde von der Swire Group gemanagt, einer altehrwürdigen Gesellschaft aus der Zeit des britischen Hongkong, die vielen unserer Schulfreunde ein Leben in Fernost ermöglicht hatte und hier eine Art Hotel für Dauergäste mit einer Lounge der Club-Klasse hundert Meter über der Erde betrieb.

»Ihr führt ein merkwürdiges Leben«, sagte ich zu Richard, der mir immer wie ein viktorianischer Distrikt-Beamter vorgekommen war, den man ins digitale Zeitalter versetzt hatte. »So ist es«, erwiderte er mit ein wenig Selbstironie und zog die Telefonrechnung des letzten Monats aus der Tasche. Es war nur eine der fünf Rechnungen, die er monatlich bezahlen musste, und es war zufällig die kleinste – trotzdem belief sie sich auf 700 Dollar. »Ich habe elf Telefonkarten«, erklärte er und fischte sie eine nach der anderen aus seiner Brieftasche, »eine von *Singapore Telephone*, eine von *AT&T*, eine von *MCI* – ach ja, es sind eigentlich drei von *AT&T*, und dann eine *ETI* – du weißt schon: *Executive Telephone International*. Und dann natürlich ein GSM-Handy mit zwei SIM-Karten.« Er zeigte es mir und führte vor, wie man die Karten wechseln konnte. »Welche Karte ich brauche, hängt davon ab, ob ich in Asien oder Europa bin. Und dann gibt es noch drei *Kallback*-Dienste mit den jeweiligen Karten.«

Ich habe ihn nur deshalb nicht mit offenem Mund angestarrt, weil gerade ein Wochenverdienst für meine eigene monatliche Telefonrechnung draufgegangen war, von der Rechnung für das Handy ganz zu schweigen, das ich für meine Mutter besorgt hatte, und der anderen Rechnung für einen *Kallback*-Dienst, noch einer für mein Telefon in Japan, für ein paar Faxanschlüsse in Kalifornien und Japan und natürlich für die Auslandsaufschläge der Online-Dienste. Ein komisches Schicksal für zwei Freunde, die mit lateinischen Hymnen groß geworden waren.

»Wie kannst du da noch den Überblick behalten?« – »Kein Problem – ich zahle einfach alles über meine *AmEx*-Karte.« – »Und dafür bekommst du dann wieder Flugmeilen?« – »So viele Flugmeilen, dass ich dafür Sharon jeden Monat einmal um die Welt schicken kann. Schau!« – und dabei öffnete er seine Brieftasche so weit, dass ich die Farbenpracht seiner Mitgliedskarten bewundern konnte: Er war Mitglied des *Red Carpet Club* und des *Passages*-Dienstes, er sammelte Flugmeilen über *Marriott* und *Singapore Airlines*, er hatte Karten vom *Europlus*- und vom *Priority Passenger-Service* – und eine Karte, die ihm jederzeit einen Sitz in der Marco Polo Class garantierte.

»Ich schleppe immer mindestens fünf Flugtickets mit mir herum, um manchmal einzelne Abschnitte zu benützen.« Er zeigte mir einen Stapel abgenutzter, teilweise schon verbrauchter Tickets für fast alle Flugrouten, die er vielleicht morgen in Anspruch nehmen musste: Hongkong-London, Hongkong-Madrid, Boston-Tokio, London-Boston. Ich erinnerte mich, dass er zwei Jahre lang nahezu jedes Wochenende rund um die Welt geflogen war – London-San Francisco-Tokio-London –, als er um seine Frau geworben hatte. Und trotzdem: Ich kenne keinen Menschen, der weniger ehrgeizig und raffgierig ist als er.

»Ich pendle einfach hin und her«, sagte er, wohl wissend, dass er mit jemand sprach, dem das Leben in den Lüften ebenso vertraut war wie ihm. »Meine Firma spart dadurch viel Geld. Ich zahle vermutlich für meine Fliegerei in der First Class weniger, als die meisten in der Business Class.« Wenn er nach einem 13-Stunden-Flug aus London gelandet war, fuhr er gewöhnlich mit dem A2-Bus nach Hause, und bei den spesenfinanzierten Reisen übernachtete er immer in Jugendherbergen.

Jetzt quollen noch ein paar Umschläge aus seiner Brieftasche – siebenundzwanzig konnte ich zählen und sah, dass jeder voll mit Telefonkarten, Geldstücken und Telefonmünzen aus den siebenundzwanzig Ländern war, die mögliche Reiseziele darstellten. »Busfahrscheine aus Amsterdam – so kommt man dort am besten herum –, Telefonkarten aus Japan, Peseten für Madrid.«

»Und du kannst überall arbeiten, wo du hinkommst?« – »Selbstverständlich. Ich habe Voice Mail-Anschlüsse in Japan, Hongkong und Boston und kann von überall aus meine Nachrichten checken, egal woher. Das einzige Problem ist, dass ich noch kein Handy mit Modem habe und deshalb meine E-Mails nicht im Auto abrufen kann.« – »Aber du bist doch nie in einem Auto?« – »Stimmt eigentlich, ich bin öfters in einem Flugzeug als in einem Auto. Einige Stewardessen haben kürzlich herausgefunden, dass ich mehr fliege als sie.« – Ich sah mir die SIM-Karten genauer an. »Aber du hast schon recht«, fuhr Richard fort, »wir haben gar kein Auto. Wir brauchen keines. Ich habe eigentlich auch kein richtiges Büro. Ich zeig's dir, wenn ich zurückkomme.«

Ich muss betonen, dass Richard keineswegs besonders reich ist und ganz sicher kein Mitglied des Jetsets. Er ist einfach nur ein hart arbeitender internationaler Management-Berater, ein *consultant*, wie das heute heißt, auf dem globalen Markt, was ihn dazu zwingt, sich ebenso schnell zu bewegen wie der Markt selbst. Dabei ist er einer der wärmsten, loyalsten und liebevollsten Menschen, die ich kenne. Er findet seine Wurzeln eben nicht in seinen äußeren Lebensumständen, sondern anderswo.

Für seine Arbeit in einer sich immer mehr beschleunigenden Welt war diese internationale »Home Page«-Version einer Stadt die ideale Operationsbasis. In der Mall, in der seine Wohnung lag, gab es vier Kinos und zwanzig Esslokale, dazu siebenundneunzig Boutiquen (unter anderem *Gucci, Guess, Valentino, Vuitton, Boss,*

Hugo Boss, Armani Exchange etc. etc.), einen besonderen Zugang zur U-Bahn, zum Far East Finance Center und zum Parkdeck. Alle großen Warenhäuser Englands, Hongkongs und Japans hatten hier ihre Filialen: »Die ganze Welt der Freuden unter einem Dach«, wie man lesen konnte.

Beim Anflug auf den alten Stadtflughafen blätterte ich in einem *Sky-Mall*-Katalog, dessen Warenangebot es *flexecutives*, so beweglichen Angestellten wie Richard, ermöglicht, sich noch in der Luft um die Geschäfte zu kümmern. Anzeigen warben für alphanumerische Pager von *Sky Tel*, Handys von *World Cell*, kreditkartengroße »PC-Begleiter« und tragbare Voice-Recorder. Als ich mir auf einem Notizzettel die Einzelheiten über Lautsprechersysteme für Telekonferenzen via Satellit, Digitalkameras mit eingebauten PC-Karten und ein Gerät zum Einscannen von Visitenkarten in den Personal Pilot aufschrieb, ging es mir wie schon oft in diesen Tagen: Ich verstand kein Wort mehr und hatte das Gefühl, als habe ich meine Sprache auf einem anderen Kontinent zurückgelassen. Auf jeden Fall würden fast alle dieser Geräte schon bei unserer Landung so gut wie bereits veraltet sein.

Ich las, dass ich alles aus meinem »Büro in den Lüften« ordern könne, ich müsse nur das *Airfone* benützen, mit dem man auch Faxe senden, alle anfallenden Rechnungen von einer *En Route*-Kreditkarte abbuchen und sogar simple Telefongespräche führen konnte. Die Fluglinie war gerade dabei, in den Gängen Geldautomaten zu installieren, und selbst in der Economy Class war der *Entertainment Guide* für das »persönliche Videosystem« ein Hochglanzmagazin von vierundsechzig Seiten. Man könnte durchaus vollständig im Flugzeug leben, oder nur per Telefon, oder – das wäre die beste Lösung – per Telefon im Flugzeug. Die Erklärung John Selfs, des transozeanischen Wesens in Martin Amis' Roman *Gierig* aus der Mitte der achtziger Jahre, er sei ein

Ding, »das aus Zeitverschiebung, Kulturschock, Zonenwechsel gemacht ist«[16], müsste man heute nur aktualisieren in »Jetlags, Orientierungslosigkeit und Paradigmenwechsel«.

»Die Inder hier haben es jetzt nicht leicht«, meinte der Deutsche neben mir, nachdem er einen kurzen Blick auf mich und meine Einreisekarte geworfen hatte. In Hongkong lebende Inder sollten demnächst einen britischen Pass mit Krone bekommen, der sie aber nicht berechtigen würde, in Großbritannien zu leben: »Sie sind jetzt so etwas wie Staatenlose«. Ich griff beruhigt nach meinem alten britischen Pass, der aufs Haar einem in Hongkong ausgestellten glich – bis auf die zwei, drei entscheidenden Worte, die er *nicht* enthielt und die über Freiheit oder Gefängnis entschieden.

»Manchmal leben die Inder hier schon in der dritten Generation«, fuhr mein Nachbar fort, »aber die Chinesen wollen sie nicht übernehmen, und auch die Engländer wollen sie nicht haben. Es wird ganz schön seltsam werden unter dem neuen Regime.« – »Das ist schon in Ordnung«, tat ich das Problem mit einer Gleichgültigkeit ab, die sich nur ein Inder, der in England geboren war, leisten konnte. »Die sind es gewöhnt, überall klar zu kommen. Sie wissen, wie man ein Leben aufbaut, auch wenn man vor die Tür gesetzt worden ist.« Er nickte ernst: »Ich weiß, ich bin jetzt auch so kosmopolitisch. Mir ist es egal, wo ich lebe. Seine Geschäfte kann man überall machen.«

In diesem Moment gab der Kapitän mit seiner weichen, *BBC*-würdigen Stimme bekannt, welche Temperatur und welche Ortszeit uns nach der Landung erwarten würden. Die Informationen tauchten gleichzeitig auf den Bildschirmen des Bordfernsehens auf, und die Stewardessen bereiteten alles für die Landung vor. Die Maschine bot ein perfektes Spiegelbild der alten Kolonialordnung: am Steuer ein cooler britischer Kapitän, zur Ausgabe der Getränke Asiatinnen aus zehn verschiedenen Ländern.

Wir gingen zwischen hohen Apartmentblocks herunter, die sich in den vielen Wäscheleinen, die überall gespannt waren, fast verhedderten, und setzten auf. Am Schalter der Einreisekontrolle gab ich einem Beamten meinen Pass. Er schaute ihn an, er schaute mich an, dann wieder den Pass. Ein Vorgesetzter wurde herbeigeholt, der nach einem Blick in den Pass mein Ticket sehen wollte, meine Registrierung als Ausländer, meinen Firmenausweis von Time Inc. Dann kam noch ein dritter Beamter und bat mich in eine separate Kantine, in der ich mich unter ein Schild setzen durfte, das mich über meine Rechte als »vorläufig Festgenommener« belehrte: Ich dürfe genau ein Telefongespräch führen, ich dürfe meinen Anwalt verständigen. Für diesen Moment war ich ein *alien resident* im Niemandsland.

Ein vierter Beamter kam in die Zelle, zog sich einen Stuhl heran und betrachtete mein Gesicht. Dann blätterte er in meinem Pass, dann starrte er wieder auf meine rosafarbene Greencard. »Warum haben Sie neunundzwanzig Jahre in einem Land gelebt, das nicht das Ihre ist?«, fragte er mich. »Weil ich die USA gern als Basis für mein Leben benützt habe, aber sie nie als meine Heimat sehen konnte.« – »Das ist doch nicht normal«, sagte er, »fast das ganze Leben als Ausländer zu verbringen«.

Er konnte an meinen Papieren nichts finden, was gegen die offiziellen Vorschriften verstieß – ausgenommen die Tatsache, dass mein Gesicht nicht zu meinem Geburtsort passte und Leute, die aussahen wie ich, normalerweise staatenlos waren. Dann entließ er mich mit kaum verborgenem Unbehagen wieder in die Kolonie der heimatlosen Existenzen: in die Halle der Zollkontrolle, die mit einem Schuppentier namens Pangolin, einer Rieseneidechse und anderen Nachbildungen gefährdeter Arten dekoriert war. Nun kümmerte er sich in der nächsten Zelle um zwei Deutsche, und ich konnte hören, wie er ihnen mitteilte, sie seien ausgewiesen und würden im nächsten Flugzeug nach Hause abgeschoben.

Nachdem ich Richards Wundertüte voll Telefonkarten und Flugtickets gebührend bestaunt hatte, zog ich mich ins Schlafzimmer zurück – halb betäubt, halb aufgedreht (mit andern Worten: ein Opfer des Jetlag) – und versuchte mich zum Schlafen zu zwingen. Aber der Schlaf verläuft in einem solchen Zustand sehr merkwürdig: Er besteht aus unruhigen, heftigen Abschnitten, und die Träume sind verworren wie Actionfilme. Irgendwann konnte ich gar nicht mehr schlafen, der Kopf war voll mit Tausenden von Bildern, und ich merkte, dass ich kaum eine Stunde eingenickt gewesen war.

Die Uhr neben dem Bett zeigte 02.23 Uhr. Ich tippte auf die Fernbedienung für das »terrestrische« Fernsehen und landete bei Listen von Aktienkursen auf Kanal 4. Lustlos zappte ich zwischen *Pearl TV, Jade TV, Phoenix TV, CNN-International, BBC World* und *CNBC Asia* hin und her. Auf Kanal 5 liefen asiatische Musik-Videos, auf *NHK-1* ein intimes Kanto-Drama, auf *ATV-Home* eine kantonesische Show. Ich beschloss, mit meiner ganzen Verwirrung in die Dunkelheit zu flüchten, schlüpfte aus dem Apartment und fuhr mit dem Lift in die Lobby, wo mich zwei Sicherheitsleute schon auf ihren Monitoren hatten. Dann ging es durch eine automatische Tür in einen gläsernen Lift, der hinunter in die Einkaufspassagen führte, vorbei an Firmenschildern, wie ich sie am Morgen desselben Tages schon auf der anderen Seite des Planeten gesehen hatte: *Florsheim, The Body Shop, See's Candies.*

Ich fuhr mit einer Rolltreppe in den zweiten Stock, lief durch die hell erleuchtete, aber verlassene Einkaufsarkade – *Timberland, Lacoste, DKNY, The Athlete's Foot.* Ein Schild wies eine Treppe hinauf und hinaus in die Nacht zu einem 61-stöckigen Hotel. In der Empfangshalle zeigte eine Reihe von Uhren die Lokalzeit der wichtigsten Weltstädte, während im Verwaltungstrakt die Maschinen ihre Lichtzeichen und summenden Geräusche abgaben. Draußen, in einem kleinen Garten mit Banyanbäumen, umarmten sich zwei Liebende (aus Beton), zwischen sich eine Tüte Kartoffelchips (auch aus Beton).

Auf der Suche nach etwas, was mich auf den Boden zurückbringen könnte – oder einfach nur, um mich einigermaßen besser zu fühlen –, ging ich die große verlassene Straße bis zur Lockhart Road hinunter, wo aus dem *Express Club* das Wummern von tiefen Bässen drang und sich junge Muslime um einem Kebabstand namens *Midnight Express* versammelten. Eine hübsche junge Filipina in einer Dallas-Cowboys-Jacke saß auf der Terrasse des *New Pussycat Club*, während einige ihrer Kolleginnen, herausgeputzt mit Pillbox-Hüten und Taschen mit Goldketten, gackernd zu lärmenden Clubs flatterten, die *Lady Club*, *Hot Lips* und *Venus* hießen. Weiter oben die Straße, würgte ich mir in einer lauten Western-Bar einen Hamburger hinunter. Ein Mann in Anzug und Krawatte ließ seine Hände über die nackten Arme eines kleinen dunklen Mädchens gleiten, das eine Baseballkappe mit dem Schirm nach hinten trug, während auf einem Bildschirm irgendein Fußballspiel lief. Ein paar stämmige englische Geschäftsleute jaulten an der Bar »*I would do anything for love*« und rissen im Takt der Musik ihre Fäuste hoch, wobei sie sich gegenseitig stützten, um nicht umzukippen.

Um meine Ruhelosigkeit loszuwerden, rannte ich wieder auf die Straße und stieß mit einem Mann zusammen, der mit einem Päckchen *Pro-Fil*-Kondome in der Hand aus einem *7-Eleven*-Laden heraushuschte. Ein anderer in einer vergammelten Lederjacke zog seine rundliche neue Freundin an die Brust und grölte, »Aber sie ist doch in England – tausend verdammte Meilen von hier.«

Ich ging am Duke of Windsor Social Services Department vorbei, einem riesigen Wolkenkratzer, auf dessen Dach »TOEFL« in

Neonbuchstaben verkündete, man könne hier einen »*Test of English as a Foreign Language*« ablegen. Eine Ratte flitzte über ein leeres Grundstück. In einem kleinen Hotel für Geschäftsleute saß eine Japanerin mit einem sehr kurzem Rock und nuckelte an einem *Heineken*, während ein junger Mann in Golfklamotten, ein Glas Wein in der Hand, ihr vom äußersten Ende desselben kleinen Sofas aus etwas zuflüsterte. »*Ukiyo-e*« stand am Fahrstuhl, »schwimmende Welt«.

Es wurde schon hell, als ich in mein Zimmer zurückkam. Das Telefon klingelte gerade – ein Anruf aus New York –, während die ganze Nacht Faxe hereingetickert waren. Ich schlug eine herumliegende *Time International* auf, um mir die Anzeigen anzusehen: für Offshore-Unternehmen und Zweitpässe, für Aufenthaltsgenehmigungen in der EU und Telefonkarten von *Call Global*. Die Zeitung bot eine Greencard-Verlosung an, man konnte die kanadische Staatsbürgerschaft beantragen und sogar Artikel in einem *Counter Spy-Shop* bestellen. Die Überseeausgabe von *Time* suggerierte wie der *Sky Mall*-Katalog im Flugzeug mit seinen Angeboten von »Pass-Imitationen« und »Satelliten-Decodern«, dass die Zukunft nur ein Videokrieg mit anderen Mitteln sei.

Aber draußen lockte ein warmer, sonniger Tag. Ich befand mich ohnehin noch in meinem wolkenlosen Nachmittagszustand aus Kalifornien, sechzehn Zeitzonen von hier, und so beschloss ich, mir die Gegend anzusehen. Mit einer Straßenbahn fuhr ich hinunter zur Bank of China, stieg aus und begann, den steilen zubetonierten Hang zur Citibank Plaza hinaufzusteigen, einem jener gesichtslosen Orte, aus denen das Zentrum von Hongkong vorwiegend besteht – und sah plötzlich die Türme einer anglikanischen Kirche.

Die Menschen reden sich heutzutage darüber die Köpfe heiß, wie sich die Welt in eine *Microsoft*- und *McDonald's*-Einheitskultur verwandelt, aber jedes Empire hat bisher versucht, der ganzen Welt seinen Stempel aufzudrücken: Ich wurde vom Anblick der Kirche beinahe schlagartig in meine Kindheit zurückversetzt, und Hongkong kam mir jetzt wie eine Art tropische Variante von Berkshire vor. Ich betrat das Gotteshaus – und befand mich in England: an einem grauen Novembermorgen in einer Schule, die uns für einen Krieg vorbereitete, der niemals kam – oder für ein Empire, das es nicht mehr geben sollte. Es spielte keine Rolle, dass hier in den Dachsparren Vögel zwitscherten oder dass über den Kirchenbänken Ventilatoren hingen. Viel mehr bewegten mich die Gemeindebriefe, die mit Reißnägeln angebracht waren, die Bibelsprüche, die an grünbespannten Tafeln flatterten, die Gesangbücher, die wie Kraut und Rüben längs der Kirchenbänke aufgehäuft lagen und die große Orgel, die jederzeit mit »*Almighty, invisible, God only wise*« lostönen konnte: Das alles ließ die vielen Jahre und Meilen zu nichts zusammenschrumpfen.

Wie ein x-beliebiger *Burger King* hätte auch dieser Raum irgendwo auf der Welt sein können. Ich hätte vor dem Supreme-Court-Gebäude in Singapur oder am Avon im schattigen Park von Christ Church stehen können – »Empire« bedeutet, dass Kinder, die von »grünen Hügeln in weiter Ferne« singen, alle an dieselbe englische Landschaft denken. In dieser Kopie einer gotischen Kathedrale aus dem 13. Jahrhundert kam ich mir jetzt fast wie mein Vater vor, als er 1937 in Bombay eine von den Engländern übernommene, fremde Litanei sang – nur dass sich seine Welt aus zwei Kulturen zusammensetzte, die er gut kannte, während ich in diesem Moment zwischen zwei Heimaten – Kalifornien und Japan – stand, die mir beide fremd waren.

Neuerdings wurde bei unseren Familientreffen darüber diskutiert, ob es besser war, von Los Angeles nach Bombay über Frankfurt oder über Tokio zu fliegen, und darüber, wie man am besten PAL-Videos in ein US-Format kopieren konnte. In den Ländern, in denen wir lebten, hatten wir mit Greencards und Studentenvisa zu tun und mit der Frage, welche Telefongesellschaft den billigsten Tarif nach Bangalore anbot. Vor 150 Jahren bedeutete für Tennyson und seine Zeitgenossen noch die Eisenbahn sowohl den unaufhaltbaren Fortschritt als auch den Tod der nachbarschaftlichen Beziehungen. Im Jumbojet-Zeitalter sind solche Überlegungen heillos veraltet.

Vor meinem Schlafzimmer bewegten unterdessen Kräne und Bagger gewaltige Erdmassen zum Bau der neuen britischen Botschaft – für die postimperiale Weltordnung. Als ich am nächsten Morgen aufwachte, wollte der Körper meinem Geist nur langsam folgen. Die Uhr zeigte 04.00 Uhr, 04.45 Uhr, 06.00 Uhr – während mein Magen sich weder nach 06.00 Uhr morgens noch nach 06.00 Uhr abends oder nach irgendeiner anderen erkennbaren Zeit anfühlte. Einige Stunden lang waren meine Träume um die Faxgeräusche gekreist, denn immer wieder hatte das Telefon geklingelt, aber jedes Mal, wenn ich den Hörer abnahm, hörte ich nur das schrille Piepsen einer Faxsendung. Nur einmal war ein Freund von mir am Apparat. Auf der anderen Seite des Globus rief er immer wieder meinen Namen in den Hörer, als Antwort brachte ich nur einen kurzen mechanischen Laut zustande.

Durch das Fenster konnte man den Arbeitern zuschauen, wie sie Zement über den mit Bäumen bepflanzten Hügel gossen, um an der Zukunft zu bauen.

Ich wollte mich mit meinem früheren Schulfreund Basil im Foreign Correspondent's Club in der Lower Albert Road treffen, mitten in dem Bezirk, der auf den Karten immer noch Victoria heißt. Als ich die schweren Türen des Clubs öffnete, hatte ich das Gefühl, wieder in meine alte Schule zu gehen. Das Innere war in dem weit verbreiteten »anglo-irgendwas«-Stil eingerichtet. Am Anschlagbrett wurden Club-Krawatten, Manschettenknöpfe und Regenschirme angeboten. Auf fein verziertem Briefpapier bat man die Mitglieder, ihre Mince Tarts mit Rumbutter und geräuchertem schottischem Lachs rechtzeitig zu bestellen: Dieser Teil Hongkongs schien geradewegs Graham Greenes Überseeszenarien zu entstammen.

Überall in dem etwas staubigen Speiseraum hingen hölzerne Tafeln mit den Namen sämtlicher bisherigen Club-Vorstände, so wie in der Dragon School in Oxford die Schüler angeschlagen waren, die Stipendien für die Public School bekommen hatten. Doch die Menschen, die in dieser Museumskiste lebten und arbeiteten, waren mehr und mehr Teil jenes neuen Empire geworden, das das alte ersetzt hat. Als Basil kam, elegant gekleidet – auf dem Weg von der Fähre hierher hatte er noch seine Tochter zur Schule gebracht –, bestellte er auf Kantonesisch ein Frühstück für uns. Er war gerade erst ein Jahr lang mit einem Mitglied von »Monty Python's Flying Circus« um die Welt getourt und wollte nun einige Monate lang asiatische Hotels fotografieren. Seine Frau, die darauf spezialisiert war, für Hollywoodfilme, die in Vietnam spielen sollten, Drehorte auf den Philippinen zu finden, hatte gerade in Hongkong einen Jungen aus Bhutan ausfindig gemacht, der in einer internationalen Produktion den Dalai Lama spielen sollte. Der Schulausbildung seiner Tochter wegen dachte Basil daran, nach Singapur, Seattle oder San José in Costa Rica umzuziehen, bevor seine chinesischen Landsleute Hongkong übernehmen würden.

Wir hatten sehr viel gemeinsam, besonders weil wir beide mit dem Gefühl aufgewachsen waren, überall auf der Welt nur halb dazuzugehören. Basil war mit seiner im Exil lebenden Familie rund um die Welt gezogen. Dass einer von uns Chinese war und der andere Inder, hinderte uns nicht daran, über unsere Schulen im weit entfernten England und über einen kenianischen Schulfreund zu reden, den Basil zufällig in Rangoon auf einem Markt getroffen hatte. Etwas verhärmte chinesische Kellner in bekleckerten weißen Jacketts mit Namensschildern, die sie als »Carson« oder »Edmond« auswiesen, brachten uns Baked Beans, fette Würste und Toast-Dreiecke. Gebildet aussehende ältere Damen und Kolonialtypen mit rosigem Gesicht zogen sich mit vergilbten Ausgaben der *Times* in dicke Ledersessel zurück. »Hongkong«, sagte ich, »muss noch viel englischer gewesen sein, als du ein kleiner Junge warst.« – »Und auch viel chinesischer«, meinte Basil.

Nach dem Frühstück ging ich über steile Treppen und Fußgängerbrücken, am New World Centre vorbei, durch ein labyrinthisches Netz von Gassen, über Rampen und durch Eingangshallen inmitten fremder Gesichter zur Queen's Road Central hinunter, bis ich mich – ohne recht zu wissen wie – im Worldwide Building wiederfand, das zwischen Alexandra House und Prince's Building mitten im Bezirk Central steht. Im Inneren des Gebäudes stand ich ganz ergriffen vor einem Gewirr winziger Läden, das mich aus meinen Tagträumen vom alten Empire riss und mich mit einer brutalen Wehmut konfrontierte. Das Worldwide Building ist ein Sinnbild dafür, dass eine Welt mit vielen hundert verschiedenen Heimaten Tausende verschiedene Formen von Heimweh erzeugt. Die Läden – eigentlich eher kleine Verschläge – waren knallig bemalt und trugen Namen wie *Filipino Shop, Worldwide Filipino Club, Little Quiapo* oder *Romance Boutique*, und überall in diesem Klein-Manila wimmelte es von jungen Frauen von den Philippinen, die meisten in engen Jeans mit goldenen Kreuzen über den *Hard Rock Café*- und *Planet Hollywood*-T-Shirts. Tafeln vor Ladenverschlägen informierten darüber, wann ein Filipino-Star in *ATV-World* zu sehen war oder wie man zu einem Kredit in Pesos kam oder wie man den Kindern zu Hause Geld überweisen konnte. In den Fenstern hingen Poster von philippinischen Stränden, und lächelnde Filipinos lockten mit »Bring einen Freund mit auf die Philippinen«. Läden, die *Your Shoppe* und *Fanny* und *Friendly Remittance Company* hießen, waren mit »*Legal Love Romances*« voll gestopft und boten »*Christian Song Love Song Karaoke*« an.

Ich fühlte mich von dieser Welt angezogen, weil sie im Widerspruch zu allem stand, was um sie herum war: ein Trojanisches Pferd voll Romantik, Gefühl und Frömmigkeit – eine wahre Zuflucht. Mir wurde noch einmal deutlich, was ich schon im Pacific Place erkannt hatte: Die Glücklichen finden überall auf der Welt rund um die Uhr die Dinge aus ihrer Heimat, die weniger Glücklichen stehen am Dienstboteneingang und starren durch die Gitter, um wenigstens einen Blick auf etwas zu erhaschen, das an Makati oder Manhattan erinnert.

In einigen Läden waren schwankende Türme aus Gläsern aufgebaut mit philippinischer Purple-Yam-Marmelade, Jackfruit oder Sugarplum. Anderswo wurden Grußpostkarten mit der frohen Botschaft »Christus ist heute geboren« angeboten, dazu Briefpapier mit dem Aufdruck »Vergiss nicht zu beten!«. Es gab Schilder, die direkte Überweisungen nach Cagayan de Oro-City anboten, und Aushänge mit allen Schiffsverbindungen nach Manila. Mit einigen kleinen Änderungen hätte es auch ein vietnamesisches Einkaufsparadies sein können, wie es mir ein Freund aus Da Nang einmal in Melbourne gezeigt hatte – oder irgendeines der vielen hundert Mini-Denkmäler iranischer-guatemaltekischer-koreanischer Melancholie in L. A.

Die Frauen waren überall. Sie reichten mir kaum bis zur Schulter, hielten meistens Händchen, starrten auf die *Panasonic*-Radios oder die *National*-Mixer in den Schaufenstern und suchten nach Münzen, um *Talk-Talk*-Karten für ihre Anrufe nach Hause zu kaufen. An einem der Läden für Geldüberweisungen standen wie vor einer US-Botschaft elf Leute in der Schlange. Junge

Frauen redeten über ihre vierjährigen Tyrannen, die sie in *Kentucky Fried Chicken*-Läden zerren wollten, und über Kinder, die tausend Meilen weit weg waren. Die Scheiben an den Kassen waren über und über mit handgeschriebenen Zetteln beklebt: »Weil voll, keine faulen Geschäfte bei unserem Geschäft« oder »Kein An- und Verkauf von Pesos«. Bei einem libanesischen Händler im nächsten Shop waren Anzeigen angepinnt wie: »Suche dringend: 3 Stunden pro Tag. Gut aussehend. Unter 25« und »Suche gutaussehend freundlich ehrlich.«

Die meisten der 130 000 Filipinos, die in Hongkong leben und arbeiten, sind als Kindermädchen und Haushaltshilfen angestellt. Sie kommen weder im »Empire« noch im »Emporium« offiziell vor, denn als *domestic outsourcers*, wie ihre Stellung euphemistisch genannt wird, zählen sie in einer Stadt, die alle Spielarten des Nichtdazugehörens ausbuchstabiert hat, noch nicht einmal in die Kategorien der Gastarbeiter, Asylanten, Flüchtlinge oder Staatenlosen. Sie sind schließlich aus freiem Entschluss hier, um ihre Familien zu unterstützen, die sie zu Hause zurücklassen mussten, und sind – wie philippinische Kindermädchen, Krankenschwestern und Go-Go-Tänzerinnen überall auf der Welt – Teil einer Schattenökonomie, die Dienstleistungen vermittelt, die von der offiziellen Welt gern abgeschoben werden. Filipinos arbeiten in den meisten der Läden und Sicherheitseinrichtungen im Flughafen von San Francisco oder drehen in Reno das Roulette. Im Flughafen von Osaka sah ich, wie philipinische Barmädchen sich in einer perfekten Imitation von vierzehnjährigen Japanerinnen kieksend von ihren Zuhältern verabschiedeten und mit Plüschtieren im Arm ins Flugzeug stiegen. Die Filipinos bestimmen im Hongkonger Bezirk Central im Umkreis der fünfzig Stockwerke hohen Glas-Wolkenkratzer optisch und akustisch das Straßenbild, ein kleines Stück »globales Dorf« in einer »globalen Metropole«.

Am nächsten Tag las ich in der Zeitung unter der Überschrift »Todessprung. Hausmädchen beklagt sich, dass sie angeschrien wurde« den Bericht über eine Professorin, deren philippinisches Hausmädchen nach ganzen fünf Tagen in der Stadt, in der Nacht während sie schlief, aus dem zwölften Stock gesprungen war. »Die Polizei fand auf ihrem Bett eine Schere und ein Hackmesser«, ergänzte der Bericht. Die Professorin hatte den Ermittlungsbeamten erzählt, das Hausmädchen habe glücklich gewirkt und überhaupt: sie habe gar keine Gelegenheit gehabt, sie anzuschreien, weil sie immer bis neun Uhr abends weg gewesen sei. – Nur einer von vielen Vorfällen mit philippinischen Hausmädchen, die in Singapur und Arabien ihre Arbeitgeber – und Vergewaltiger – angegriffen haben: in Ländern, wo die herrschenden Sitten und Gebräuche nicht immer auf fromme katholische Mädchen aus Asien ausgerichtet sind.

Hier im Worldwide Building hingegen lächelten die Frauen besonders, wenn sie ein Exemplar des Jahrbuches *Filipinos in Hong Kong* ergattern konnten, und strahlten zurück, wenn sie mit einer *Instamatic* geblitzt wurden. Man konnte fast hören, wie sie sich Geschichten für die Lieben »zu Hause« und die sich sorgenden Eltern ausdachten – über die Stadt, wo es mehr *Rolls Royce*-Limousinen je Einwohner gibt als irgendwo sonst auf der Welt, und wo selbst der Platz auf dem Friedhof 80 000 Dollar kosten kann.

In einem Punkt deckten sich meine Gründe in dieser Stadt zu sein mit denen der Filipinos: Hongkong ist fast ausschließlich von Ausländern aufgebaut worden und so zu einer Art Platon'schem Platz für alle und jeden geworden, einer Polis in Form einer Transithalle. Zumindest für ausländische Geschäftsleute stellt die Stadt ein komfortables Luxushotel dar, ein Einkaufparadies mit angeschlossenem Konferenz- plus Welthandelszentrum, in dem man keine Steuern kennt, in dem wenig Gesetze zu beachten sind und nur die Kräfte des freien Marktes herrschen. Man spricht Englisch, auch »billige« Kreditkarten werden akzeptiert und bei mir gleich um die Ecke gab es drei *7-Eleven*-Läden und einen *Circle K*, der schon um 4 Uhr morgens aufmachte. Hongkong ist wie eine Bühne, eine Welt voller Bilder, ein grober Entwurf für die digitale Stadt der Zukunft.

Für die Chinesen, die Hongkongs Hinterhöfe, die engen Sträßchen und umliegenden Dörfer bevölkern, stellte die Stadt natürlich etwas völlig anderes dar, aber für Leute von draußen bleibt die ewige Kolonie ein seltsames Kunstprodukt: inzwischen weniger eine Kapitale des Empire als ein Empire des Kapitals, das es mit der Flexibilität eines Überlebenden geschafft hat, seine Identität den Wechselfällen der Geschichte anzupassen. Im 19. Jahrhundert war dieses »Klein-England im östlichen Meer«, wie es König Georg V. genannt hat, der maßgebliche viktorianische Außenposten des Empire für den Handel mit Rauschgift. Im 20. Jahrhundert, dem Jahrhundert der USA, hatte es sich in einen Horchposten des Kalten Krieges verwandelt und war sogar kurze Zeit von den Japanern besetzt gewesen. In den letzten Jahren wandelte es sich langsam zu einer Stadt des 21. (postnationalen) Jahrhunderts – einer Stadt ohne Bürger in einer Welt, wo die Ideologien alle Macht an die Ökonomie verloren haben. Die zentrale Frage bei der Übergabe an China war, ob dieses hybride Nest aus »globalen Seelen« das »Reich der Mitte« ins 21. Jahrhundert retten konnte, bevor es vom »Himmlischen Empire« zurück ins 19. befördert wurde.

Anders als bei organisch gewachsenen Städten bezog Hongkong seine Identität aus allem, was es *nicht* war. Für Generationen britischer FILTHs (*Failed In London, Try Hongkong*) war es einfach ein alternativer Markt, wo die schwarzen Schafe der Familie die Möglichkeiten fanden, die ihnen zu Hause versperrt waren – nicht zuletzt zusammen mit hübschen Filipinas. Für die Chinesen, die nach Maos Aufstieg hereinströmten und der Stadt den schnellsten Bevölkerungswachstum in der Geschichte bescherten, war Hongkong das perfekte Gegen-China, das von Politik so wenig berührt wurde, wie das Festland darin ertrank. Für die Filipinos war es ein unvorstellbar üppiger Arbeitsmarkt, vor allem, weil so viele Ausländer hier lebten, die Personal benötigten. Und für die mehr als 200 000 hier gelandeten vietnamesischen Boat People war es schon dadurch, dass es nicht Vietnam war, eine unwiderstehliche Verlockung. Ergebnis dieses Multikulturalismus war ein absoluter Mischmasch; manchmal konnte man meinen, die Landessprache sei Esperanto oder es herrsche eine Art »Fusion der Kulturen«, wie es *Concierge*, das Blatt der Hong Kong Hotels Association, etwas freundlicher ausgedrückt hat: Wasabi Mousse Caviar und Crème Brûlée garniert mit Lychees, Granatäpfeln und Mangos, Frühmessen in Mandarin in der St. John's-Kathedrale, die Heilige Messe dann in »Filipino«. Mein Stadtplan informierte mich sorgfältig über den Unterschied zwischen *ground floor* und *first floor* und verwendete das »HK-britische System, wenn die Adressen in lateinischen Buchstaben angegeben sind« und das »amerikanisch-japanische oder auch chinesische System, wenn die Adressen mit chinesischen Schriftzeichen angegeben sind«. Hongkong ist *die* Stadt der Reisekoffer, und seine Bewohner heißen Freedom Leung oder Philemon Choi oder Sir Run Run Shaw. Die Stadt ist der beste Platz für den »Markt-Leninismus« und all die anderen schnell erdachten Bindestrichkreationen unserer Zeit.

Wong Kar-Weis Film *Chungking Express* überfiel die Zuschauer mit einer Flut von Bildern und Tönen aus Hongkong. Er kam zur gleichen Zeit in Mandarin, Kantonesisch, Urdu, Japanisch und Englisch heraus und gab einem das unbeschreibliche Gefühl, Teil der Massen in den Straßen zu sein. Mit seinen synthetischen Bildern und dem Gewirr aus *masala*-Musik, Kanton-Pop und *California Dreaming*. Der Film ist nach einem der berüchtigtsten Hotels für Durchreisende benannt und führt in schneller Szenenfolge an alle klassischen Plätze Hongkongs – von den Einkaufzentren über die Fastfood-Läden bis zum Check-in-Bereich im Flughafen.

Als ich wieder im Apartment meiner Freunde eintraf, war die Gastgeberin nirgends zu sehen. (Sie gehörte seit langem zur Gruppe der klassischen Staatenlosen: Als ihre Familie zum zweiten Mal in vierzig Jahren vertrieben worden war – diesmal von der iranischen Revolution –, stand sie plötzlich allein da. Sie war in London, war dreizehn Jahre alt und hatte zu ihrem Schutz nichts als ein paar Papiere, auf denen – nicht gerade Aufsehen erregend – »Reisedokumente: Weltbürger« stand.) Als sie endlich ziemlich spät aus dem Büro kam, machten wir den Fernseher an, um nachzusehen, wann Richard landen würde: Kanal 6 informierte über die ankommenden Flüge in Kai Tak. Das nützte allerdings wenig, denn wir wussten beide nicht, aus welchem Land er kommen würde.

Als er dann endlich eintraf – aus Tokio eingeflogen –, war er hungrig und müde und wollte auf keinen Fall in ein Hotel zum Essen gehen, was die mögliche Auswahl drastisch verringerte. Andererseits boten Hotels die bequemste Möglichkeit – sie lagen nicht weit weg und waren noch geöffnet –, und so saßen wir irgendwann nach 11 Uhr abends dann doch in dem 61-stöckigen Turmbau nebenan.

»Wie geht's im Büro?«, fragte Richard seine Frau – beide arbeiteten in der gleichen Firma. »Alle sind völlig am Ende«, antwortete sie, »sie müssen bis Morgen um 6 Uhr arbeiten.« – »Na gut«, sagte mein Freund, immer ein Manager mit gutem Herzen, »ich werde hingehen und ihnen sagen, sie sollen nach Hause gehen.« – Es war schon lange nach Mitternacht – für mich 8 Uhr morgens, und wer weiß, wie spät es für ihn war? Aber Richard ging noch vor der Nachspeise, um seinen Angestellten zu sagen, dass jetzt Feierabend sei.

Als ich ihn am nächsten Morgen in sein *»home away from home«* begleitete, zeigte sich, dass er mich mit Recht gewarnt hatte: Sein wahres Büro befand sich in seinem Kopf. Sein Arbeitsplatz, die asiatische Zweigstelle einer aufstrebenden amerikanischen Firma, bestand aus einem kleinen Tisch, der an ein Fenster gerückt war und auf dem irgendwo unter einem Berg von Faxsendungen von Coca-Cola Vietnam (übermittelt von AT&T Easy Link Services Australia, Ltd.) ein Laptop vergraben war – an der Wand hing ein Stadtplan von Tokio.

Als Ketzer unter lauter Technikgläubigen fiel mir nur auf, dass es bei den meisten Nachrichten um Probleme mit der Übermittlung von Nachrichten ging. Die hoch modernen Kommunikationsgeräte schienen regelrechte Experten im Verschicken von Kommunikationsstörungen zu sein. Überall im Büro hörte man »nochmal senden« und »abbrechen«. »Ihr Anruf wurde auf eine Mailbox umgeleitet«, klang es aus dem Telefon, »Ihr Anruf wurde weitergeschaltet«.

»Können Sie mir bitte meine Reiseroute ausdrucken?«, fragte Richard eine Sekretärin. Als das Papier herausratterte, zählte ich 139 Grenzübertritte allein im letzten Jahr. »Ich weiß nicht, wie du das alles aushältst.« – »Das weiß ich auch nicht«, sagte er fröhlich, »letzte Woche bin ich zum Flughafen und wollte um die Welt fliegen: Ich hab mich dann umentschlossen und bin wieder nach Hause.« – »Sharon wird sich gewundert haben.« – »Sie war schockiert.«

Richard musste beim Außenministerium eine Eingabe machen, damit er gleichzeitig zwei Pässe haben konnte – er verbrauchte die Seiten für Stempel und Visa so rasend schnell. Sein Geld war auf einer Bank in Jersey, und er zahlte überall und nirgends Steuern. »Du kannst mich immer in Hongkong erreichen und noch in achtzehn anderen Ländern«, sagte er und gab mir seine *Global Access*-Nummer, während er gleichzeitig per Druck auf eine Speichertaste seine Sekretärin anrief, sie solle einen Frühstückstermin mit seiner Frau arrangieren. Als er dann auf sein Dollarkonto in Hongkong zu sprechen kam und auf die dreizehn Länder, in denen er in den nächsten dreizehn Tagen sein würde, fühlte ich mich doch ein wenig seekrank.

Jemandem, der ihn nicht schon seit dreißig Jahren kannte, der ihn nicht im Kreise seiner Familie gesehen und seine warmherzigen und lustigen Briefe gelesen hatte, würde Richard wie ein Wesen aus einer Science-Fiction-Story vorkommen. Ich dachte an die zwei Porträts im Haus seiner Mutter, Bilder seiner Vorfahren, die als Generalgouverneure im alten Indien gedient hatten. Sein Großvater war Dechant der Durham-Kathedrale gewesen und sein Vater ein geadelter Staatsbeamter, der all seine Fähigkeiten in den Dienst von Krone und Vaterland gestellt hatte. Es war ein Muster, das man überall in der Stadt finden konnte: Dienst für die Kirche von England, dann im Schatzamt Ihrer Majestät, dann Jobs in verschiedenen Stellen einer amerikanischen Beraterfirma, deren internationale Klienten gerade wieder irgendwo sind (»Ex-Patrioten« wie es der schöne Freud'sche Versprecher sagt). Richard und ich hatten in der Schule demselben Haus angehört und waren nach dem Wegzug seiner Eltern nach Washington die einzigen, die in den Ferien in die USA flogen. Wir waren den üblichen britischen Weg gegangen und hatten auf derselben Universität studiert, und als ich dann zum Graduierten-Studium über den Atlantik ging, tauchte auch Richard nach zwei Jahren an meiner Universität auf. Manchmal hatte ich den Eindruck, es war unsere globale Ausrichtung, die uns am meisten verband und unsere Lebenswege sich immer wieder kreuzen ließ. Als ich nach Japan ging, wurde Richard der Boss der Tokioter Filiale seiner Firma. Es war fast, als säßen wir nebeneinander auf dem Pferdegespann eines multikulturellen Karussells, immer auf dem Sprung, uns in der nächsten Abflughalle zu treffen.

»Das ist schon lustig«, sagte er, als er mir seine Telefonnummer in Kasachstan gab, »ich habe gerade fünf Bankkonten aufgelöst und sechs neue sind dazugekommen. Wir leben doch in keiner normalen Welt mehr!« Bevor ich etwas dazu sagen konnte, war Richard schon nach Singapur verschwunden.

Mittags schien der Video-Clip Hongkong wie auf volle Lautstärke und »schnellen Vorlauf« gestellt. Ich schlängelte mich durch ein Gewühl, das zehnmal dichter war als im verstopften Tokio, und fühlte mich von den vielen Menschen und dem Gehupe völlig überwältigt. Ich stieg eine Treppe zu einem Fußgängersteig hinauf, der zwei Wolkenkratzer miteinander verband, und gelangte über eine Brücke zu einem Einkaufszentrum, wo mich eine Rolltreppe zu einem weiteren Steg führte, dann ging es wieder über eine Rampe nach unten zu einem Überweg, wo sich Menschenmassen in alle nur möglichen Richtungen gleichzeitig bewegten: heraus aus dem *Kodak Express*-Laden, hinein ins *Maxim's Express*, vorbei an Fotoautomaten zu einem Stand, wo man *Time Express* kaufen konnte, ein Monatsblatt, das mein Arbeitgeber in Chinesisch herausbrachte.

Manchmal fühlte ich mich in diesem Express durchs Universum wie eine Zahl, die in einem Taschenrechner ihre Runde macht, und in einem Wirbelwind aus Strichcodes, Postleitzahlen und Kennziffern weiterklickt. Um mich zu identifizieren, würde ich meine PIN eingeben, mein Password, meine vierzehnstellige weltweit gültige Telefonnummer oder die sechzehn Ziffern meiner *Visacard*: »Was ist das für eine Stadt hoch überm Bergkamm,/ Die birgt, sich neu aufbänkt und verpufft in lila Luft/ Purzelnde Zinnen/ Jerusalem Athen Alexandria/ Wien London/ Wahnschaffen.«[17] Ich hätte auch in Toronto, in Wellington oder Sydney sein können. Ich hätte zu Hause sein können.

Dieses Gefühl der Abstraktheit in einer Stadt der Ideen und Bilder, wo die Gesichter im Hintergrund verschwammen und die Menschen zu Größen in einer unsichtbaren Gleichung höherer Ordnung mutierten, wurde noch durch die vielen allegorisch geprägten Namen verstärkt, die man überall sehen konnte. Die Chinesen benennen ihre Gebäude gern nach konfuzianischen Tugenden, und wenn man diese dann ins Englische übersetzt, werden aus Hauptverkehrsadern moderne Pilgerpfade, die vom »Gebäude der wahren Sicherheit« zum »Gebäude der Tüchtigkeit« führen, und in denen Busse verkehren, die »Doppeltes Glück« und »Erfolgreiche Ferien« verkünden, während am Straßenrand Filipinas mit ihren grinsenden Engländern *Happy Meals* auspacken. Im selben Häuserblock steht das *Wesley Hotel* neben dem *Methodist Book Store* und dem *Lofty Virtues Publication Center.* Selbst die Sicherheitsüberprüfung des Lifts, in den ich stieg, war von einem Herrn Yu-Wing Law durchgeführt worden, dessen beruhigender Name in der Unterschrift wie »U. U. Law« aussah.

An diesem Abend – Richard war wieder unterwegs und Sharon im Büro – ging ich nach Wanchai, dem Viertel, wo sich die Ausländer von Hongkong nach der Arbeit vergnügen. Diese aufregende *Welt der Suzie Wong* und ihrer Schwestern war für das multinationale Zeitalter gründlich aufpoliert worden. Gab es früher noch jede Menge Möchtegern-Künstler, die in den Hollywoodfilmen immer den Hintergrund bevölkerten, waren die Straßen jetzt mit Geschäftsleuten gefüllt, die überall zu Hause sein konnten. An allen Ecken glitzerten neue Läden für jede Art von Business: *Joe Banana's, Carnegies, Big Apple.* Viele der Etablissements waren die ganze Nacht geöffnet und spuckten in den Morgenstunden blonde Partygirls und Börsenmakler mit gelockerten Krawatten aus. »*Pubs and Discos*«, die *Neptune* oder *Strawberry* hießen und sorgfältig abgestufte Eintrittsgebühren verlangten (Damen $ 50, Gäste $ 100, Militär $ 100, Nichtmitglieder $ 300), hatten Türsteher angestellt, die darüber entschieden, wer als »Gast« oder »Nichtmitglied« durchging oder wer draußen bleiben musste. Die diskreteren und eleganteren Nachtclubs weiter unten, die für die etwas korrekteren Spesenritter gedacht waren, heißen *Kitty Lounge* und *Club Cherry* und warben mit einer riesigen Neon-Geisha. Die *Wall Street Bar* lag am Kyoto Plaza. Die auffälligsten Schuppen befanden sich in der Lockhart Road, die zwischen Straßen liegt, die nach längst vergessenen Berühmtheiten benannt sind: Fenwick, Fleming und Jaffe. Es waren grelle kleine Bars, das *New Makati, San Francisco* oder *Waikiki*, manche hatten draußen Video-Monitore, sodass man die dicken Samtvorhänge am Eingang nicht erst heben musste, um zu sehen, was einen drinnen an Wohltaten erwartete.

Die meisten Tänzerinnen in ihren sparsamen Bikinis und mit ihrem sparsamen Lächeln waren Filipinas, die DJs häufig Amerikaner oder Australier, während die Kundschaft hauptsächlich aus Briten in Anzügen bestand, die sich gedämpft über »Unilever« unterhielten. Hinter der Kasse saßen fast ausschließlich Chinesen. Dieser globale Marktplatz »nach Dienstschluss« funktionierte nach den gewohnten Regeln von Angebot und Nachfrage, wenn auch die Bedürfnisse gegenüber denen am Tage etwas abgewandelt waren. Die uralten Transaktionen fanden statt, die sich seit den Zeiten von Maugham und Kipling wenig verändert hatten und bei denen, wenn die Lichter ausgingen, die Dritte Welt von der Ersten zurückholte, was ihr gehörte.

Im *Firehouse* nippten Engländer an ihren 30-Dollar-Drinks und verfielen wieder in den Jargon ihrer Schulzeit – Reisen führen oft in einem Sprung in vergangene Zeiten zurück. »Schau dir diese Beine an!« oder »An ihr sieht sogar der Ehering gut aus!« Ein Mädchen stellte sich auf die Zehenspitzen, um den Lippenstift vom Schnurrbart ihres Kunden zu wischen: Jetzt konnte er unversehrt wieder zu seiner Frau zurück. Eine andere schmollte und drehte einem Mann, der in einem abgetragenen Jackett allein am Ende der Bar saß und zu ihr hinstarrte, den Rücken zu. Männer in gestreiftem Hemd und mit Seidenkrawatte sprachen über Schlussnotierungen und vernünftige Gebote bei der Börsenöffnung am nächsten Tag.

Mir reichte das jetzt alles und mir war klar, dass das Lächeln der Leute im Laufe der Nacht noch kläglicher werden würde. Irgendwann würden die einen, die sagten, »Sei doch ein bisschen nett zu mir und ich werd mich um dich kümmern«, auf die anderen treffen, die sagten, »Was ist nur los mit mir, dass ich hier gelandet bin?«

Sicher drehten sich die Mädchen mit den Stiefeln bis über die Knie und ihren G-Strings noch immer lethargisch zu »You can ring my be-e-el, ring my bell …« im Kreis, als ich am nächsten Morgen in meinem Pseudo-Hotelzimmer aufwachte, wo Phil Donahue auf Kanal 8 außereheliche Beziehungen erörterte.

Ich ging in den frischen, subtropischen Morgen hinaus und frühstückte im *Pacific Coffee Company*. Wie bei immer mehr Dienstleistungsbetrieben im Zentrum von Hongkong bestand das Personal hier aus »weißen Kulis«. Engländer und Australier, die weißen Söhne des Empire, hatten jetzt, wo die Machtverhältnisse neu geordnet wurden, alle Billig-Jobs übernommen und bedienten untertänigst die chinesische Kundschaft. In der Morgenzeitung las ich: »Beinahe britisch zu sein ist wie heimatlos sein«

– daneben war das Bild eines chinesischen Schuljungen in einer britischen Schuluniform abgedruckt. In Anzeigen priesen sich »unterwürfige Expats« und »gut aussehende Chinesen« an.

Hongkong war schon ziemlich verwirrend: Das *American Restaurant* bot Peking-Küche an, das *Ruby Tuesday* «authentisches amerikanisches Essen zu echt amerikanischen Preisen«. Wenn eine neue Kundin hereinkam, war ich gespannt, was für eine Sprache man jetzt hören konnte: Roedean, University of Michigan oder reinstes Kowloon. Und sie war sich über mich natürlich genau so wenig im Klaren: einer aus Süd-London oder aus dem Silicon Valley oder aus Kalkutta? Die Taxifahrer in Hongkong konnten über Funk in ihrer Zentrale die Wünsche der Kunden ins Kantonesische übersetzen lassen. In dem Kino, wo ich meinen Platz durch einen Druck auf ein Computer-Hologramm wählen konnte, waren die Platzanweiserinnen chinesisch sprechende Inderinnen.

»Ich fühle mich immer mehr in großen Städten zu Hause«, hat mir einmal Kazuo Ishiguro gesagt, als ich ihn gefragt hatte, ob er sich überall als Fremder fühle, »vielleicht weil die großen Städte zu den Orten geworden sind, wo Menschen mit ganz unterschiedlichem Hintergrund zusammenkommen.« Ich glaube, ich weiß, was er meinte, wobei er natürlich zu hundert Prozent Japaner ist, so wie ich (der ich nur selten in Indien war) zu hundert Prozent Inder.

Ich bin bisher nicht besonders darauf eingegangen, dass Hongkong eine chinesische Stadt ist: 6 seiner 6,2 Millionen Einwohner sind Chinesen. Auch heute noch zahlen viele einheimische Geschäftsleute über eine Million Dollar für Autonummernschilder mit Glückszahlen, und sogar der Chef von *Cathay Pacific* verlegte sein Büro um vier Stockwerke, weil ihn sein Geomantiker gewarnt hatte. Allein in einem Tempel in Hongkong stehen 12 500 Buddhastatuen, und in den Straßen von

Kowloon haben 350 Jadehändler ihre Läden und in den großzügigen Grünflächen Hongkongs finden sich einige Paradiese für seltene Vögel.

Und doch können Fremde die meiste Zeit des Jahres in Hongkong zubringen, ohne von dieser chinesischen Seite etwas mitzubekommen. Wenn man Connoisseur Class fliegt, wenn man wie meine Freunde in einem Apartment wohnt, das 15 000 Dollar im Monat kostet, wenn einen der globale Markt als »globale Seele« hierhin und dorthin verschlägt, dann ist man in einer Art frei schwebenden internationalen Siedlung zu Hause und muss sich keine Sorgen darüber machen, dass 98 Prozent der Menschen um einen herum kein einziges Wort von dem verstehen, was man sagt. Das Wort für »Ausländer« ist in Hongkong *gwei-lo* – das bedeutet wörtlich übersetzt »Gespenst«.

Als ich nach dem »Management«-Wechsel, der Übergabe der Stadt an China, nach Hongkong zurückkam, wurde mir klar, dass ihr koboldhaftes Wesen, ihr Gespür für Profit, kaum Schaden genommen hatte. Die neue Kathedrale der »Mode des Langen Marschs« war das Kaufhaus *Shanghai Tang*, mitten im Bezirk Central, das mit dem Motto »zu aller Freude in chinesischer Hand« und mit Fotos warb, die Margaret Thatcher und Prinz Andrew zeigten, wie sie vor dem chinesischen Besitzer ihren Kotau machten. Die *PRC*-Reklame im Bezirk Causeway Bay warb für einen *People's Republic of Chic*-Laden, der bis Mitternacht 50 Prozent Discount bot. Aus dem *Club 97* war ein *Post 97* geworden, und bei der Benutzung des Mid-Levels Escalator, einem Rolltreppensystem, das extra für Hongkong konstruiert wurde, von Downtown bis zu den Vororten in den Hügeln hinaufführt und sich dabei in zwanzig Seitenlinien verzweigt, stieß ich auf ein *Red Star Café*, das gleich nach der Übergabe der Stadt an China aufgemacht hatte, »revolutionäres chinesisches Essen« anbot, angesagte Videos vom »Festland« vorführte und Parodien auf Propaganda-Plakate mit »Hey, gib mir einen Roten« zeigte.

Ein paar Monate zuvor hatte die Band »Black Watch« die melancholische Weise »*The day thou gavest, Lord, is ended*« angestimmt, als die HMS *Britannia* zum letzten Mal in See stach. Am Morgen dieses Tages war der scheidende Gouverneur von Hongkong noch mit dem britischen Premier eine Runde über den Pacific Place gegangen – was wie ein sorgfältig ausgewählter diplomatischer Fingerzeig auf eine Zukunft wirkte, wie sie die Engländer gern hätten.

An einem meiner letzten Nachmittage in Hongkong fuhr ich in den äußersten Winkel der New Territories kurz vor der chinesischen Grenze hinaus, um mir anzusehen, wie es den vietnamesischen Boat People ging. Inzwischen waren es nur noch wenige – der letzte Nachhall einer Zeit, als es noch 60 000 waren (davon 20 000 faktisch eingesperrt), die darauf warteten, vom Whitehead Detention Centre durchgecheckt zu werden. Es war klar, dass die wenigen Verbliebenen zu den »harten Fällen« zählten, wie sie der UNHCR-Vertreter, der mich führte, ganz treffend nannte. »Irgendjemand hat einmal gesagt, dass man die Felsen nie sieht, wenn das Wasser hoch steht«, sagte er, »erst wenn das Wasser sinkt, tauchen sie auf.«

Die »Felsen« waren in diesem Fall vor allem Drogensüchtige oder überführte Kriminelle, die offiziell als »unerwünschte Ausländer« galten, die aber Vietnam nicht zurückhaben wollte und die auch in keinem dritten Land erwünscht gewesen wären. Sie lebten jetzt am Ende einer Autostraße in langen zweistöckigen Gebäuden – zwischen Büschen, Lycheebäumen und Wohnblocks, wohin Hongkonger aus Dörfern oder von Booten umgesiedelt worden waren. Mein UN-Begleiter wies darauf hin, dass sich ihr »offenes Camp« nur wenig von den »Übergangswohnungen« vieler Einheimischer unterschied und dass viele der Flüchtlinge, obwohl sie offiziell nicht anerkannt waren, regulären Jobs nachgingen – insbesondere im Baugewerbe, wie bei der Errichtung des neuen Flughafens gleich in der Nähe. Einige sollen auch damit Geld verdient haben, dass sie ihren Flüchtlingsausweis an reguläre Bürger Hongkongs verkauft hatten, die scharf auf die Vergünstigungen für Flüchtlinge waren.

Das Camp war in keiner Weise ärmlich. Es war in zwei Gebiete unterteilt: das eine für vietnamesische Flüchtlinge, das andere für die anderen »Staatenlosen«, genauer gesagt, für die Vietnamesen, die ethnisch gesehen Chinesen waren und mehr oder weniger von der vietnamesischen Regierung ausgewiesen worden waren. Hohe Zäune trennten die beiden Bereiche mit den blauen Unterkünften, aber auf beiden Seiten gab es dieselben bunten Türen zu Klassenzimmern, die mit Weihnachtsmännern, tanzenden Häschen und glücklichen Tigern bemalt waren. Als mich dann ein vietnamesischer Dolmetscher herumführte, vergaß er nicht, mir ein Musikzimmer zu zeigen, in dem ein Klavier stand, das mit Schneewittchen, den sieben Zwergen und *Hello Kitty*-Figuren dekoriert war. Auch ein Computer-Raum fehlte nicht. Im Staub vor den Baracken waren Sofas aufgestellt worden, um den Platz gemütlicher zu machen. Die Bewohner hatten sogar Nudelküchen und improvisierte Cafés aufgemacht. Eine Frau hatte einen Tisch vor ihr kleines Zimmer gestellt und verkaufte Pomelo, Zuckerrohr und Caramel-Mais. Vor fast jedem Wohnraum stand eine rostige Waschmaschine, und modische Kleidung (*Santa Barbara Polo, Racquet Club*) flatterte im Wind.

»Es gab viel Gewalt hier«, sagte mir der für »*durable solutions*« zuständige Beamte aus Indien, der mich herumführte, »es gab sogar Morde. Es war sehr traurig: Kinder wurden von ihren eigenen Eltern als Drogenkuriere benützt. Nachdem wir Gurkhas eingestellt haben, läuft es jetzt viel besser.« Ein Beispiel feinster »imperialer« Ironie: Diese Angehörigen eines Bergstamms in Nepal, die so lange Zeit zu den loyalsten Kämpfern der in Hongkong stationierten britischen Armee gehörten, arbeiteten nun als private Wachmänner für Jardine's Securicor. Sie grüßten, als wir ihr kleines blaues Wachhäuschen passierten, das mit einem riesigen Poster von Prinzessin Diana und ihren Söhnen beklebt war.

Überall in der Kolonie sah man Schilder, die vor der Gefahr giftiger Rattenbisse warnten, aber es gab auch Schilder in Vietnamesisch und Englisch, die verkündeten: »Die Zukunft liegt in Deiner Hand«. Wie man mir sagte, bemüht sich die UN jetzt, bei den Flüchtlingen ein Gefühl für Selbstverantwortlichkeit zu wecken – kurz: Man will sich nicht mehr so sehr um alles kümmern. Aber es gab noch immer eine helle, saubere Klinik der »Ärzte ohne Grenzen«, in der freundliche Filipinos und junge Einheimische arbeiteten. »Unsere Hoffnung ist, dass schon bald die ersten Kinder klassische chinesische Gedichte aufsagen«, sagte mir einer der Verantwortlichen.

Ärgerlicherweise ist noch keine Lösung des Problems in Sicht, welche Identität man den Flüchtlingen offiziell zubilligen will. Für einige bestand vor ein paar Jahren die Möglichkeit, zu gehen, doch sie hatten darauf spekuliert, dass es für sie besser wäre zu bleiben – jetzt waren alle Türen für sie verschlossen. Einige Frauen hatten Männer von außerhalb des Lagers geheiratet – um bald dahinter zu kommen, dass sie nun mit Junkies oder hart gesottenen Kriminellen zusammenlebten. Hongkonger Schüler hatten sogar dagegen protestiert, dass Vietnamesen in ihre Klassen kamen, denn man war der Meinung, dass die Briten die Tür gegenüber chinesischen Flüchtlingen fest verschlossen hielten, aber vietnamesische hereinließen.

Das größte (unlösbare) Problem war das Geld. Während in der ersten Fluchtwelle 1979 die Boat People vor dem Krieg und der Unsicherheit in ihrer Heimat geflohen waren, ging es den Flüchtlingen von 1990 weniger darum, Vietnam zu verlassen, als in das wohlhabende Hongkong zu kommen. Ironischerweise konnten sie nur kommen, weil die Reisebeschränkungen in Vietnam gelockert worden waren und sie zu Hause mehr Freiheiten zugestanden bekommen hatten. Als dann das Gerücht aufkam, dass die UN jedem Flüchtling $ 360 zahlen würde, wenn er bereit wäre, wieder nach Vietnam zurückzukehren, kamen noch mehr, um die Rückkehrprämie zu kassieren. Die Summe, die sie als professionelle Asylanten bekamen, war höher als ein Jahreseinkommen zu Hause.

Die UNHCR, eine 1951 gegründete UN-Organisation, die zunächst nur als temporäre Einrichtung geplant war, um das Flüchtlingselend im Nachkriegseuropa zu lindern, bekam nach ihrer eigentlichen Aufgabe ein Mandat nach dem anderen, sodass sie zu einer ständigen Einrichtung wurde. Sie verfügt inzwischen über Zweigstellen in 120 Ländern, und die Zahl der Flüchtlinge ist auf über 20 Millionen Menschen weltweit gestiegen. »Flüchtlinge«, so ein UNHCR-Vertreter gegenüber *Time*, »gehören zu den Wachstumsindustrien der Zukunft.«

Die Frau, die Pomelo verkaufte, lächelte, als wir ihre Ware anschauten, sirupartige vietnamesische Musik strömte aus den Unterkünften und hier und da lagen gebrauchte Spritzen herum. Sie sei nun schon acht Jahre hier, erklärte sie uns mit Hilfe von Tom, unserem vietnamesischen Dolmetscher, der aus Kanada zurückgekommen war, um hier mit den Flüchtlingen zu arbeiten. Und sie sei viel glücklicher hier als in Whitehead, wo die Leute zu viert oder fünft ein Bett teilen mussten und durch fünf, sechs Sicherheitsposten von der Außenwelt abgesondert waren, aber andererseits nichts hatten, um sich von der nächsten Familie ein wenig absondern zu können. Aber sie war immer noch die Bewohnerin eines Niemandslands.

»Ich frage mich, wann ich aus Hongkong weg kann«, sagte sie

mit einem forschenden Blick, »meine Mutter ist schon sehr alt, meine Tochter ist die ganze Zeit krank – seit sie geröntgt worden ist, hat sie Kopfschmerzen. Mein Mann hat Verwandte in San Francisco ...« Meine Begleiter versuchten verständlicherweise an dieser Stelle die Unterhaltung abzukürzen, aber bevor ihnen das gelang, konnte mich die Frau noch fragen, wo ich herkomme. »Aus England«, sagte ich. »Ach, England ist schön«, erwiderte sie und schaute mich erwartungsvoll an.

Zurück in der Stadt und in meinem Zimmer, holte ich mein Buch hervor: *Die Einwurzelung* von Simone Weil, jener französisch-jüdischen Katholikin, die sich ihr ganzes Leben bemüht hat, nicht besser als die Bauern und Fabrikarbeiter um sie herum zu leben. General de Gaulle hatte sie, als sie ihn in England während des Krieges traf, gebeten, einen Bericht über die Möglichkeiten und Pflichten der Franzosen nach ihrer Befreiung zu verfassen. Sie sagte darin das Ende bestimmter Gegebenheiten voraus, an deren ewige Gültigkeit man geglaubt hatte und schrieb: »Die Zerstörung welcher Dinge ist frevelhaft? Nicht des Niedrigen, denn das ist bedeutungslos. Nicht des Hohen, denn, wollte man es auch zerstören, es ist unserem Zugriff entzogen. Also die Zerstörung der *metaxy*. Die *metaxy* sind der Bereich des Guten und Schlechten. Kein Menschenwesen seiner *metaxy* berauben, das heißt: jener vermischten und relativen Güter (Heimat, Vaterland, Überlieferungen, Kultur usw.), welche die Seele wärmen und nähren und ohne welche, außerhalb der Heiligkeit, ein *menschliches* Leben nicht möglich ist.«[18]

Zwangsläufig machten sich viele Menschen in Hongkong nach der Übergabe an China ebensolche Gedanken. »Für welche Werte stehen wir ein? Und wie sieht das soziale Gefüge aus, das uns verbindet?«, hatte Tung Chee-hwa, der neue Regierungschef der Special Administration Region, bei einem Vortrag vor der Asia

Society gefragt. Die allgemeine Erklärung der Menschenrechte, der man in den Schriften der UNHCR immer wieder begegnet, sagt ganz schlicht und einfach: »Jeder hat das Recht auf eine Nationalität.«

Ich wusste, dass Richard und Sharon innerlich so verwurzelt waren, dass sie mit jedem Wechsel zurechtkommen würden. Inzwischen lebten sie mit ihrem Sohn in London – und stehen dort so sehr mit beiden Füßen auf dem Boden, wie man es sich nur wünschen konnte. Aber was war mit den anderen, die über nicht so viel Anpassungsfähigkeit verfügten, die ein paar Mal am Tag ihre Anrufbeantworter anriefen, um sich von ihrer eigenen Stimme begrüßen zu lassen, oder die sich gerade jetzt im *Jolly Air Cargo*, im *Pansy House* oder im *San Tropez* drängelten, um Geld nach Manila zu überweisen? Ich dachte an den Freund, der mich einmal angerufen hatte, um mir zu sagen: »Gestern bin ich Richtung Hollywood gefahren, in der einen Hand ein Handy, in der anderen einen Laptop. Und ich dachte mir, was machst du eigentlich? Wer ist das und was soll das? Ehrlich gesagt, konnte ich mir diese Fragen nicht beantworten.«

Derselbe Freund war einmal so viele Meilen geflogen, dass er die größte aller Prämien für Vielflieger bekam: dreißig Tage fliegen – unbegrenzt, überall auf der Welt. Er hat mir von einem Traum erzählt, den er während eines Jetlags hatte: »Es war kein ›*Wo* bin ich?‹-Traum, wie man es eigentlich erwarten würde, sondern ein ›*Wer* bin ich?‹-Traum. Ich wusste nicht mehr, wer ich war.« Heute lebt er die meiste Zeit zurückgezogen in einem Kloster – was für mich keine große Überraschung ist, schließlich habe ich das auch schon oft gemacht.

In den letzten fünfundzwanzig Jahren habe ich fast immer meinen Geburtstag zusammen mit Richard gefeiert. Er ist als mein globaler Zwillingsbruder genau am selben Tag und im selben Jahr geboren wie ich. Einmal war es in einer Teestube in

Berkshire, einmal in Cambridge (Massachusetts) und ein anderes Mal im *Oxford Motel* in San Francisco. Diesmal war es an meinem letzten Tag in Hongkong und wir gingen in eines der Hotelrestaurants nebenan (die Zimmer zu $ 400 die Nacht). Dort war das größte transozeanische Büffet aufgebaut, das ich je gesehen hatte. Richards indonesische Kunden riefen während des Essens per Handy an, und Richards Frau verschwand irgendwann, um sich um den Mann zu kümmern, der sich um die Festplatte kümmerte.

»Ich brauche gar nicht real zu existieren – in einer realen Zeit und an einem realen Ort«, schloss mein Freund und legte das Handy weg. »Vielleicht wäre das Verrückteste von allem, jetzt hier zu sitzen, während Sharon da drüben sitzt« – er deutete auf einen Stuhl gegenüber – »und ihr dann auf ihre Bostoner Mailbox eine Voice Mail zu schicken.« – »Weil du dich dann klarer ausdrücken kannst?« – »Ja, und sie kann die Nachricht ein paar Mal anhören und mich so vielleicht besser verstehen.«

Wenig später musste ich aufbrechen, um die Maschine nach Bombay zu bekommen, wo ein Cousin von mir heiraten wollte. »Du weißt, wo du mich finden kannst?«, fragte Richard. »Ich weiß es. Ich kann dich von überall her anrufen.« – »Achtzehn Länder«, erinnerte er mich. Für alle Fälle gab er mir seine Privatnummer und seine Geschäftsnummer in Tokio, seine Faxnummer »zu Hause«, seine Faxnummer »im Büro« und seine Privat- und Büronummer für Fax und Telefon in Hongkong. Und eine 800er-Nummer für Voice Mail, die Handynummer, die Faxnummer seiner Mutter, die Faxnummer im Büro in London – und seine E-Mail-Adresse. Er gab mir sogar eine gebührenfreie Nummer, über die ich eine Voice Mail von Japan aus schicken konnte.

Aus irgendeinem Grund war danach in meinem Adressbuch kein Platz mehr für seinen Namen.

Die Multikultur

Ich kann weder ganz japanisch noch ganz westlich sein, aber ich verstehe beide Kulturen. Das ist wie Double-Bind, aber – und das ist vielleicht am wichtigsten – diese Situation erzeugt auch ein hohes Maß an Energie und Kreativität.

Arata Isozaki über seine »schizophren-eklektizistische« Architektur

Ich kam von San Francisco, als ich zum ersten Mal nach Toronto flog, und hatte eher den Eindruck, eine klassische Reise nach Fernost zu machen, denn fast alle Passagiere um mich herum redeten in irgendwelchen chinesischen Dialekten und flogen quasi von einem Vorort der chinesischen »Welt-Stadt« in den nächsten. Die Frau neben mir schwenkte einen Pass mit dem Aufdruck »Ministry of Foreign Affairs«, sprach aber kein Wort Englisch. Immer wenn die Stewardess mit Drinks vorbeikam, drehte sie sich zu der jungen Frau hinter uns um – vielleicht die Schwiegertochter oder eine Nichte – und bat sie, nach heißem Wasser zu fragen. In der Zwischenzeit sprangen immer wieder Mitglieder ihrer Familie oder andere Passagiere von ihren Sitzen auf, zogen teure *Olympus*-Kameras heraus und machten voneinander und von der erschrockenen Stewardess Schnappschüsse.

Ich fragte mich, wohin meine schon etwas ältere Nachbarin, die immer wieder aus dem Fenster schaute, wohl nach der Landung gehen würde und was für eine Zukunft sie dort erwartete: vielleicht eine neue Heimat? wieder in einer Ausländerkolonie? Sicher würde es für sie anders sein als für ihre englisch sprechenden Verwandten.

Ich selbst war auf dem Weg nach Kuba, kam also nicht der

Stadt wegen nach Toronto, sondern weil sie das Tor zu anderen Welten darstellte. Bei der Ankunft bemerkte ich, dass die meisten, die ihre Nasen an die Scheiben der Ankunftshalle drückten, Inder waren. Die Schlange vor der Passkontrolle reichte bis weit in den Gang, und die wartenden Menschen fächelten sich mit Pässen in allen Regenbogenfarben Luft zu. An den Schaltern, die Kanadiern vorbehalten waren, wartete fast niemand – nur eine kleine indische Familie, ein chinesisches Mädchen mit fuchsienfarbigem Haar und noch eine Chinesin, die tief in ein Buch mit dem Titel *Conversational French* vergraben war.

»Sir, bitte, willkommen in Toronto«, rief ein Mann mit Turban, als ich aus dem Flughafen herauskam, riss den Schlag seiner *Aerofleet*-Limousine auf und deutete eine Verbeugung an, bevor er mich von meinem Gepäck befreite. »Sir, bitte Vorsicht. Ich hoffe, Ihr Aufenthalt in Toronto wird ein vergnüglicher sein.« Wir starteten in die Dunkelheit, das Gekreische der Musik aus einem Hindi-Film klang leise aus dem Radio, Reklametafeln in koreanischer Schrift tauchten auf, und der Mann sagte mir, es gäbe jetzt in Toronto *gurdwaras* für die Sikhs und Plätze, wo man die Nachrichten aus der Heimat verfolgen könne. Als er vor zweiundzwanzig Jahren hier ankam, habe er das Gefühl gehabt, der einzige Sikh in der Stadt zu sein. Jetzt waren es 23 000.

»Ich kann es gar nicht glauben, wie sehr ich mich hier schon zu Hause fühle«, sagte ich, als wir uns den erleuchteten Wolkenkratzern näherten und auf einem der Dächer in Leuchtbuchstaben das altvertraute Wort »DOMINION« zu lesen war. Ich deutete auf die Krone, die die Nummern auf den grünen Schildern für die Fernstraßen umgab und die Ausfahrten, die zur Kipling Road oder zum Queen Elizabeth Way führten. »Sehr schöne Stadt, Sir«, versicherte mir mein selbst ernannter Fremdenführer, »sehr sauber, sehr sicher. Niemand hier ist aus Kanada. Also kann niemand sagen: ›Du darfst hier nicht leben. Du hast hier nichts verloren‹!«

Als ich ausstieg, wünschte mir der Fahrer alles Gute, wie wenn er wirklich hoffte, ich würde hier ein neues Leben anfangen können.

Mein nächster Besuch in Toronto galt dem »Harbourfront Theatre Center«: Ich war einer der mehr als 3000 internationalen Autoren, die zum größten Literatur-Festival der Welt angereist waren. Das »Harbourfront Writer's Festival«, bemüht sich jedes Jahr, Teilnehmer aus allen Kontinenten zu gewinnen, als wollte es daran erinnern, dass Kanada das ideale Sammelbecken darstellt. Es ist die erklärte Botschaft von Harbourfront, dass allein das literarische Schaffen dem globalen Dorf ein Gesicht und eine Stimme geben kann, während sich Politik und Ökonomie um die äußeren Details der neuen Weltordnung kümmern. In meinem Hotel war eine Verlautbarung des Managements ausgehängt, auf der jede Verantwortung für Schäden ausgeschlossen wurde, die »durch Pferde oder andere lebende Tiere oder jegliches ihnen zugehörige Gerät« verursacht werden, und die Ampeln im Ort trugen die altmodische Aufschrift »Fußgänger! Beachtet Eure Signale!« Gleichzeitig bot das Deli gegenüber scharfe Jamaica Beef Patties, und der Duft von »indo-kanadischen« Bonbons zog durch die Straßen.

»Wir sind hier alle von anderswo her«, sagte mir die Australierin am Empfangsschalter des Harbourfront. Sie hatte einen spanischen Vornamen und einen ungarischen Nachnamen, war aber in Italien geboren und befand sich nun auf dem Weg nach Indien. »Australien ist besser denn je«, fuhr sie fort, »das liegt an den russischen Taxifahrern, die es neuerdings gibt, an den philippinischen Krankenschwestern und an den Spekulanten aus Hongkong.«

»Genau«, ließ sich eine unserer offiziellen Gastgeberinnen mit einem Enthusiasmus hören, auf den man in Britannien nie getroffen wäre. »Die neuen Einwanderer haben auch unsere Stadt internationaler und lebendiger gemacht. Manchmal protestieren die alten Einwohner, weil es in den Vierteln, wo die *whitebreads* wohnen, jetzt überall Samosas gibt. Aber das ist auch gut so: Das Kosmopolitische hat die Stadt toleranter gemacht. Als meine Eltern noch jung waren, konnte man in keinem Hotel einen Drink bekommen.«

Fast denselben Satz sollte ich später in Wellington hören, und etwas ganz Ähnliches hätte ich zu einem Neuankömmling in London sagen können. Er gilt auch für Bombay, wo jetzt plötzlich in Bars ehrbare junge Inderinnen mit amerikanischen Börsenmaklern anzutreffen sind. In Toronto – oder zumindest im Harbourfront – gab es allerdings einen Unterschied: Jeder sprach von den Büchern als der neuen Macht, die sich durch Gesetze nicht einschränken lässt, und brachte Lobeshymnen auf diese neue, alle kulturellen Grenzen überschreitende Ordnung aus. Viele dieser erstaunlichen neuen Romane spielten nicht nur in Toronto, sondern waren auch durch die Stadt inspiriert worden. Einige Häuserblocks weiter hatte Marshall McLuhan darüber geschrieben, wie uns die Elektrizität – oder die Kommunikationstechnologie, wie man heute besser sagen sollte – in einer neuen Art globaler Gemeinschaft verbinden kann. Die kanadische Literatur bietet eine noch weit befreiendere Vision von Zusammenleben: die Stadt als Anthologie.

Die Hoffnung einer »globalen Seele« besteht immer darin, dass die Summe ihrer Identitäten etwas mehr ist als das Ganze und dass die Vielfalt nicht zu Dissonanz führt, sondern zu einem harmonischen Zusammenklang. Wenn ich an Toronto denke, frage ich mich, ob das für eine globale Stadt nicht ähnlich sein könnte. Selbst wenn Toronto einen typisch europäischen Hang zur Selbstkritik an den Tag legt, stellte sie sich gleichzeitig die klassische amerikanische Aufgabe, etwas Neues aus sich zu machen. Ihre Hoffnungen erschienen berechtigt, und ihr Elan war wohl dosiert.

Ab und zu konnte man Bemerkungen hören, wie sie zu einer Stadt in den Kolonien passten, die von ihrer Geschichte nicht loskommen konnte: »Ich bin nicht gegen die USA, aber ich hätte gern, dass die Leute den Unterschied zwischen ihrem Land und Kanada begreifen.« Ich konnte gut verstehen, dass ein Land, das im Schatten eines Empire im Osten und eines Empire im Süden stand, ein wenig zusammenzuckte, wenn man Saul Bellow, Neil Young, Pamela Anderson und sogar Wayne Gretzky für US-Bürger hielt.

Was mich aber überraschte, war, dass dieses nicht untypische Unbehagen mit einem großen Maß an Humor einherging, wie man ihn in England nicht finden würde. Dazu kam ein Sinn für Ironie und damit für einen nachdenklichen Zugang zur Geschichte, wie er in den USA fast ausgeschlossen war. Ich hatte den Eindruck, dass in Toronto sowohl die Geister der Vergangenheit als auch bereits die Zukunft präsent waren.

Zum ersten Mal stieß ich auf das Wort »Multikulturalismus« in einem Essay von Jan Morris über Toronto. Die Autorin beschreibt dort, wie sie diesen Begriff in einer Stadt neu wahrnahm. Das einzigartige Versprechen, das für sie Kanada gab, bestand darin, dass es *kein* Gelobtes Land war, dass es *keine* Freiheitsstatue mit Fackel besaß, *keine* Vision eines »Neuen Jerusalem« und *keine* Verfassung, die das Recht auf Glück garantierte. Kanada erschien ihr als ein weiter, für alles offener Raum.

Blickt man in der Geschichte zurück, so war das »blaue Toronto« (wie es Margaret Atwood genannt hat) immer das freundliche und gastliche Übungsfeld für die weniger begabten Söhne des Empire – die nach England zweitbeste Wahl für so manchen viel versprechenden Studenten aus Bridgetown oder Madras – und für die Menschen aus Haiti oder Somalia der den USA nächste Ort. In der Weise, wie Städte (und Menschen) allmählich zu dem werden, für das man sie hält, wurde Toronto zum Anziehungspunkt für Flüchtlinge, die nicht viel mehr über die Stadt wussten, als dass sie ein Anziehungspunkt für Flüchtlinge war. So kamen zu den »Neu-Kanadiern« aus Ruanda, Bulgarien und Afghanistan manche anderen Gruppen von Menschen auf der Flucht, die in den Statistiken nicht auftauchen: US-Amerikaner, die ihrer Einberufung nach Vietnam entkommen wollten (und jetzt mit ihrem unbeirrbaren Idealismus die Stadt beeinflussten), 300 000 Anglophile aus Montreal, die sich von der heftigen anti-englischen Sprachpolitik in Quebec absetzen wollten, und andere – Palästinenser beispielsweise –, die einfach nur gehört hatten, dass man in Kanada leichter durch die Einwanderungskontrollen kam als in den USA. Irgendwann habe ich erfahren, dass Phan Thi Kim Phuc jetzt in Toronto lebte und für die UNESCO arbeitete. Alle Welt kennt sie von einem Foto, auf dem sie als neunjähriges Mädchen schreiend aus ihrem vietnamesischen Dorf flieht, das die Amerikaner gerade mit Napalm niedergebrannt haben. »Ich bin glücklich, weil ich hier frei von Hass leben kann«, sagte sie mit Blick auf die Spuren der Vergangenheit – die Verbrennungen dritten Grades, die noch immer ihren Körper zeichneten.

Toronto hat mit einem Selbstbewusstsein und einer Ernsthaftigkeit, die selbst für noch größere Städte ungewöhnlich ist, beschlossen, diese Realität des postmodernen Lebens aufzugreifen und aus sich etwas zu machen, das bereits den halben Weg zu einer Utopie darstellt. Natürlich waren auch Paris, London und Tokio ausgesprochen international, aber diese Städte waren auf ihre ganz verschiedene Weise zu alt, zu chaotisch oder zu sehr mit anderen Angelegenheiten befasst, als dass sie sich allzu sehr auf ihre jüngsten Zuwanderer einstellen konnten. Toronto hatte hingegen wenig zu verlieren, seine eigene Identität war nur wenig ausgeprägt. So hatte die Stadt ein multikulturelles Experiment begonnen, bei dem sie selbst das Versuchskaninchen war. Zumindest dem Anspruch nach wurden Neubürger aus Entwicklungsländern ebenso bereitwillig aufgenommen wie die aus Europa. Hunderte Millionen von Dollar wurden aufgewendet, damit sie ihr jeweiliges kulturelles Erbe pflegen konnten, und die Stadt wagte davon zu träumen, ein neues Kosmopolis zu werden – und zwar nicht als Schmelztiegel, sondern als Mosaik.

Natürlich gab es jede Menge Probleme, als Toronto und Vancouver in ihre vielsprachige Zukunft aufbrachen, während nur eine halbe Stunde entfernt die Dörfer noch völlig unverändert im Geiste ihrer weißen protestantischen Vorfahren aus dem 19. Jahrhundert verhaftet blieben. »Toronto hat einen Grad von Vielfalt erreicht, der weit über das hinausgeht, was irgendein europäisches Land tolerieren würde«, schrieb eine lokale Zeitung in einer Mischung aus Stolz und Sorge. Man konnte auch die hochnäsig-konservative Torry-Meinung hören, dass viele Bereiche der Stadt multiethnisch geblieben und nicht wirklich international geworden waren, – der Sinn für Klassenschranken gehört nun mal zum unausrottbaren Erbe der Alten Welt!

Während meines ersten Aufenthalts in Toronto wirbelte ich selbst durch alle Kulturen. Ich stand jeden Morgen früh auf, gab meine schmutzige Wäsche der Frau aus der Karibik, die an der Rezeption des *Hotel Victoria* saß und so wenig die Miene verzog wie eine Wache vor dem Buckingham Palace. Dann eilte ich um die Ecke, wo zwei vergnügte Chinesinnen mir mein Croissant und den Tee reichten, kaum dass ich bestellt hatte. Danach machte ich Halt im *Mövenpick-Marché*, wo fast ausschließlich Filipinas arbeiteten – vielleicht die Schwestern der Zimmermädchen im *Victoria* –, und kaufte die *Globe and Mail*, die auf der Titelseite meistens Neuigkeiten aus Peking verkündete. In der

Regel war es dann ein Afghane, der mich mit dem Taxi aus der Innenstadt brachte und meine Wissenslücken über die Politik in Peshawar füllte – wobei er eine altmodisch aussehende Zeitung heranzog, die mit ihrer »*Grub Street*«-Kolumne und einem besonderen »Klimatologie«-Teil eher an uralte koloniale Blätter aus Delhi erinnerte.

Die moderne Welt stellt »globale Seelen« wie mich – jeden, der in verschiedene Kulturen hineingeboren wurde – vor die Aufgabe, eine Stadt zu finden, in der man möglichst viele der eigenen Heimaten wiederfindet. Der Annäherungsprozess an eine Stadt verläuft ähnlich wie das Kennenlernen auf einer Cocktailparty: Wenn man einem Unbekannten vorgestellt wird, versucht man, Namen von Personen, Orten und Dingen fallen zu lassen, die man möglicherweise mit ihm gemeinsam hat. Zu einem Freund wird meist jemand, der möglichst viele Gemeinsamkeiten mit uns teilt.

So gesehen lag Toronto voll und ganz auf meiner Wellenlänge: Es vereinte in sich viele der mir vertrauten Vergangenheiten – aus Asien, Amerika und Europa. Im Unterschied zu anderen derartigen Außenposten des Empire (wie Adelaide oder Durban) eröffnete Toronto die Möglichkeit, all diese Fragmente zu einem bunten Glasfenster zusammenzusetzen. Die Botschaft Torontos für Menschen wie mich lautete, dass Kanada vielleicht alle meine Lebensbruchstücke zusammenfügen könnte.

Der Begriff des »Commonwealth« hatte für mich zuvor nie besonders viel Sinn gemacht. Ich sah im Commonwealth eine ziemlich zufällig zusammengewürfelte Gruppe von Gestalten in den Dienstbotenzimmern, die außer ihrem Herrn nicht viel gemeinsam hatten. In Toronto bekam ich hingegen eine Ahnung von einem neuen, postmodernen Commonwealth, das einen Teil der Sünden des Empire wieder gutmachen und eine Art von Frieden stiften könnte. Derek Walcott hat es so ausgedrückt: »Eine Vase aus wieder zusammengefügten Scherben ist ein Erinnerungsstück, das die Liebe zusammengesetzt hat.«

Bei meinen Streifzügen durch die Stadt habe ich einmal mitbekommen, wie der Wagen des Bürgermeisters abgeschleppt wurde, weil er einem ukrainischen Festival im Weg stand. Ich hörte von den Cricketteams aus Indien und Pakistan, die zehn Jahre lang keine Heimspiele gegeneinander bestreiten konnten, weil ihre Heimatländer verfeindet waren und man Ausschreitungen befürchtete. Jetzt kamen sie jedes Jahr nach Toronto, um im Cricket, Skating and Curling Club um den Sahara Cup zu spielen. 4000 aufgeregte Immigranten verfolgten die Spiele von den Rängen, 200 Millionen wütende Partisanen sahen die Liveübertragung in Asien.

Eines Abends traf ich mich mit einem jungen kanadischen Schriftsteller zum Essen. Mir fiel bei unserem Gespräch plötzlich – das erste Mal in zwanzig Jahren – ein, dass ich selbst schon einmal nahe daran gewesen war, Kanadier zu werden, damals, als meine Familie im weit entfernten Oxford um den Esstisch saß und es darum ging, ob wir nach Manitoba oder Winnipeg gehen sollten – Namen, die sich damals wie ein eisiger Hauch auf den englischen Frühling legten. Ich war mit zehn zum ersten Mal in Kanada, um die Weltausstellung in Montreal zu besuchen. Dort lief ich mit einer Art Pass von Pavillon zu Pavillon und ließ mir die Namen von Ländern hineinstempeln, von denen ich zuvor noch nie gehört hatte. Damals hatte ich auf dem Autorücksitz mit meinem Scrabble-Spiel herausbekommen, dass alle Buchstaben von TORONTO zu den wertlosen gehören – was natürlich auch für SEATTLE oder ATLANTA gilt. Aber wenn man aus ihnen ein Wort bilden kann – was ja ganz einfach ist, da sie so »gewöhnlich« sind – bekommt man einen 50-Punkte-Bonus.

An einem Sonntag ging ich in die Bloor Street im Zentrum von Toronto. Kirchengesang lockte mich in die Toronto Korean United Church. Drinnen hielt eine große bleiche Frau in einem Talar mit sanfter, aber eindringlicher Stimme eine Predigt. Keines der Gesichter in den Kirchenbänken sah koreanisch aus, aber über uns allen prangte ein Bild des obersten Priesters Sung Chul Lee mit einer Schriftrolle in Hangul.

Von ihm gegrüßt ging ich wieder nach draußen und sah, dass man im selben Häuserblock auch einen Tempel der Bahai, eine Covenant Christian Church, ein jüdisches Gemeindezentrum oder, was vielleicht wichtiger war, ein »Communiquéd Language Training Centre Interamericana« besuchen konnte. Ich ging stattdessen in eine Seitenstraße und kam zu einem ausladenden gelben Gebäude mit einem goldenen Reh auf dem Dach und Gebetsfahnen, die über einem Bild des Dalai Lama flatterten, das die ganze Frontseite einnahm. In diesem Zentrum der tibetischen Buddhisten bot eine Bhikkuni, eine tibetische Nonne, eine Dharma-Unterweisung über »Zuflucht« an.

Ein solch vielstimmiger Chor von Glaubensrichtungen in nur einem Häuserblock warf die Frage auf, inwieweit eine wirkliche Einheit möglich wäre – oder überhaupt wünschenswert. Der Flickenteppich der Stadt mit seinen Klein-Indiens, Klein-Malta und Klein-Griechenland erschien einigen nur als die vergrößerte Version einer Weltausstellung, in der die einzelnen Völker als Kuriositäten in einem Themenpark vorgeführt werden, aber ich fand es ziemlich spannend, an einem Ort zu sein, an dem die Leute fast unablässig in Diskussionen über die Struktur ihrer Gemeinschaft verwickelt waren und wo eine neue Generation »Gründerväter« eine im wörtlichen Sinne multikulturelle Verfassung entwarfen.

»Ich denke, du wirst hier ein weit höheres Diskussionsniveau vorfinden als irgendwo sonst auf der Welt, wenn es um dieses

Thema geht«, sagte mir ein Muslim aus Südindien, der mich mit Einzelheiten über die Wandlungen des Multikulturalismus von Prometheus bis Prokrustes überschüttete. Um das zu unterstreichen, erzählte er mir, wie seine eigenen Kinder (die alle schon fließend Englisch, Urdu und Tamil sprachen) hier das französische Lyzeum absolvierten und wie er den Golfkrieg mittels Leserbriefe der Kuwaitis, Israelis, Iraner und Iraker im *Toronto Star* verfolgt hatte. Es kam mir vor, als würde ich eine dieser großen *globals* sehen, die man im Royal Ontario Museum kaufen konnte: aufblasbare Weltkugeln, die sich im Kreis drehen, um neue Lichtstrahlen einzufangen.

An einem wunderschönen Frühlingsmorgen nahm ich mir einen Leihwagen und fuhr hinaus nach Scarborough, um dort ein typisches *Collegiate* zu besuchen. Toronto hat keine eigentliche Innenstadt, was bedeutet, dass die ärmeren Immigranten, die noch »neu« im Land sind, meistens in Wohnblocks irgendwo in der »Mega-City« leben, wo die Einkaufszentren voller Aufschriften in singhalesischer Kringelschrift sind und Schilder auf so wesentliche Torontoer Institutionen wie *Global Pet Foods* hinweisen. Das L'Amoreaux Collegiate hatte weniger als 1000 Schüler, aber man konnte in seinen Gängen sechsundsiebzig verschiedene Sprachen hören, und 70 Prozent der Schüler hatten eine andere Muttersprache als Englisch. Eines der beliebtesten Unterrichtsfächer war denn auch tatsächlich »Englisch als Fremdsprache«.

Ich ging zum Market Square, dem zentralen Versammlungsplatz von L'Amoreaux, wo buntgekleidete Menschen zusammenströmten – ich fühlte mich in ein olympisches Dorf versetzt. Um mich herum Kopftücher, Bangles, Saris, *salwar kameez* und andere Dinge, deren Bedeutung ich nicht kannte. An einer Seite der Halle saßen Jungen aus der Karibik, im Arm ihre dunklen, großgewachsenen Freundinnen. Mehr in der Mitte des Platzes saß eine schwatzende Gruppe Mädchen aus Sri Lanka – eine Wolke aus farbiger Seide und exotischen Gerüchen. Ein Lehrer rief über die Lautsprecheranlage einen Namen aus, den vermutlich niemand verstehen konnte, und die Bilder der Klassensprecher an den Wänden erzählten von der Wandlung der Schule: Zu Anfang gab es nur weiße Schüler, und inzwischen, seit ein paar Jahren, traf man auf eine Schülerschaft in allen Abstufungen der Hautfarbe.

Ich sah mich um und konnte unter den Dutzenden von Schülern nur drei weiße Gesichter entdecken. Sie gehörten, wie ich erfuhr, ganz »frisch« Eingewanderten aus Osteuropa. Damals waren es gerade die Kaukasier, die noch am intensivsten Englisch lernen mussten.

Diese Schule in Toronto an der Jahrtausendwende glich in nichts einer Schule, wie ich sie gewöhnt war. Der größte Anteil der Schüler war aus Sri Lanka, fast alle von ihnen lebten bei Onkeln oder entfernten Verwandten und waren von ihren Eltern nach Kanada geschickt worden, um dem Bürgerkrieg zu entgehen. Die Schüler der zweitgrößten Gruppe kamen aus Hongkong. Sie lebten oft allein in teuren Apartments und kümmerten sich – bei einem Taschengeld von $ 2000 im Monat – um die Fluchtburgen, die ihre nervös gewordenen Eltern gekauft hatten.

Es war ein ganz normaler Tag am Market Square von L'Amoreaux: Irgendjemand bot anlässlich des Monats des afrikanischen Erbes mittags *mehndi*, die traditionellen Handbemalungen an, und jemand anderes sprach über Eid-ul-Fitr, das islamische Fest zum Ende des Fastenmonats. Viele Lehrer und Schüler waren zu Ehren des chinesischen Neujahrsfests in Rot gekleidet, und ein Video über den Sieg der Mannschaft von Toronto beim Drachenbootrennen in Hongkong wurde gezeigt. Ich dachte an meine High School in England zurück: nur Weiße, alle in schwarzen Anzügen, firm im Apostolischen Glaubensbekenntnis und von der Gewissheit erfüllt, zur selben kleinen Gesellschaftsklasse zu gehören. Und ich merkte, dass ich nie mitbekommen hatte, was *mehndi* bedeutet. Über Eid-ul-Fitr wusste ich nur etwas durch ein vierjähriges Mädchen in London, das mir erzählte, was es im Kindergarten gelernt hatte. Die Lehrerin mit dem irischen Namen, die mich herumführte, schien mehr über tamilische Sitten und Bräuche zu wissen als ich mit meinem tamilischen Nachnamen.

»Machen Sie irgendwelche Zugeständnisse an nationale oder religiöse Besonderheiten, was das Essen betrifft?«, fragte ich, als wir in den Speisesaal gingen. »Oh, wir haben koscheres Essen, *halal* und all diese Dinge«, sagte sie, »aber die Weltsprache, die alle verstehen, sind Fritten.«

Selbst die Probleme, die es hier gab, schienen aus einer anderen Welt zu stammen als der, in der ich groß geworden war. Mir wurde klar, warum die Schulleitung (75 der 76 auf den Fotos Abgelichteten waren weiß!) eine Allianz mit Polizeibeamten und einer Vielzahl von Immigranten-Vereinigungen aufgenommen hatte, um Workshops über »Multikulturelle Jugend in Gefahr« abzuhalten. Vor nicht allzu langer Zeit war einer der vielversprechendsten Schulabgänger in einer Einkaufspassage niedergeschossen worden – offenbar von einer der zahlreichen Gangs der Tamil Tiger, die, getarnt als Pizzaboten, mit Waffen und Drogen dealten und gelegentlich in der Schule Nachwuchs anwarben.

Es gab Väter, die ihre Töchter aus der Schule nahmen, dann mit den Männern der Familie zurückkamen, um die Schulleitung einzuschüchtern: Sie hatten herausgefunden, dass ihre Töchter mit Jungen ausgegangen waren – im Allgemeinen nicht mit Jungen anderer ethnischer Gruppen, sondern, was noch viel schlimmer war, mit Jungen der gleichen Gruppe, aber aus einer anderen gesellschaftlichen Schicht. Dann gab es Schüler, die nicht zum

Unterricht kommen konnten, weil sie ihre Eltern zu Kreditverhandlungen mit ihrer Bank oder zu einem für Einwanderungen zuständigen Anwalt begleiten mussten: Sie konnten als Einzige in der Familie Englisch und waren schon in jungen Jahren gezwungen, zu tüchtigen Vertretern im Kampf mit der fremden Bürokratie zu werden.

Ich kann mit vorstellen, dass an einem Ort wie L'Amoreaux manch unabhängig denkender Geist das allgemein gültige Kredo als derart nervend empfinden musste, dass aus solchen Kindern leidenschaftliche Vertreter des Unikulturalismus wurden. Der Buchladen warb mit »Multikulturalismus« und »Vorurteilslosigkeit«, und eine Woche später würden die Lehrer an einem Multicultural Health and Wellness Symposium teilnehmen, das vom Multicultural and Equity Education Committee organisiert wurde. Mütter mit Namen wie Sunshine kamen in die Schule, um Podiumsdiskussionen über die Gleichbehandlung der Geschlechter abzuhalten. Die Workshops über die »Einführung anti-rassistischer Strategien in den Klassenzimmern« gehörten zu Welten, in die ich nicht mehr folgen konnte. Wenn ich wieder an meine Zeit in der High School zurückdachte, wo selbst Katholiken und Juden so selten waren, dass für sie Ausnahmeregelungen getroffen wurden, um sie vom Gottesdienst freizustellen, wurde mir klar, dass meine Sprache außer Mode gekommen war.

Bevor ich die Schule wieder verließ, ging ich ins Lehrerzimmer, um mich zu bedanken. Die Lehrer verehrten mir den riesigen Kalender in Technicolor, den die Schule jedes Jahr herausgab, in dem Schüler aus sechzehn verschiedenen ethnischen Gruppen (von Peru über den Iran bis zu den Indianerstämmen Kanadas) in ihren lokalen Trachten dargestellt waren. Dazu hatte man Rezepte typischer Gerichte abgedruckt: »Das ideale Geschenk«, sagten die Lehrer, »um es mit nach Japan zu nehmen.«

Der Status von Toronto als Veteranin des Multikulturalismus beruht natürlich zum Teil darauf, dass die Stadt zu Kanada gehört, einem Land, das seit seiner Staatsgründung damit beschäftigt ist, sich zu definieren. Es schien kein Zufall zu sein, dass die Stadt über lange Zeit die Heimat einer ungewöhnlich hohen Zahl von Denkern war, die Vorstellungen von einer Welt ohne Grenzen sehr weit vorangetrieben haben. In Toronto hat Marshall McLuhan den Begriff des »globalen Dorfs« erfunden und in seiner eigenwilligen, manchmal geradezu prophetischen Art festgestellt, dass die Kanadier heute »mehr denn je dem Charakter und Temperament der Dritten Welt [entsprechen], schon gar, da diese sich anschickt, die abgelegten Ziele der Ersten Welt zu übernehmen.«[19] Es war ebenfalls in Toronto, wo McLuhans Kollege im English Department der Universität, Northrop Frye, sich durch alle Literaturen der Welt arbeitete und über alle Nationalitäten hinweg eine großartige Karte des menschlichen Bewusstseins entwarf.

Torontos Identität wurde durch zwei Dinge geprägt: Es war eine kanadische Stadt, und es war *nicht* Quebec. Da der langjährige Rivale und Nachbar, nur fünf Autostunden entfernt, laut für »seine« Nation gekämpft hatte und sich als Festung der Monokultur verstand, wurde Toronto noch mehr in Richtung einer multikulturellen Zukunft vorangetrieben – nicht zuletzt durch all die Quebecer, die nun nach Toronto ausgewandert waren. »Hier ist ein Land des Friedens für die ganze Welt«, hatte mir einmal ein Iraner in Toronto gesagt und damit das Idealbild Kanadas zusammengefasst. Und trotzdem wollen heute 7 Millionen der 29 Millionen Kanadier zurück in die Vergangenheit und kämpfen für ein »souveränes Quebec innerhalb eines vereinten Kanada«, wie sie es in typischer Unentschiedenheit nennen.

Die Diskussionen über Separatismus und Föderalismus, über den besten Weg, Kulturen miteinander zu verknüpfen, beherrschen täglich die ersten Seiten der Zeitungen. Jeder Kanadier scheint schon beim Frühstück das Problem anzugehen, ob man besser einen Eintopf, einen Salat oder eine Buchstabensuppe aus den unterschiedlichen Vierteln machen sollte. Montreal, die größte Stadt des französischsprachigen Kanada, hat damit gedroht, sich aus der Sezessionsbewegung zurückzuziehen und sich aus ökonomischen Gründen direkt an ein Land anzuschließen, dessen Sprache es nicht sprechen will. Frankophone Zuwanderer in Quebec haben sich darüber beklagt, dass sie keine Möglichkeit haben, Englisch zu lernen. Anglophone Neuankömmlinge in den Französisch sprechenden Provinzen fanden sich weder hier noch dort zu Hause, und die Stämme der Ureinwohner beanspruchen auch ein eigenes Territorium, wenn Quebec eines bekommen sollte. Viele Einwanderer, die heute nach Kanada kommen, weil sie vor einem Bürgerkrieg geflohen sind, hat die globale Debatte im Land wieder mitten in eine Auseinandersetzung versetzt, die zwar vielleicht zivilisierter abläuft, aber dadurch sicher nicht weniger zu einer Spaltung der Gesellschaft beiträgt.

Bei einem Lunch mit Fernsehleuten, die auf der Suche nach der Vision von Toronto als der neuen »*World City*« waren, erfuhr ich, dass einer von ihnen – er sprach mit einem Akzent, den ich nicht so recht zuordnen konnte – ein Englisch sprechender Flüchtling aus Montreal war. Er hatte darüber hinaus eine Zeit lang in England gelebt und, wie sich herausstellte, im selben College und fast zur gleichen Zeit wie ich studiert. Später bei einem Drink merkte er leicht amüsiert an, dass für ihn die »Neue Welt« in England lag und ihm einen Weg geboten hatte, Kanada zu entkommen, wohin seine Familie viel zu viele Erinnerungen mitgebracht hatte.

»Meine Kindheit«, sagte er ohne Umschweife, »war fast nicht zu ertragen«. Seine Eltern waren ungarische Juden. Sie hatten die Konzentrationslager überlebt und waren dann nach Kanada gekommen. »Ich schleppte diese Vergangenheit mit mir herum, eine große offene Wunde, mit der ich aber nicht wirklich etwas zu tun hatte. Meine Eltern wollten mir aber immer gerade *diese* Identität einimpfen. Sie schickten mich in eine orthodoxe jüdische Schule in Montreal. Sie redeten in gerade der Sprache mit mir, die für sie fast den Tod gebracht hatte. So wurde ich ein Anglophiler: Ich kann mich noch genau erinnern, wie ich mit elf die Londoner *Times* gelesen und von Oxford gehört hatte. Ich glaube, das war für mich eine Möglichkeit, mir eine neue Identität zu schaffen.«

»Wenn Sie aber jemand fragt, woher Sie sind, was sagen Sie dann?« – »Ach, das übliche Zögern, die üblichen Vorbehalte. Meistens sage ich gar nichts. Das ist so wie die Frage ›Bist du glücklich?‹ Mir fällt einfach nichts ein, und ich verstumme.« Mir war klar, dass er diese Geschichte immer wieder um und um gewendet hatte – wie man es mit der Bettdecke macht, bis man sich bequem eingerichtet hat. »Manchmal«, er schaute wie um Verständis bittend zu mir auf, »manchmal lüge ich einfach.«

»Ich kann mich noch sehr lebhaft daran erinnern, wie ich kanadischer Staatsbürger geworden bin«, fuhr er fort. »Ich war neun und musste auf irgendein Buch schwören. Weil ich Jude war, durfte es nicht die sonst übliche Bibel sein.« Und dann noch die Zwänge einer Erziehung, die aus einer anderen Welt kam, einer Welt, die seine Eltern nicht verlassen hatten, sondern die zerstört worden war. »Ich hatte das Gefühl, eine Art lebendes *Memento Mori* in dieser Gemeinschaft der Überlebenden zu sein«, sagte er ziemlich hilflos.

Während die Bedienung hinter der Bar die Kanäle am Fernseher durchzappte, erzählte er mir, dass seine Mutter neun Monate in Auschwitz gewesen war. Sein Onkel hatte in Budapest mit Hilfe falscher Papiere überlebt – nur um dann von den Sowjets »befreit« zu werden und in sowjetische Arbeitslager zu kommen.

Seine Verwandten waren schon zweimal Exilanten gewesen, bevor sie hierher in dieses Land der Ausländer gekommen waren.

»Mein Onkel entkam, indem er über eine Mauer sprang und ein Schiff erreichte, das ihn nach Montreal brachte. Aber jetzt wird er langsam älter, er ist über achtzig, und alle seine Träume kreisen nur noch um diese Zeit damals und darum, dass er seinen Vater und seine Mutter nicht hatte retten können. Das ist das einzige, worüber er reden kann, wenn ich ihn besuche.«

Mein neuer Freund war nach England gegangen, um sich aus diesem Gefängnis der Erinnerungen freizukämpfen. Aber es war keine große Überraschung, dass die Alte Welt gegenüber Leuten, die ihrem Schicksal eine neue Wendung geben wollen, nicht gerade offen ist – besonders wenn sie Juden sind oder wenn sie aus den früheren Kolonien kommen. Dann war er hierher zurückgekommen und hatte ein weiteres Mal zu entkommen versucht, indem er von Montreal nach Toronto gezogen war.

Er entsprach so sehr meinem Bild eines »klassischen« Kanadiers, dass ich bei der Vorstellung regelrecht erschrocken war, wie viele Geschichten einem verborgen bleiben und welchem Druck Menschen ausgesetzt sein können, weil sie zu keiner der offiziell anerkannten Minderheiten gehören und weil ihnen ihre Geschichte nicht ins Gesicht geschrieben ist. Man würde ihm kaum so weit gehende Zugeständnisse machen wie einem Neuankömmling aus Kigali oder Neu-Delhi.

Bevor er ging, sagte er – in seiner suchenden, leicht melancholischen Art – aber noch etwas anderes: »Ich habe nur einmal eine Heimat gefunden – und das in einem Traum. Ich habe oft so einen Traum gehabt, in dem ich gerannt und gerannt bin: nachts, eine Landstraße hinunter, und voller Angst. Dieses eine Mal, als ich wieder eine staubige Straße hinuntergerannt bin, waren auf beiden Seiten Hecken. Über die bin ich irgendwie gesprungen, denn plötzlich fand ich mich in einem tiefen Tal wieder. Und ich dachte – in meinem Traum – *das* ist es: zu Hause sein. Das ist das Gefühl von Heimat.«

Autoren zehren natürlich immer von der Vergangenheit. Sie ist das innere Sparkonto, von dem sie ihr emotionales Kapital abheben. In Toronto hat diese Kraft der Erinnerung eine besondere Prägung, da für viele der neueren Schriftsteller die Vergangenheit irgendwo weit weg auf der anderen Seite des Globus liegt und einige sogar extra hierher gekommen sind, um sie hinter sich zurückzulassen, und manche, um die Erfüllung ihres Schicksals in einer neuen Umgebung zu suchen. Wie viel man aus der früheren Heimat mitbringt, wie viel man dort zurückgelassen hat – das ist in vieler Hinsicht die zentrale Frage, die Toronto aufwirft, und zwar mit einer Intensität, die stärker ist als in den USA, wo viele Werke der »Immigranten«-Literatur – von Amy Tan bis Philip Roth – von Einwanderern der zweiten Generation stammen.

Rohinton Mistry, für mich heute der führende indische Romanschriftsteller, bewegt sich seinen Ansichten und Ideen nach in einem Bombay, das fünfundzwanzig Jahre zurückliegt, dabei wohnt er in einem Vorort Torontos. Er war mit dreiundzwanzig nach Toronto gegangen, um in einer Bank zu arbeiten, und hat nun schon mehr als die Hälfte seines bisherigen Lebens hier verbracht. Und trotzdem hat dieser vornehme, bescheidene Mensch sein Reisegepäck nie wirklich ausgepackt. Seine Werke spielen alle in den Siebzigern in einem bestimmten Viertel von Bombay, und sein Blick auf dieses Viertel ist zweifellos viel klarer, weil er nicht durch das Bombay der neunziger Jahre verdeckt wird. Einige Torontoer würden Mistry sicher nicht als Kanadier bezeichnen, Greg Gatenby, immer ein eifriger Verfechter einer kanadischen Identität, hat allerdings kürzlich einen empörten Brief an die Londoner *Times* geschrieben, weil sie Mistry als »indischen Schriftsteller, der derzeit in Toronto lebt« bezeichnet hatte.

Gatenby stellte höchst patriotisch klar, dass Mistry ohne seine

Übersiedlung nach Kanada vielleicht nie Schriftsteller geworden wäre. Er hatte Stipendien vom kanadischen Staat bekommen, wurde in Kanada zum ersten Mal veröffentlicht und hatte seinen ersten großen Erfolg bei einem Literaturwettbewerb an der Universität von Toronto. Er lernte seine Frau in Toronto kennen – wie er war auch sie aus Bombay und gehörte zu der kleinen Gemeinschaft der Parsen.

»Es gibt viele kanadische Autoren, die sehr gern über ihren ethnischen Hintergrund schreiben und ihn zelebrieren«, sagte Gatenby, »aber sie tun das aus einer kanadischen Perspektive heraus. Ein junger Schriftsteller wie Shyam Selvadurai aus Sri Lanka hätte nie über die Schwulenszene von Colombo schreiben können, wenn er weiterhin dort gelebt hätte. Kanada war für ihn die befreiende Kraft. Aber nebenbei bemerkt: Die Immigranten, die immer noch in ihrer alten Heimat verhaftet sind, während sie hier leben, mögen Mistry oder Nino Ricci nicht. Mistry oder Ricci werden Ihnen bestätigen, dass sie mehr Anerkennung außerhalb ihrer eigenen Gemeinschaft finden.«

Wenn man Bücher über Toronto liest, hat man den Eindruck, dass die Stadt für viele der »anerkannten« Minderheiten die schlechtesten Seiten des Commonwealth verkörpert: zu nah an Großbritannien, an Australien und Südafrika und so fest an ihre eigene weiße Vergangenheit gekettet, dass sie farbigeren Vergangenheiten keinen Platz einräumen will. Bestenfalls fördert sie mit einem Anschein von Toleranz die exotischen Elemente und zeigt »Rassismus mit einem Lächeln im Gesicht«, wie es die schwarzen Kanadier nennen. »Es ist die Wärme, die mir fehlt«, sagt ein Mann aus Trinidad in Neil Bissoondaths *Digging Up the Mountains*, einer Sammlung scharfsinniger, trauriger Einwanderergeschichten, die meist in Toronto spielen. Ein anderer sagt: »Jeder ist ein Flüchtling. Jeder rennt vor irgendwas weg« – aber in der

Erzählung Bissoondaths, des Neffen von V. S. Naipaul, kommt keiner der »verlorenen Wanderer« aus den »Ländern im Flegelalter« irgendwo ans Ziel. Bharati Mukherjee beschreibt in *The Management of Grief* voll Verachtung die »Multikulturalismus-Experten« mit ihren »Lehrbüchern zur Leidensbewältigung«. Mukherjee schrieb über die Beleidigungen und Demütigungen, die sie in Toronto erlitten hatte und floh mit ihrem kanadischen Mann ausgerechnet nach Atlanta, dann nach New York und Kalifornien.

»Etwas liegt in diesem wunderschönen Land im Argen, in dem der Kessel der Rassenbeziehungen am Überkochen ist«, las ich in Cecil Fosters *A Place Called Heaven,* wobei mir allerdings auffiel, dass der von Barbados stammende Autor nirgendwo auf den 321 Seiten des Buches eingesteht, dass die »Kanadier«, die er so weitgehend verdammt, heutzutage oft indischer, chinesischer oder peruanischer Herkunft sind und dass seine Attacke auf den Multikulturalismus mit Unterstützung von Multiculturalism Canada und des Canadian Arts Council entstanden ist. Das Wort »*Heaven*« im Titel von Fosters Buch spielt darauf an, dass »*Heaven*« im 19. Jahrhundert in den Spirituals der Schwarzen das Kennwort für Kanada war: der »Polarstern«, wie es bei Martin Luther King heißt, das neue Leben, das auf die Schwarzen am Ende der »Underground Railroad« wartete. Ich habe mich gefragt, ob Foster Toronto vielleicht vorwerfen wollte, nicht Utopia zu sein.

In Anne Michaels' glänzendem Roman *Fluchtstücke* ist Toronto eine Hafenstadt, ein Athen der Neuen Welt, »in der fast jeder von anderswo gekommen ist [...] und seine unterschiedlichen Arten des Sterbens und Heiratens, seine Küche und seine Lieder mitgebracht hat. Eine Stadt aufgegebener Welten«. Es ist der Ort, an dem gerade die englische Sprache einem Überlebenden der Shoah ermöglicht, »eine Art des Abschieds« von den »alten Sprachen« zu finden.[20]

Mein Freund aus Ungarn, der weder ungarisch noch kanadisch noch richtig englisch klang, sagte mir, wenn ich mich für Globalismus interessiere, müsse ich unbedingt zu *Honest Ed's* fahren, einem Markstein in der Geschichte der Immigration in Toronto. *Honest Ed's* entpuppte sich als Super-Einkaufzentrum, das sich in der Mitte der Bloor Street über einen ganzen Häuserblock erstreckte, wie ein selbst gebastelter *Penny*-Markt aussah und Immigranten aus der ganzen Stadt anzog. *Ed's* bot zu Spottpreisen alles, was ein Zuwanderer braucht: Man erzählt von Ed Mirvish, seinem Gründer, dass er einmal eine ganze Insel für $ 2.19 verkauft hat (kanadische Dollar!) – und eine Kreuzfahrt für zwei Personen für nur $ 1.99.

Als ich bei *Ed's* ankam, herrschte Hektik: Überall hingen Karnevalparolen und handgeschriebene Sonderangebote wie »Weißbrottoast für 29 Cent«, »900 Gramm grüne Erbsen für 39 Cent«, und durch die Drehkreuze strömten die Kunden. Ich hörte, dass es um 4 Uhr nachts manchmal Staus bei den Discountangeboten gibt, wenn rund um die Uhr geöffnet ist. Buchstäblich jeder Quadratzentimeter der Fensterfront zur Straße war mit alten Zeitungsausschnitten und vergilbten Fotos beklebt, die von der ruhmreichen Legende von »Honest Ed« berichteten. Es sind immer und überall Einwanderer, die Läden für Einwanderer aufmachen, weil die früher Angekommenen natürlich genau wissen, was die Neuankömmlinge brauchen – internationale Telefonkarten, Hilfe bei der Steuererklärung, Koffer, Taschen und Tickets in die alte Heimat. Was Mirvish anbot, schien eine Variante des klassischen Einwanderertraums zu sein: der amerikansiche Traum mit kanadischen Verzierungen.

Seine Geschichte glich so auch einem altmodischen Film, wie ihn ein Emigrant in Hollywood hätte drehen können: Sie bekräftigte, dass man es mit harter Arbeit zu etwas bringt, dass man einen Traum haben muss – und ein wenig von der guten alten

Chuzpe. Ed Mirvish, der umtriebige Sohn eines gescheiterten Lexikon-Verkäufers aus Kiew, hatte in dem kleinen Kramladen seines Vaters angefangen, als er neun war (so stand es auf den Zeitungsausschnitten). Mit fünfzehn ging er von der Schule ab und übernahm das Geschäft. 1948 verkaufte er die Versicherungspolice seiner Frau, um Räume an der Bloor Street anzumieten. Geöffnet war nur an einem einzigen Nachmittag in der Woche. Dann hat er Jahr für Jahr zwanzig Stunden am Tag gearbeitet, um aus seiner kleinen Klitsche eine Art Einzelhandels-Lourdes von Toronto zu machen, wo er dafür bekannt war, den Armen Dollarscheine zu geben und andere Immigranten zu unterstützen, indem er ihnen seinen *Lincoln Continentals* lieh – er selbst hatte sich seinen ersten *Oldsmobil* noch für zehn Dollar gekauft.

Als das Royal Alexandria Theatre kurz vor der Pleite stand, hatte Honest Ed alles getan, um es zu retten und in altem Glanz wiedererstehen zu lassen. Von diesem Erfolg beflügelt ging er über den Großen Teich und kaufte auch das Old Vic in London – gegen den Protest der alten britischen Garde. Er machte sechs Restaurants mit insgesamt 2600 Plätzen auf und bestand in einigen von ihnen auf einer strengen Kleiderordnung, sodass der Legende zufolge einst eine Gruppe Pfadfinder wieder fortgeschickt und chinesische Diplomaten nicht hereingelassen wurden, weil sie keine Krawatte trugen. Selbst jetzt noch tauchte der nunmehr siebzigjährige Millionär und Herr eines Empire, das jährlich 55 Millionen Dollar Umsatz machte, Tag für Tag um 8 Uhr morgens in seinem Büro auf – auch diese Information konnte man den Artikeln an den Ladenwänden entnehmen – und unterzeichnete jeden Scheck persönlich.

Dann, ich stand noch draußen, rempelte mich ein kleiner Russe an und fragte, wo die Irgendwas-Abteilung sei. Während ich versuchte herauszubekommen, was genau er gemeint hatte, drängelten sich jede Menge koreanischer, mexikanischer und iranischer Kunden an mir vorbei. Drinnen kam ich – gleich nach dem Bild der acht Jahre alten Drillinge aus der Eisenhower-Zeit, die für Nachthemden posierten, und den Hinweisen auf zahlreiche Restaurants – in eine Welt voller Inder, Guatemalteken und chinesischer Familien, voller Polen, die zwischen Salatschüsseln für 99 Cent wühlten und Jacken für $ 4.99 anprobierten. (Der Laden konnte so irrsinnig niedrige Preise bieten, weil es weder Kredit noch Service noch Parkplätze gab.) Andererseits beschäftigte Mirvish – typisch Ed – eigene Straßenreiniger, um den Block nahezu jungfräulich rein erscheinen zu lassen. Auf allen Säulen, Wänden und Tafeln waren beruhigende Einzeiler und Slogans angebracht: »Unsere Preise sind die tiefsten!!! (Windel in Obergeschoss)» und »Ed's Preise zaubern ein Lächeln« – wobei die kleinen sprachlichen Fehler sicher zu den Vertrauen bildenden Maßnahmen gehörten. Es gab eine ganze Wand nur mit Kruzifixen – etwas ungewöhnlich für einen Laden, der einem Juden gehört, dachte ich –, und zwischen der Torontoer Skyline auf Samt hingen gerahmte Kopien von Leonardos *Abendmahl.* Honest Ed verstand sein Geschäft: Wenn er auch einmal einen Swimmingpool für 88 Cent verkauft hatte, so kosteten Elvisfiguren $ 99.95 und »*Tomato Machines*«, was immer das war, volle $ 267.77.

Zwischen gerahmten Fotos von Jerry Springer hing vor dem Treppenhaus, das mit Hymnen auf Ed (von Achtklässlern geschrieben) geschmückt war ein Schild, das zu meiner Überraschung auf einen »Immigrationsdienst (zweiter Stock, gleich neben der Männermode)« hinwies. Ich ging hinauf und fand etwas, was mit seinen Postern von Kanada und feierlichen Anweisungen für den *Flag Day* wie eine Reiseagentur aussah. Ein Team von »beglaubigten Immigrationsberatern« bot seinen Rat für den »Status als Neuankömmling«, bezüglich Sonderregelungen für Priester, für »im Haus lebende Hausbedienstete«, bei Asylanträgen und Haftprüfungsterminen an.

Das Schild einer Zahnarztpraxis hing neben einem Werbeplakat, für einen Lunch mit Auftritt eines Bauchredners. Ein Zeitungsausschnitt berichtete davon, dass Ed jetzt in das Guinness-Buch der Rekorde aufgenommen wurde, weil er die größte Neonreklame der Welt installiert hatte. Das Wichtigste schien mir aber eine Liste zu sein, die von Hand auf eine Wand gekritzelt war und für alle möglichen halblegalen (und rätselhaften) Dienste wie »*Canadian Pardons*«, »*U. S. Waivers*« warb und Hilfe bei »Namensänderungen« oder »Problemen mit Vermietern« anbot. Mirvish, Ritter des Order of Canada und Aushängeschild der Stadt (er hatte Queen Mum dafür getadelt, dass sie sein Geschäft nicht besucht hatte, als sie in Toronto war), tat einfach alles, was einem Neuankömmling dabei helfen konnte, hier eine Zukunft zu finden.

Das Viertel um *Honest Ed's* wird heute Mirvish Village genannt und ist ein beliebter Treffpunkt für Künstler geworden (weil angeblich Eds Frau gerne malt). Wie in Toronto üblich, stehen braune Ziegelbauten neben kleinen Straßencafés, und in den baumbestandenen Seitenstraßen liegen schicke Boutiquen neben Arbeiterwohnungen. In einem Architektur-Buchladen stieß ich auf *S, M, L, XL* von Rem Koolhaas, eine mehr als tausendseitige Abhandlung, deren Titel ganz unverhüllt die Idealvorstellung des Autors von einer künstlich geschaffenen unpersönlichen Welt andeutet, in der die Städte wie Einkaufszentren gebaut sind.

Architekten gehören vielleicht zu denjenigen, die unsere Welt am scharfsinnigsten deuten, nicht nur, weil es ihre Aufgabe ist, sich mit der Zukunft auseinander zu setzen, sondern weil sie auch ihre abstraktesten Vorstellungen konkretisieren müssen. In der modernen postnationalen Welt arbeiten zudem viele der führenden Architekten – der in Toronto geborene Frank Gehry, Norman

Foster, Ieoh Ming Pei und auch Koolhaas selbst – auf verschiedenen Kontinenten gleichzeitig und entwerfen die internationalen Monumente einer neuen transnationalen Kultur. Was Jane Jacobs für die Analyse der amerikanischen Städte war, könnte Koolhaas als Architekt des neuen Jahrtausends sein. Beide teilen die Ungeduld über die scheinheilige Orthodoxie und die Imitationen des Bewährten und übersetzen diese Bilderstürmerei in die Vision von einer »Bastard Metropolis« der Zukunft für »Menschen in Bewegung, die ständig bereit sind, weiterzuziehen«, einer Stadt ohne nachbarschaftliche Viertel oder Hierarchien oder auch nur einen Sinn für Form. »Der ›Westler‹«, so schreibt Koolhaas in seiner typischen, manchmal etwas übertrieben schwungvollen Weise, »ist nicht länger unser exklusiver Zielpunkt.... Es handelt sich um einen selbstverwalteten Prozess, und wir haben kein Recht, im Namen der unterschiedlichsten Sentimentalitäten jene ›anderen‹ von ihm auszuschließen, die ihn längst zu ihrem eigenen gemacht haben.«

Diese radikale, unideologische Vision von einer Stadt in Form eines aufgeblasenen Motelzimmers macht durchaus Sinn für jemanden wie ich es bin, der ohne ein gefestigtes Gefühl für Heimat aufgewachsen ist, für den die Frage, ob er zum »Osten« oder zum »Westen« gehört, so irrelevant ist wie die Frage »weißes Hemd oder blaues Hemd?« und dem es nicht allzu viel ausmacht, als »indischer Autor, der in den USA lebt« oder als »amerikanischer Autor, der in Japan lebt« oder als was auch immer sonst eingeordnet zu werden. Wer sich an unpersönlichen Plätzen zu Hause fühlt, hat keine Einwände gegen die polemischen Zitate, die Koolhaas aufreiht, wie etwa das von Douglas Coupland, einem anderen kanadischen Zukunftspropheten: »Ich mag Hotels, weil du in einem Hotelzimmer keine Geschichte hast, sondern nur ein Wesen.«[21] Ich stimme sogar Philip Johnson zu, wenn er Koolhaas, der eher Städteplaner ist als reiner Architekt, die gleiche Funktion für das Empire des Internationalismus im 21. Jahrhundert zuschreibt, die der Architekt Edwin Lutyens für das britische Empire hatte.

Die Auswirkungen jenes massenhaften völligen Ausverkaufs der Vergangenheit haben laut Koolhaas dazu geführt, dass sich das Ideal einer »multi-ethnischen« Stadt beispielsweise in Singapur verkörpert, einer »Stadt ohne Qualitäten«, die aus nichts als der abstrakten Vermählung von Konfuzius und Queen Victoria entstanden ist. Singapur ist eine »virtuelle Stadt«, so schreibt er, in der nichts zufällig ist und Authentizität die reine Lüge darstellt. Für Koolhaas ist Singapur reinste Konstruktion – fast eine architektonische Blaupause – mit einem Rotlichtviertel, das niedergerissen wurde, um die Sünde als Themenpark wieder neu entstehen zu lassen. Die berühmten alten Transvestitenbars in der Bugis Street kamen als Touristenfallen wieder zu Ehren und bieten jetzt »*weibliche* weibliche Imitatoren« an.

Das hört sich alles ganz gut an – aber Städte rebellieren nicht weniger als Menschen dagegen, *nichts* zu sein. Singapur – ein britisches Internat mit chinesischen Präfekten – rühmt sich irritierenderweise seines britischen Rechtssystems und beruft sich im gleichen Atemzug, wenn es herausgefordert wird, auf seine »asiatischen Werte«. Mir schien im Gegensatz dazu Toronto die weit bessere, mehr Hoffnung erweckende und geistreichere Vision einer Welt darzustellen, die nicht mit den alten Kategorien konform geht, aber dabei auch nicht zu einem gesichtslosen Niemandsland verkommt. In Toronto liegt Schicht auf Schicht und bildet ein farbenprächtiges Palimpsest. Ein Beispiel dafür ist Kensington Market: Das Viertel war zunächst jüdisch, dann kamen Ukrainer, Ungarn und sogar Portugiesen von den Azoren. Heute ist es ein buntes Durcheinander mit Läden aus Abessinien, Mittelost und der Karibik, wo das kanadische Ahornblatt über einer *carnicería* weht und Leute aus dem kulturellen Widerstand darauf hinweisen, dass Emma Goldman hier ihre letzte Schlacht geschlagen hat – im Einsatz für italienische Anarchisten.

Manchmal wird durch die vielfarbige Gegenwart auch etwas von der weniger erfreulichen Vergangenheit wieder gutgemacht – nicht indem sie wie in Singapur per bürokratischer Verordnung ausgelöscht wird oder sich in eine Ansammlung von Esslokalen und Fastfood-Läden verwandelt, sondern durch das Angebot wildwüchsiger Vielfalt.

Das strahlendste Beispiel einer anti-koolhaas'schen Vision und einen lyrischen Weg zur Überbrückung aller Differenzen stellt jedoch der *Englische Patient* von Michael Ondaatje dar. Die radikalste Aussage des Romans ist, dass der Geburtsort eines Menschen oder das Land, in dem er aufgewachsen ist, für seine Identität so unwesentlich wie die Farbe seiner Socken ist. Der »englische Patient« ist gar kein Engländer, und der Pionier, der für die britische Armee Bomben entschärft, ist Inder und obendrein Sikh: ein umgekehrter Kim, dessen Ziehväter nicht Muslime, Hindus und tibetische Buddhisten waren (wie Kiplings Doppelagenten), sondern Kanadier, Ungarn und Engländer. Fast alle Personen des Romans versuchen, ihre Namen, ihre Vergangenheit und die ihnen ins Gesicht geschriebene Herkunft loszuwerden – Merkmale, die im Krieg nur ihren Tod bedeuten können – und sich in eine neue Ordnung einzufügen, wie beispielsweise die der Wüste, in der sich Stämme treffen, zusammenschließen und wieder trennen, und wo »wir … gemeinschaftliche Historien, gemeinschaftliche Bücher« sind.

Ondaatje ist ein Dichter, der, pedantisch genau im Detail, in seinem Buch eine Vision dieser neuen Ordnung schildert, der »Oasengesellschaft«, die er einen »Internationalen Club der Bastarde« nennt (im Film wird das zum »Internationalen Wüsten-Club« verharmlost). Seine Handlung ist zwischen Bildern vom Garten Eden und ein Paar Brocken Kipling angesiedelt, seine

Helden zitieren Adams Worte aus John Miltons *Verlorenem Paradies* und lesen *Kim*, ihre Namen – Hana, Caravaggio oder Kip – sagen fast gar nichts über ihre Herkunft, und die Orte, an denen sie – frei schwebend – leben, sind meist nur vorübergehende Stationen: ein Kloster, eine Höhle, das Herz einer Geliebten. In einer Zeit, in der gerade die Idee des Nationalstaats die Welt wieder in Stücke reißt, konzentriert sich Ondaatje auf das private Schicksal von Kartographen (und Doppelagenten), die eine Welt propagieren, in der das Individuum König ist, eine Welt, die sich selbst genügt und so riesig und schwer zu kategorisieren ist wie das Sonnensystem. »Tilg den Familiennamen! Tilg die Nationen!« ist ihr Schlachtruf: »Alles was ich mir wünschte, war, auf solch einer Erde zu gehen, die keine Karten hat.«[22]

Das Besondere, das den *Englischen Patienten* von all den traditionellen Werken unterscheidet, die ich in der Schule gelesen habe, ist das Fehlen einer zentralen Hauptfigur – und das Fehlen eines Orientierungspunktes. Man kann nicht sagen, ob der Autor zum Orient oder zum Okzident gehört – die Frage soll sich auch nicht stellen –, Ondaatje, dessen Geschwister auf vier verschiedenen Kontinenten leben, der seit 35 Jahren in Toronto wohnt und mit einer Amerikanerin verheiratet ist, wird wahrscheinlich auch nicht verraten, wo er einzuordnen ist. Das Buch ist weit von jeglichem Provinzialismus entfernt, es privatisiert die »großen« Konflikte zwischen den Weltreichen und wagt es, ein »Neues Zeitalter« anzukündigen, in dem die Menschen von allen Bindungen befreit wie Nomaden (oder Mönche) leben können.

Aufregend an dem Buch ist zudem, dass es auch das Ideensgefühl des heutigen Toronto ausdrückt, wo es anscheinend auch keine Nullmarke gibt, von der aus alles gemessen wird. Anders als in Los Angeles oder Atlanta gibt es ein Stadtzentrum, das sich seine Funktion als Treffpunkt von Wanderern bewahrt hat. Seine Lage wird man allerdings ganz unterschiedlich definieren, je nachdem, ob man sie aus dem Blickwinkel von Menschen aus der Ukraine, aus Serbien oder aus Taiwan betrachtet. Letztlich ist es sicher kein Zufall, dass es in *In der Haut eines Löwen,* Odaatjes letztem Roman vor dem *Englischen Patienten,* um die Immigranten ging, die eine große Prince-Edward-Brücke bauten, um zwei Seiten von Toronto miteinander zu verbinden.

Weil ich mich so sehr mit den neuen Umwälzungen in Toronto beschäftigt hatte, dauerte es ziemlich lang, bis ich die vielen alten Dinge bemerkte, die unverändert im Herzen der Stadt bewahrt geblieben sind – und damit auch viel von dem Erbe, mit dem ich groß geworden bin. Geht man – mitten in einem Wirbel ausländischer Gesichter – die Spadina Avenue entlang, so trifft man auf ein chinesisches Kino, wo zuvor ein Kabarett war und noch früher ein jüdisches Theater. Eine Zweigstelle von *Global Tele-Express* liegt neben *Zen Travel* und dem *Club Shanghai* – dazwischen kann man an einem sonnigen Nachmittag einen chinesischen Buddhistenmönch inmitten des Trubels sitzen sehen, der in langsamem Rhythmus seine Klangschalen ertönen lässt. Dieses Toronto war mir in vielen der neueren Romane begegnet. Nur einen großen Straßenblock weiter in der University Avenue, die parallel zur Spadina verläuft, sieht das Stadtzentrum aus, als wäre es immer noch der britische Militär-Außenposten, der unter dem Namen York bekannt war. Die Young Street, die nächste große Straße, gleicht wiederum einer Mini-Version der Avenue of the Americas. Zerschneidet man Toronto längs einer dieser Nord-Süd-Adern, so erhält man ein brodelndes, scharf gewürztes und nicht einzuordnendes Irgendwas, das sich am besten in dem Restaurant *Little China* widerspiegelt, das »chinesisches Essen in indisch-pakistanischem Stil« anbietet. Setzt man den Schnitt etwas weiter entfernt an, so findet man feinstes weißes *highland-shortbread.*

Mir wurde langsam klar, dass ich in all meinen einundzwanzig in England verbrachten Jahren, in all den Monaten in Bombay, Singapur oder Hongkong der Queen nie so nahe war wie an diesem Tag, an dem ich im Zentrum von Toronto herumgelaufen bin: die University Avenue hinauf, an den gigantischen Türmen der Banken vorbei, dem neunzehnstöckigen Princess Margaret Hospital, am Denkmal einer recht melancholischen Mary Pickford (sogar »*America's Sweetheart*« ist in Toronto geboren), rund um den Queen's Park Crescent, zum Sandsteinbau des Provincial Parliament, zu den gotischen Türmen der University of Toronto. Natürlich strahlte mich aus jedem Regierungsbüro, an dem ich vorbei kam, die Queen an. Sie war auch in den Lettern auf den Mauern der Osgoode Hall präsent, dem Sitz der Law Society of Upper Canada (»*Queen's Bench*« stand auf goldenen Schildern außen an den Eingängen zu den Gerichtssälen, an anderen stand »*Common pleas*« und erinnerte an die alte Klassentrennung der viktorianischen Ära). Selbst auf einem Kaufhaus (»*Canada's Store – Canada's Style*«) war ein Foto angebracht, das sie – etwas fröstelnd – unter einer Decke mit dem Prinzgemahl sitzend, 1951 in Edmonton zeigte.

Natürlich würden sich die Royals in »*High Toronto*« mit seiner englischsprachigen Offenheit mehr zu Hause fühlen als im muffigen Australien und Neuseeland oder im tropischen Indien und Ostafrika. Bis 1965 hatte sich Kanada noch nicht einmal eine eigene Staatsflagge zugelegt, und viele Jahre lang hieß der anglikanische Erzbischof Walter Scott – der katholische heißt Aloysius Ambrozic. Beim Blick auf den Stadtplan musste es den Windsors zu Hause ganz warm ums Herz werden, wenn auf »Kitchener« die Vororte »Waterloo« und »Cambridge« folgen. Beim Durchforsten der Todesanzeigen in der anglophilen *Globe and Mail* fühlte ich mich in das Jahr 1972 und meine Schulzeit im Schatten von Windsor Castle zurückversetzt, wenn die Namen aufgerufen wurden: »Beecroft, Bradley, Buckland, Campbell, Currie, Dimock, Dority, Finlay ...«

Toronto hat für mich auch etwas vom Flair eines Paris der zwanziger Jahre, eines selbstbewussten Orts, an dem sich Menschen aus allen Gegenden der Welt zusammengefunden hatten, um eine lebendige Kultur auf der Grundlage des Internationalismus entstehen zu lassen. »Schriftsteller müssen zwei Länder haben: eines, dem sie angehören und eines in dem sie wirklich leben«, hat Gertrude Stein einmal geschrieben. Die Menschen in Toronto scheinen sich über eine Welt zu amüsieren, die gar nicht so weit von ihnen entfernt ist, sie können sowohl Jago als auch Hamlet spielen. Nicht weit von der *Planet Kensington*-Jazzbar in Kensington Market und beim Torontoer *Spice Terminal*, wo man die Namen aller wichtigen Orte wiederfindet, in die Rucksackreisende je gelangen, wirbt eine große Tafel für *Global Cheese* und versichert »Wenn's um Käse geht – wir sprechen Ihre Sprache!« Ein kleiner Gauner auf der Bloor Street stand an einem sonnigen Sommermorgen vor einem Geldautomaten und pries seine Dienste an: »Ich regel für dich deine Geldangelegenheiten. Besonders wenn du am frühen Morgen kommst. Rechnungen, die Steuer, alles.«

Griechen haben kürzlich verhindert, dass in Toronto die mazedonische Flagge gezeigt wurde, und in der Zeitung stand, dass die Sikhs eine indische Flagge vor der City Hall verbrannt hatten. 1992 erlebte die Stadt zum ersten Mal (seit 1837), was überängstlich als »Rassenkrawalle« bezeichnet wurde. Doch wenn man an einem Sonntag auf die Toronto-Islands fährt, so sieht man dort Großmütter Kinderwagen schieben, Familien beim Picknick und Liebespärchen, die in einer Weise turteln, als wären sie noch in Hanoi oder San Salvador – die »alten« Kanadier gehen in die entgegengesetzte Richtung: in ihre Cottages im Norden.

Zu den Indern in »meinem« Toronto zählte der junge Mann (er entpuppte sich allerdings als Pakistani), zu dem ich an einem Frühlingsnachmittag auf der University Avenue ins Taxi stieg. Er sagte mir im ruhigen, fragenden Singsang seiner Heimat: »Ich hab viele indische und Sikh-Freunde, und sie sind nette Leute, oder? Schau, ich hab von den Problemen gehört, die ihr drüben in Indien/Pakistan habt« – aus den beiden Namen ist hier mehr denn je einer geworden –, »die werden von der Regierung gemacht, oder? Aber hier haben wir eine kanadische Regierung, deshalb gibt's diese Probleme hier nicht, oder?«

Wir fuhren durch Straßen, die mit Neunpfündern geschmückt waren – Kanonen, wie sie auf der Krim oder bei Waterloo eingesetzt worden waren –, mit Statuen von Schotten, einer Gedenktafel, einem *gun park* und einem Monument für all jene, die »ins Feld zogen und für die Freiheit starben« (»die Freiheit« war in diesem Fall ein Euphemismus für »die Briten«). Wir fuhren zur King Street, kamen am Denkmal für Winston Churchill vorbei, das ein Speaker's Corner bewacht, wo in typisch kanadischer Weise alle ermutigt werden, frei zu reden, solange es in einem gewissen Rahmen bleibt: »Das kanadische Strafgesetz verbietet Verleumdungen oder Äußerungen, die den Völkermord verherrlichen oder den Hass gegen bestimmte Gruppen oder Rassen fördern.«

»Auf jeden Fall«, so sagte mir mein neu-kanadischer Taxifahrer, »wollten die Leute, die hierher gekommen sind, von alldem wegkommen, oder? Sehen Sie, ich bin an solchen Sachen nicht interessiert, oder?« Diese Szene könnte auch in New York stattgefunden haben – nein, doch nicht: Der Mann lächelte!

Eines Abends besuchte ich meinen Freund David zum Essen, den ich von einem Flug nach Havanna kannte. David lebte in einem Viertel, das früher als portugiesisch galt – jetzt sind die meisten

Schilder in Italienisch und Vietnamesisch. Seine Freundin Alicia kam aus Goa und hatte ihre ersten Jahre in Pakistan zugebracht. Wir saßen am Küchentisch, aßen Tomaten und Oliven, und aus dem Garten wehten die Geräusche und Gerüche Portugals durchs Fenster. Ich bewunderte ein gerahmtes Bild von Rabindranath Tagore und Alicias himmelblauen *salwar kameez.*

Ich erinnerte mich, dass David ein großer Geschichtenerzähler war, und er begann auch sogleich: »Schau, in meiner Jugend hatten wir diesen wirklich strengen Nationalismus, diese Fremdenfeindlichkeit, und sie war gegen die Amerikaner gerichtet! Einmal, ich werde das nie vergessen, war ich bei meiner Freundin Beth zum Abendessen. Ihr Vater war auch da, das Muster eines New Yorker jüdischen Intellektuellen. Normalerweise kochte er. Er hatte zwar Kinderlähmung, das hinderte ihn aber nicht, zwischen zwei Gängen Geige zu spielen. Er lebte, wie wenn er immer noch in New York wäre, was für einen Nationalisten doch ziemlich ambivalent erscheinen musste. Einmal saß dann dieser andere Kerl am Tisch, der plötzlich sagte, ›Ich halte keinen von euch Amis mehr aus!‹ – und da warf er sein Glas, ein großes, schweres Glas, über die Schulter und glatt durchs Fenster. Das werde ich nie vergessen.«

Er lächelte bei dem Gedanken, wie weit das Land inzwischen gekommen war. »Jetzt ist die neue Form des Nationalismus der *Multinationalismus.* Dieser nationalistische Impuls richtet sich an alle Nationen. Und ich liebe das! Es rührt mich regelrecht zu Tränen. Frag Alicia, es stimmt. Es gibt zwei Dinge, die mich wirklich berühren: das eine ist die neue Multikultur, die wir hier haben, das andere sind die Seen und die Wildnis. Beides rührt mich immer wieder.«

Das eigentlich Außergewöhnliche an Kanada – zumindest wie wir es wahrnehmen – liegt natürlich darin, dass es sich nicht als außergewöhnlich empfindet. Durch eine unglückliche Fügung der Geografie grenzt das Land direkt an die größte Supermacht der Welt, der es genügend ähnelt, um ständig an die Unterschiede erinnert zu werden. Das kann gelegentlich zu einer Stärkung der Identität führen, manchmal aber auch zu ihrer Schwächung. Wie ich vom Direktor des McLuhan Program in Culture and Technology weiß, ist es zum Beispiel so, dass die Kanadier in der Videothek ihre eigenen Filme in der Abteilung »Ausland« suchen müssen. Es ist für die Kanadier daher leicht, sich selbst für einen verspäteten Einfall der Welt zu halten, für eine Art übersehenes Taiwan des amerikanischen »Reichs der Mitte«. Obwohl Kanadier auf der ganzen Welt immer wieder gefragt werden, aus welchem Teil der USA sie denn kommen, gelten sie in den USA als richtiggehende Ausländer. Einer der cleversten Herausgeber, mit denen ich in New York gearbeitet habe, kam aus Toronto und war deshalb »technisch gesehen ›ohne Papiere‹ – oder, wie der Anwalt so schön sagte, ›ohne Status‹«. Er wurde daher mit Zuschriften überschwemmt, die ihm anboten, »Englisch als zweite Sprache« zu lernen –, während er gerade der Prosa der besten US-Autoren den letzten Schliff gab.

Mit diesem Vermächtnis eines schwachen Selbstwertgefühls gab mir Toronto oft das Gefühl, dass Kanada zwar für mich die »amerikanische Nation des neuen Jahrtausends« war, die Kanadier selbst sich aber den Kopf darüber zerbrachen, warum Kanada nicht die Nation des letzten gewesen ist. Immer wenn ich Torontoern zu sagen versuche, wie befreiend ich ihre Stadt empfinde – nicht in alten Vorstellungen befangen, wie das in England oder den USA sein mag, und doch nicht zu überhastet an neue Vorstellungen geklammert –, schauen sie mich ganz verwirrt an und drücken ihren Stolz mit einer Entschuldigung oder einem Achselzucken aus, indem sie ihre Stadt durch all das definieren, was sie *nicht* ist. Es ist eines der seltsamsten Dinge für jemanden wie mich, der überall Fremder ist, einen Garten Eden zu entdecken, wo die Einheimischen nur den Vorraum zur Hölle sehen.

Diese traditionellen Selbstzweifel stellen eine doppelte Ironie dar, in einer Zeit, in der junge US-Amerikaner bei Reisen in Europa die kanadische Ahornblatt-Flagge auf ihre Rucksäcke nähen, damit man sie für Kanadier hält, und in der Toronto das *beau idéal* dessen verkörpert, was sich die Welt unter »Amerika« vorstellt: Viele Jahre ist in Filmen Toronto nun schon das beliebteste Double und der fotogene Stellvertreter für New York (so wie es Vancouver für San Francisco oder Seattle war). Toronto sieht unter den Städten Nordamerikas am ehesten so aus, wie man sich eine Stadt in den USA vorstellt – nur sauberer, sicherer, regierbarer und billiger. Wenn die Welt von »Amerika« träumt, träumt sie von Toronto, wobei allerdings die Handelsbilanz der Imagination weiterhin unausgeglichen bleibt, da die Kanadier ständig an die USA denken, während »*America the Beautiful*« kaum einen Gedanken an »*Toronto the Good*« verschwendet. (»Kanada ist eine wunderschöne Stadt«, versicherte mir ein Busfahrer in Atlanta während der Olympiade.)

Eines Abends ging ich in eine typische schicke, nicht-weiße Billard-Bar in der College Street und redete dort mit einigen Vertretern der so genannten »Generation X«, die irgendwas mit Medien, Musik und Fotografie machten. Nachdem wir immer mehr getrunken hatten und die Nacht schon in den Morgen verschwamm – die Luft rauchgeschwängert –, wechselte die Unterhaltung die Richtung, was vielleicht auch ohne mich passiert wäre, und wir sprachen davon, was Toronto wirklich war.

»Du weißt schon, alle sagen Toronto ist das New York von Kanada. Aber ich meine, es ist in Wirklichkeit das Boston.« – »Paul sagt, es ist eigentlich das Chicago von Kanada.« – »Weißt du, dass man die Torontoer für die Amerikaner von Kanada hält, für aggressiver, einschüchternder? Und immer reden sie nur davon, das zu Hause alles größer und besser ist.«

Ich fragte, wie es kommt, dass aus Kanada so viele erstaunlich gute Sängerinnen gekommen sind, besonders Folk-Sängerinnen – von Joni Mitchell über Jane Siberry und Sarah McLachlan bis zu Loreena McKennitt. Als Antwort gab mir einer zurück, der größte Schatz seien eigentlich die Komiker: Rich Little, Rick Moranis, John Candy, Jim Carrey – keine harmlosen Spaßmacher, nein, Satiriker. »Vielleicht, weil wir die Amerikaner haben, über die wir lachen können«, sagte er. Ich hätte ergänzen können: und weil in den USA der Sinn für Unsinn nicht so verbreitet ist, den nun die Kanadier in die weite Ödnis des Nachbarlands exportieren konnten.

Weißt du, warum alle Nachrichtensprecher und alle Showmaster in den USA aus Kanada kommen?«, fragte ein anderer. »Peter Jennings, Alex Trebek, Robin MacNeil? Weil sie alle so nett sind und ohne Akzent sprechen.« – »Aber was ist mit den ›Cowboy Junkies'?«, fragte ich, als *Sweet Jane* aus den Boxen tönte. »Was ist denn mit dir los? Weltschmerz?«

»Vielleicht«, sagte ein anderer, und Kanadas Identitätsprobleme wurden weiter nach allen Seiten gedreht und gewendet. Einer der Jungs fuhr fort: »Eigentlich ist Toronto nur ein provinzielles Protestantenkaff« – was bei mir den Eindruck erweckte, alles Unglück des Landes sei wohl in der Tatsache konzentriert, dass Kanada nicht aus Staaten, sondern aus Provinzen bestand – und daher mit dem schrecklichen Adjektiv »provinziell« leben musste.

Um herauszubekommen, inwieweit sich diese Unsicherheit über die eigene Identität in der einzig wirklichen kanadischen Religion auswirkt, die überhaupt nichts mit den USA zu tun hat – dem Eishockey –, ging ich zur International Hockey Hall of Fame (oder: Le Temple de la Renommée du Hockey, wie es in Französisch noch treffender heißt). Der Schrein der Anbetung liegt, wie es der Zufall will, in einem der vornehmsten Gebäude der Stadt, das 1855 als Sitz der damals größten Bank Kanadas errichtet worden war. Dort wird der originale Stanley Cup in einem verdunkelten, mit Stahl ausgekleideten Gewölbe verwahrt, das leicht auch die britischen Kronjuwelen beherbergen könnte. Alt- und Neu-Kanadier schreiten eine gigantische Treppe zur Great Hall empor, einem Raum, der von einer 15 Meter hohen Kuppel aus Stahl und Glas gekrönt wird. »Für Kanada hing der Stolz als Nation und unsere Fassung vom achten Spiel der Serie ab«, erklärt eine Tafel, die einen noch einmal all die Augenblicke der Meisterschaft von 1972 durchzittern lässt, als die Kanadier die Sowjets schlugen, denen sie das Spiel eigentlich erst beigebracht hatten. Eine Silbermünze der königlich-kanadischen Münzanstalt, die an den Sieg erinnert, wird in einem Schaukasten gezeigt.

»Unser Team bildete einen Querschnitt durch das ethnische Mosaik Kanadas«, fasst die Erklärung den Triumph noch einmal zusammen, »französische Kanadier, englische Kanadier, ukrainische Kanadier, polnische Kanadier, deutsche Kanadier, italienische Kanadier. Die Mischung der verschiedenen nationalen Hintergründe war eine wichtige Voraussetzung für den Erfolg unseres Teams« – wobei ich das allerdings nicht nachvollziehen konnte, denn das sowjetische Team war sicher nicht weniger vielfältig zusammengesetzt gewesen.

In Toronto zu sein war für mich wie ständig langsam Adrenalin zugeführt zu bekommen: Hier traf sich die ganze Intelligenz von New York – nach meinem Gefühl ohne ihre Neurosen – mit der ganzen Kultiviertheit Londons – ohne ihre Bitterkeit und Griesgrämigkeit. Es gab eine Art gedämpften Idealismus, einen Optimismus, der durch Ironie noch an Kraft gewann. Beides ließ es mir warm ums Herz werden und erweckte Vertrauen. Ich habe zu Leuten aus Toronto gesagt, ihre Stadt habe Manhattans *software* ohne – um das Wortspiel fortzusetzen – Manhattans *hard drive*.

Kanadas sprichwörtlicher Mangel an Selbstvertrauen schien ebenso unerschütterlich wie das Gefühl der USA, die Herren des Universums zu sein – egal wie sehr beide Länder durch die äußeren Umstände eines Gegenteils belehrt wurden. Wenn man das Stadtmagazin aufschlug, konnte man eine Liste der »unfähigsten Teams in der Geschichte unserer Stadt« finden – keine einfache Aufgabe, so das Magazin, denn Toronto »hat eine lange, vielbeschriebene Tradition katastrophaler Mannschaften«. Jemand war von der britischen Wanderausstellung im Museum so beeindruckt, dass er »Zu gut für Kanada!« ins Gästebuch geschrieben hatte, und als es die Blue Jays als die ersten, die nicht aus den USA kamen, in die World Series schafften, zog das Marine Corps die kanadische Flagge falsch herum auf: Sie stand auf dem Kopf. Alles schien Nahrung für dieses unglückliche Gefühl des Ausgeschlossenwerdens zu bieten: Als ich in Toronto war, brach gerade in den USA eine kleine Kontroverse über die Tatsache aus, dass ihr *homerun*-Champion Mark McGwire Anabolika genommen hatte – was in der Major League legal ist, aber sonst fast nirgends. Zu meinem Erstaunen schlug die Diskussion in Toronto sofort in ein »wir gegen sie«-Gejammer um, und viele beklagten, dass McGwire für die Einnahme derselben Mittel in den Himmel gehoben wurde, derentwegen man Ben Johnson 1988 die olympische Goldmedaille aberkannt hatte. Auch nach zehn Jahren war die Erinnerung daran noch frisch, wie Kanadas Weltmeister und Goldmedaillengewinner so prompt als Betrüger bloßgestellt und disqualifiziert worden war – wobei die schwarzen Kanadier noch ergänzten, dass man Johnson, als er auf der Siegertreppe stand, als »Kanadier« vereinnahmt hatte, während er unter »Jamaikaner« lief, kaum dass er in Ungnade gefallen war.

Ein paar hundert Meter von der Eishockey-Ruhmeshalle entfernt, in einer Ecke des unterirdischen Labyrinths, das sich unter elf Häuserblocks im Zentrum von Toronto erstreckt, einer glitzernden, wohl geordneten Mini-Welt, die den Glanz der Kulturen darüber noch einmal unterstreicht, traf ich auf einen kleinen Buchladen, wo ich nach Büchern über Kanada Ausschau hielt. Es gab zwei Regale voll, angefangen mit den zu erwartenden Bildbänden über die mächtigsten Ströme des Landes und seine ungezähmte Wildnis.

Von solchen *Glimpses of Our Great Canadian Heritage* (so der Titel eines der Werke) abgesehen, handelten fast alle Bücher von Kanadas qualvoller Debatte über sich selbst. *Misconceiving Canada* stand neben *Inventing Canada*, nicht weit entfernt von *Symptoms of Canada* und *Scorned and Beloved.*[23] Ein »Citizen X« (ein »fast schon zu gebildeter Student der kanadischen Politik, der die Wahrheit sagen will«) fragte *Who Are the People of Canada Anyway?* Auf der hinteren Umschlagseite wurde klipp und klar die Frage »Hat Kanada eine Zukunft?« gestellt.

Marshall McLuhan, der auch etwas zu diesem unvermeidlichen Thema (»einem Fall von Gesichtslosigkeit«, wie es Hugh Kenner genannt hat) beigetragen hat, gab der Undefiniertheit eine positive Wendung. Er meinte, Kanada habe »eine Identität mit einem flachen Profil« und seine »vielfachen psychischen, sozialen und geographischen Grenzlinien« sowie sein beweglicher Sinn für sich selbst seien ideale Voraussetzungen für unsere grenzenlose, virtuelle Welt. Er ging so weit zu sagen, der »kanadische Norden [habe] die Stelle des amerikanischen Westens eingenommen«.[24] Nebenbei bemerkt: Man kann natürlich auch in den USA Bücher mit Untertiteln finden, die den kanadischen von der Art *Canada at the End of the Twentieth Century* oder *Canadian Social Values at the End of the Millennium* oder *How We Talk About Canada* oder *An Essay on the Canadian Identity* entsprechen. Trotz allem ist es irgendwie ein erschreckender Aspekt, dass *Fighting for Canada* direkt neben *The Trouble with Canada* stand. »Statt zu fragen, was mit Kanada falsch läuft, so der Autor Will Ferguson, sollte man besser fragen, was mit den Kanadiern los ist«, stand auf dem Klappentext eines anderen Buches: Es hieß *Why I Hate Canadians.*

Ich war lange der Meinung, dass Einwanderer in die USA aus dem Selbstgefühl der Nation neue Kraft und Energie schöpften. Indem sie handelten, als wäre der »Amerikanische Traum« wahr, hatten sie zu seiner Erfüllung beigetragen. In Kanada würden die Einwanderer dem Land vermutlich den besten Dienst erweisen, wenn sie ihre neuen Nachbarn daran erinnerten, dass die Möglichkeiten ohne Grenzen sind und man sie nicht aus übergroßer Skepsis beschneiden muss – und dass Größe nicht am 49. Breitengrad endet.

Die neuen kanadischen Schriftsteller haben das Potenzial, bei dieser Aufgabe der Selbstdefinition, wesentlich mitwirken zu können. Das liegt einmal daran, dass sich viele, die erst in jüngster Zeit nach Kanada gekommen waren, mit genau diesen Problemen auseinander setzen mussten, dass sie aus allen überlieferten Kategorien herausgelöst waren und – indem sie daran arbeiteten, zwischen ihren verschiedenen Identitäten Frieden zu stiften – dem Begriff »Bürger« und der »Zugehörigkeit zur Nation« eine neue Bedeutung geben konnten. Jemand im Exil ist von vornherein Außenseiter und muss sich mit einer aufgespaltenen Loyalität, dem Heimweh und anderen privaten Problemen herumschlagen, die ihn von den verwurzelten Menschen um ihn herum noch weiter entfernen. In Toronto waren aber die Bereiche, in denen die verschiedenen Exilanten lebten, von einer vielköpfigen durchmischten Stadt umgeben, die sich selbst als eine Gemeinschaft von Exilanten sah. So konnte ein Exilant in dieser

Stadt das Gefühl haben, in ihrem Zentrum zu leben und dazuzugehören, so ungewiss seine Lage auch war.

Sosehr ich in dieser Stadt neue Begriffe von Fremdsein gelernt habe, so sehr haben mir die Schriftsteller unter den jüngsten Immigranten auch neue Wege gezeigt, über die Trennlinien zu reden, die zwischen den Fremden und den verschiedenen Formen von Fremdsein verliefen. Oft mit Identitäten, die »zur gleichen Zeit vielfältig und unvollständig« waren, wie es Salman Rushdie einmal gesagt hat, waren sie es gewohnt, darüber zu diskutieren, wie man einem Januskopf zwei Gesichter zuschreiben kann und ob eine Frau mit zwei Nationalitäten die Dinge doppelt sieht. Es ist sicher kein Zufall, dass viele der Charaktere in der Torontoer Literatur Spione oder Doppelagenten sind, die beide Seiten gegeneinander ausspielen, oder Wechselbälger, die an den beiden Enden eines Bindestrichs hängen: in Chang-rae Lees deutlichen Worten »einige Irgendwere auf einmal«.

Schicksal und Doppelspiel dieser Menschen, die nach einem Ausspruch Derek Walcotts »in der einen Sprache denken und sich in einer anderen bewegen«, sind zu den wichtigsten Themen der modernen Literatur insbesondere bei denen geworden, die zwischen vielen Heimaten leben. Toronto ist dazu prädestiniert, zum geistigen Zentrum derer zu werden, die Klarheit in die Sache bringen wollen. Die zwei klassischen Formen von Exil waren für lange Zeit durch James Joyce und Samuel Beckett in Paris verkörpert worden: Joyce, der das geliebte Dublin in obsessiver Weise mit allen unendlichen Einzelheiten jenes 16. Juni 1904 wieder erstehen ließ, und Beckett, der jenseits aller Details in einen universellen abstrakten Raum aufbrach. In Toronto wurden die Traditionen in einem ungekannten Maß für das internationale Zeitalter auf den neuesten Stand gebracht: von Rohinton Mistry, der sein verlorenes Bombay wieder erweckt hat, von Michael Ondaatje in der Vision von einer Welt jenseits der Nationalstaaten.

Es überrascht daher nicht, wenn die Mutter von Michael Ignatieff aus Nova Scotia stammt und der Großvater Erziehungsminister im letzten Kabinett des Zaren Nikolaus II. war, während die Großeltern mütterlicherseits in der Prince Arthur Avenue in Toronto lebten. Es überrascht auch nicht, dass die lebendigsten Berichte über den modernen Irak und Iran – mit einem Blick auf die Rushdie-Debatte von der Gegenseite aus – von einem Mann aus Wales stammen, der den Mittleren Osten in Torontos Balmoral Avenue verlegt. Was man vom Paris früherer Zeiten lesen kann, gilt wohl auch für das heutige Toronto. Viele Menschen sind hauptsächlich hierher gekommen, um ihre Nationalität aufzugeben, und sind in der Lage, Bekenntnisse wie das von Wole Soyinka zu unterschreiben: »Ich bin Schriftsteller und deshalb ein Entdecker. Der Stamm, zu dem ich mich zähle, ist der Stamm der Entdecker.«

In Kerri Sakamotos Erstlingswerk mit dem Titel *The Electrical Field*, das in Toronto veröffentlicht wurde, fand ich eine erstaunliche Menge japanischer Wörter, die aber nicht kursiv gedruckt waren, was mir signalisierte, dass sie zu kanadischen Wörtern geworden waren. Als ich später bei ihrem Besuch in Japan mit der jungen Autorin sprechen konnte, sagte sie mir, dass sie sich im Klein-Tokio von Los Angeles mehr zu Hause fühle als in diesem für sie fremden Land, mit dem sie nur durch ihren Nachnamen und die Großeltern verbunden ist.

Ein anderes Buch, auf das ich in Toronto stieß, trägt den Titel *Borderline* und ist von Janette Turner Hospital, einer Autorin, die sich nach ihren eigenen Worten »jedes Jahr zwischen Australien, Nordamerika und Europa aufteilt« – eines ihrer früheren Werke heißt bezeichnenderweise auch *Dislocations.* Sie scheint voll und ganz in Ontario zu Hause zu sein, wo sie auch gelegentlich lebt, während ihre Charaktere weit über den Erdball verstreut sind. »Sie fühlte sich in Flughäfen entspannt«, führt die Autorin ihre

Heldin ein, »und im Herzen der großen Städte. Weil sie, wie sie sagte, voll von Leuten sind, die nicht dazugehören – meinen engsten Verwandten.« Die Handlung setzt im wörtlichen Sinne an einer *borderline* ein – der Grenze zwischen Kanada und den USA, einer Art imaginären Zone, in der wir auf eine weiße Frau treffen, die in Indien geboren wurde, auf einen serienmäßigen Ehebrecher und einen Truck, der zur Inspektion geöffnet wird und in dem zwischen hängenden Rinderhälften eine Gruppe »Illegaler« aufgetaucht: »Flüchtlinge aus einer anderen Zeit, einem anderen Land, vielleicht der Eiszeit oder dem mythischen Zeitalter«. Im weiteren Gang der Handlung scheinen die Charaktere immer von weit her zu kommen, sie schlafen mit Ehefrauen, die nicht ihre eigenen sind, und leben in Wohnungen, die ihnen nicht gehören.

Solche Romane können natürlich überall geschrieben werden, aber es ist doch besonders passend, dass sie in einer Stadt spielen und entstanden sind, die sich immer darum bekümmert hat, die Dinge in Einklang zu bringen und ihre britische, französische und amerikanische Vergangenheit in der Waage zu halten. »Ein kanadischer Dichter ist ein Verbannter, der dazu verdammt ist, im eigenen Land zu leben«, hat der Dichter Irving Layton aus Montreal festgestellt, und sein Freund Leonard Cohen schrieb in seinem Roman *Das Lieblingsspiel:* «Genau so, wie sie nicht Kanadier sind, so sind sie auch nicht Montrealer. Frage einen Mann, wer er ist, und er nennt einen Volksstamm.«[25] Nur eine Generation zuvor waren viele der eindrücklichsten kanadischen Schriftsteller – Mavis Gallant, Mordecai Richler, Cohen selbst – nach Europa oder in die USA gegangen, um zu sich selbst zu finden. Inzwischen, nachdem sich die Welt ein Stück weiter um ihre Achse gedreht hat, kommen plötzlich exilierte Schriftsteller wieder nach Kanada, und aus der früheren Peripherie ist ein Zentrum geworden. In Ondaatjes Anthologie »kanadischer« Geschichten mit dem Titel *From Ink Lake* kommen die »Kanadier« aus Malta, Südafrika, Indien und Westindien, und eine der wenigen »einheimischen« Geschichten, *The Man from Mars* von Margaret Atwood, erzählt davon, wie ein Immigrant sich mit einer klassischen weißen Kanadierin einlässt, wobei sie nicht weiß, ob er Chinese oder Japaner ist.

All das hat noch eine einfache ökonomische Komponente: Das Veröffentlichen von Büchern ist heute ein Geschäft, so global wie jedes andere, und die Autoren sprechen zu den Lesern – und für die Leser – als hybride Wesen und mit so vielen Seelen wie diese. Erfolgreiche Autoren werden häufig zu ewigen Reisenden, die in einer endlosen Tour und in vielen Sprachen ihre Märkte besuchen. So werden auch die Abflughallen der Flughäfen und Hotelzimmer immer häufiger zum Schauplatz von Romanen, und wenn früher Autoren über die Höhe ihrer Auflagen redeten, so brüsten sie sich heute mit der Anzahl der Sprachen, in die sie übersetzt wurden. (Arundhati Roys Erstlingswerk, *Der Gott der kleinen Dinge,* hatte es schon im Jahr des Erscheinens auf sechsunddreißig Sprachen gebracht – vom Estnischen bis zum Kroatischen.) Selbst die lobenden Vorankündigungen eines postkolonialen Romans – ich denke dabei an die Originalausgabe von Chitra Divakarunis *Hüterin der Gewürze* – stammen von einer wohl ausgewogenen Gruppe von Autoren, zu der ein Latino gehört, eine Chinesin, ein Schwarzer, ein japanischer Hawaiianer, ein japanischer Amerikaner und – fairerweise – ein Weißer aus den Südstaaten.

Aber jenseits solcher Einzelheiten konnte man noch einen tieferen Sinn darin finden, dass die neuen internationalen Autoren – die Harbourfront-Autoren – Visionen für eine postnationale Zukunft entwickelten, die auch als Anregungen für Toronto dienen konnten. So erinnert beispielsweise Rushdie an das Ideal

Spaniens zur Zeit der Mauren, eine *convivencia,* in der Christen arabische Gewänder trugen, jüdische Literatur ins Kastilische übersetzt wurde und der maurische Stil vorherrschte. Die Zeit dient ihm als Modell für sein geliebtes, multikulturelles Bombay – ein Bombay, das von Fundamentalisten bedroht wird, die aus dem Vielen Eines machen wollen. Caryl Phillips hingegen, dessen letzter Roman *The Nature of Blood* im Venedig des 15. Jahrhunderts spielt, hat sich mit der Geburtsstätte des Ghettos befasst, das sich bei Shakespeare zu seiner Verteidigung auch eines Mohren bediente. 1913, noch bevor der mexikanische Schriftsteller José Vasconcelos sich eine völlig neue Rasse aus Mischlingen – *la raza cósmica* - ausgedacht hatte, rühmte der Kanadier C. J. Cameron sein Land als »ein weites Laboratorium der Gnade Gottes«, in das aus allen Richtungen Menschen kommen, und »der endgültige Mensch geschaffen wird. Diese letzte Rasse wird keine eigene Nationalität verkörpern, sondern aus Elementen aller Rassen zusammengesetzt sein«.

Als ich am Harbourfront Writers' Festival teilnahm, ging der Pulitzerpreis für Belletristik an Carol Shields. Shields, die aus den USA kommt und dreißig Jahre in Kanada gelebt hatte, erhielt außerdem den Governour General's Award für Belletristik, der für den besten kanadischen Roman des Jahres vergeben wird, und war in der Endausscheidung für den Booker-Preis für den besten britischen Roman. Das Beste an den zeitgenössischen Autoren – und insbesondere an den kanadischen – ist, dass niemand so recht zu wissen scheint, woher sie kommen.

An meinem letzten Abend in Toronto ging ich in die *Bar Italia* an der von Jahr zu Jahr bunter durchmischten College Street, wo sich, wie man mir gesagt hatte, manchmal serbische Jugendliche mit kroatischen treffen, um ganz bewusst ihren Eltern zu demonstrieren, dass sie jetzt in einem neuen Land leben. Unsere

Gruppe war typisch für Toronto: fünf Leute, von denen vier aus verschiedenen Teilen Südasiens kamen. In unseren Gesprächen ging es, wie so oft in dieser modernen Stadt, um Heimat und Staatsangehörigkeit, wobei die einfachsten Fragen oft zu gar nicht so einfachen Antworten führten.

»Du bist von Lahore, hab ich gehört«, sagte ich zu dem großen Muslim, einem Importeur von Videos, den ich gerade kennen gelernt hatte. Er bejahte und fügte hinzu, er sei hier aufgewachsen und seine Eltern lebten in einem Vorort. Er war in Vassar zur Schule gegangen, seine Freundin war eine Christin aus Hyderabad in Südindien. »Wenn die Inder einmal zu wandern anfangen«, lächelte er, »dann hören sie nicht mehr auf.« – »Aber das gilt für alle Leute, die in der Diaspora leben«, brachte unser Alibiweißer vor, ein Jude mit zwei nicht-jüdischen Söhnen. »Schau dir die Juden an. In der Firma, für die ich arbeite, sind nur Lateinamerikaner, das heißt, Leute, die Europa in den späten dreißiger Jahren verlassen hatten und nach Uruguay oder Peru gegangen waren. Jetzt sind sie hier – es hätten auch die USA sein können, es hätte irgendwas sein können. Wenn du einmal deine Heimat verlassen hast, kannst du überall landen.«

Der Mann aus Lahore war davon nicht überzeugt. Seine Freundin hatte schließlich Eltern, die in Mysore aufgewachsen waren, dann nach England gegangen waren, dann nach Kansas und zuletzt nach Nova Scotia, wo sie ihre »Neue Welt« fanden und sich schließlich in einem kleinen Dorf voller Christen aus Mysore niederließen. »Sie halten mich für einen Verräter«, sagte die Frau in einer rauen, breiten Sprache, die reinstes Amerikanisch war. »Sie haben noch immer indische Pässe. Ich habe zwei: einen britischen und einen kanadischen.« – »Warum einen kanadischen?« – »Als ich auf der High School war, wollte ich immer Parlamentsdienerin werden. Aber um im Parlament arbeiten zu können, muss man Kanadier sein.«

Ich schaute die beiden an – Muslim und Christin, blond und dunkel, Indien und Pakistan. »Ihr zwei hättet in eurer Heimat wahrscheinlich nie zusammengefunden«, sagte ich. »Das ist wahr«, stimmte der Mann zu. »Hier schätze ich auch unsere Gemeinsamkeiten mehr«, fügte die Frau hinzu, »ich meine, ich fühle mich mit einem Mann aus Südasien wohler, weil ich weiß, dass wir bestimmte Ansichten teilen.« – »Das stimmt! Als ich mit siebzehn aus Karatschi in die USA kam«, sagte ihr Partner, »hatte ich nur jüdische Freunde. Es war keine bewusste Entscheidung, es hatte aber damit zu tun, wie sie mit ihren Eltern umgingen, mit ihren Wertvorstellungen und ihrem Verhältnis zu den Großeltern.« – »Ich weiß, was du meinst«, sagte der jüdische Mann mit einer Geste zu seiner indischen Gefährtin, »als ich ihre Eltern kennen gelernt hatte, fühlte ich mich gleich wie zu Hause. Die Art wie sie redeten, die Art, wie sie mit ihr umgingen, die Gerüche, die Atmosphäre: Es war wie bei meiner Tante. Ich fühlte mich sofort zu Hause .«

So liefen Unterhaltungen in Toronto ab: Alle alten Kategorien waren aufgelöst, keiner konnte sagen – oder musste sagen –, wer Kanadier war oder nicht, welcher der Anwesenden aus Indien oder aus Pakistan war oder ein hier aufgewachsener Pakistani. In unserer Fünfergruppe gab es Christen, Juden, Muslims und Hindus (und einen, der zu keiner Kategorie gehörte). Was uns zusammenbrachte, war gerade die Tatsache, dass jeder von uns von vier verschiedenen Religionen umgeben war.

»Aber meinst du nicht, dass die Welt wieder in einzelne Stämme zerfällt?«, fragte mich der junge Mann aus Lahore. »Ja, aber nicht aus Gründen der Nationalität. Man schließt sich auf der Basis von Websites zusammen, man bildet Interessengemeinschaften und Verbindungen, die nicht mehr auf traditionelle Weise definiert sind. Das schöne an der Gegenwart ist, dass wir von so vielen Kulturen umgeben sind, denen wir früher nie begegnet wären. Vor vierzig Jahren hättest du nie die Gelegenheit gehabt, herauszufinden, dass du mit jemand aus einem anderen Land, von einer anderen Religion oder Gruppe so viel gemeinsam hast. Es wären deine Feinde gewesen.«

Die Spiele

»Das Beste an Brooklyn? Alle Länder der Welt sind hier vertreten. Das Schlimmste an Brooklyn? Keiner von uns kommt klar.«

Zitat aus *Blue in the Face* von Wayne Wang und Paul Auster

Wenn man etwas über den aktuellen Zustand unserer »einen« Welt erfahren möchte – wie weit sie zusammenrückt oder wie weit sie in Stücke fällt –, sollte man die Olympischen Spiele besuchen. Das Bild einer globalen Harmonie, dem sie sich weihen, hat etwas von einer hauchdünnen Kugel, die in eine knisternde Zellophanhülle aus Bürokratie und Gezänk gewickelt ist. Alle Welt weiß inzwischen, wie tief die offiziellen Verwalter des fairen Wettkampfes in einem Sumpf von Korruption stecken – sowohl auf dem Rasen als auch außerhalb der Stadien. Wer heute eine Olympiade besucht, sitzt zwischen 100 000 Sicherheitskräften, unter den Tribünen arbeiten die Teams zur Doping-Kontrolle, und oben stecken die Olympioniken heimlich illegale Gelder ein.

Trotz all dieser Anklänge an die Welt »draußen« geben die Spiele doch das kompakteste und beständigste Modell unserer Träume von Einheit ab: Hoffnungsvolle junge Kämpfer aus allen Ländern der Welt, die in einem olympischen Dorf zusammenkommen, das zeigt, wie unser »globales Dorf« sein könnte, und ihre Fähigkeiten auf dem Altar des »friedlichen Wettstreits« darbringen. Die Olympiaden stellen ein gutes Beispiel für die Anbetung jener »weltumfassenden Loyalität« dar, die Whitehead das Zentrum jeder Religion genannt hat.

In den letzten fünfzehn Jahren war ich bei sechs Olympiaden dabei. Ich berichtete über fast alle Sportarten und war daher ständig zwischen Fahrradrennen, Military und Badminton unterwegs – von früh morgens bis nach Mitternacht, und das sechzehn Tage lang. Jede Olympiastadt hatte natürlich ihre Skandale, und niemand wird so schnell den Terroranschlag von München oder den Bankrott von Montreal vergessen – und doch gab es auch immer wieder Bilder des Friedens, die eine einfache, alles durchdringende Menschlichkeit zeigten: etwa als Derek Redmond, der britische Hürdenläufer, über die Ziellinie humpelte, die Arme um die Schultern seines Vaters gelegt, dieses alten Mannes, der von der Tribüne heruntergerannt kam und helfen wollte, als er sah, dass sein Sohn eine Sehnenzerrung erlitten hatte. Oder wenn Iraner und Iraker in der geheiligten neutralen Zone der Plaza des olympischen Dorfs Anstecknadeln austauschten, oder wenn die Einwohner von Barcelona 1992 Nacht für Nacht in Massen auf die hell erleuchteten Straßen zogen, voller Freude, dass die Welt ihre katalanische Kultur entdeckt hatte.

Die Olympiaden stellen für Leute wie mich andererseits auch ein seltsames Rätsel dar, und sei es nur, weil sie die Zugehörigkeit zu einer Nation unterstreichen in einer Zeit, in der diese schon weitgehend Vergangenheit ist, und weil sie serienweise Bilder sowohl von Nationalismen als auch von Universalismen produzieren, ohne sich die Mühe zu machen, beides deutlich zu unterscheiden. Sie fordern uns auf, Beifall für den Patriotismus der anderen zu spenden und dabei unseren eigenen Patriotismus zu überwinden, und sie lenken unsere Aufmerksamkeit gerade auf die Grenzen, die in wachsendem Maß an Bedeutung verlieren. Wenn ich dann von begeisterten Fans umgeben bin, die mit ihren Fähnchen winken, merke ich oft, wie schwierig es mit dem Anfeuern für einen Heimatlosen wie mich ist. Weil es mir widerstrebt, mich mit Großbritannien, Indien oder den USA zu verbünden, die für mich alle keine Heimat sind, habe ich dann letztlich den ungeheuer talentierten Kubanern oder den so beständig guten japanischen Sportlern zugejubelt.

Die nationalistischen Gefühle, die von den Spielen ausgelöst werden, haben immer noch etwas beinahe Archaisches und manchmal etwas Wunderschönes, beispielsweise wenn 40 000 Japaner bei dichtem Schneefall ausharren, um ihren Skispringern durch ihren Beifall zum Sieg zu verhelfen. Selbst den Norwegern (oder hart gesottenen Journalisten), die um die halbe Welt gereist waren, um hier die Tagesordnung in ihrem Sinne festzulegen, blieb nichts anderes übrig, als zu lächeln und artig zu gratulieren. Olympische Spiele beginnen damit, dass die Kämpfer aus 197 Nationen strikt voneinander abgesondert in ihren farblich abgestimmten Uniformen fast militärisch hinter ihrer Flagge einmarschieren – und sie enden nach zwei Wochen, indem alle Teilnehmer in das Rasenrund des Stadions strömen und die Nationalfarben durcheinander geraten, bis man kein Team mehr vom anderen unterscheiden kann.

Hinter der Bühne, weit weg von den Kameras der unterschiedlichen Fernsehstationen, zeigen die Spiele eine menschlichere und ergreifendere Seite internationaler Beziehungen. Das führt einerseits zu Korrekturen an der grandiosen Show globaler Einheit, andererseits wird aber auch manchmal ihr Versprechen eingelöst. Ich erinnere mich, wie ich einmal in Barcelona den Reihen der 700 Fernsehkameras und den Hunderttausenden entkommen bin, die ständig zum Montjuich hinaufstiegen um, vorbei am mit Flutlicht angestrahlten Thron von Bob Costas, in der relativen Stille des streng bewachten olympischen Dorfes ein wenig zu Atem zu kommen. Das Dorf war als utopischer globaler Campus angelegt und verfügte über eigene religiöse Zentren, Frisiersalons, Nachtclubs, Kinos, eine tägliche Zeitung und sogar einen Bürgermeister. Beim Rundgang durch den eleganten neuen

Komplex, der in der Nähe zweier Privatstrände errichtet worden war, fand ich mich plötzlich von drei kleinen, sehr freundlichen und ein wenig verloren aussehenden Gestalten umringt. Wie sich herausstellte, waren es Bogenschützen aus Bhutan, die inmitten des fremdartigen Rummels die Orientierung verloren hatten. Sie erklärten, sie hätten zuvor weder jemals ein Stadion gesehen, noch eine U-Bahn, ein Hochhaus, ein Fernsehgerät oder ein Schiff. Keiner von ihnen war zuvor jemals in ein Flugzeug gestiegen, erzählten sie mir in sorgfältigem Englisch (der Raj war auch in die Gebiete gelangt, die das Fernsehen nicht erreichte), und keiner von ihnen hatte jemals vor Zuschauern gekämpft. (Nebenbei bemerkt unterschieden sich die olympischen Regeln so sehr von denen in Bhutan, dass ihnen die letzten Plätze fast sicher waren.) »Ich dachte, Barcelona wäre so friedlich wie Thimbu«, sagte einer der jungen Studenten, »aber es ist so viel los!« Allein das olympische Dorf war fast so groß wie ihre Hauptstadt.

In diesem Moment mischte sich der »Erste« (und einzige) Verteidigungsminister Bhutans ein, um eine offiziellere Erklärung zu der Begegnung seines Landes mit der Welt abzugeben (in seiner zweiten Funktion war er das »Olympische Komitee des Drachen-Königreichs«) und das richtige diplomatische Getöse zu vollführen. Mir ist auch nach all den Jahren noch das Bild dieser arglosen, verwirrten und aufgeregten Seelen in Erinnerung geblieben, die am einen Tag noch in ihrem verborgenen Königreich waren, in dem alle mittelalterliche Kleidung tragen müssen und die Gebäude im Stil des 14. Jahrhunderts erbaut sind, um am nächsten Tag in das größte Schauspiel weltweit versetzt zu werden. Und dann würden sie nach zwei Wochen, in denen sie von Blitzlichtgewittern umgeben waren, wieder in ihre vergessene Heimat zurückkehren, wo ihre Fotos die einzigen konkreten Andenken an diese höchst surreale Phase ihres Lebens sein würden.

Die Gestalten, die über die offiziellen Träume von Harmonie

wachen, die 115 Mitglieder des Internationalen Olympischen Komitees, werden oft als die Herren über eines der letzten großen Empire beschrieben. Doyen des IOC ist der Großherzog von Luxemburg, während der einunddreißig Jahre ihres Bestehens war der Chef der Antidrogen-Abteilung ein belgischer Prinz, und ein Graf versicherte seinerzeit aller Welt, wie schön es sei, die Olympiade in Hitlers Berlin abzuhalten – vorausgesetzt, das Land würde einige »Peinlichkeiten« verstecken. Juan Antonio Samaranch, der einst der Sponsor des Rollschuh-Hockey-Teams von Barcelona war und – zunehmend umstritten – von 1980 an als IOC-Präsident amtierte, schätzte es, als »eure Exzellenz« angesprochen zu werden. Boutros Boutros-Ghali hat in seiner Zeit als UN-Generalsekretär den »Olympismus« als »Schule der Demokratie« bezeichnet. In Wirklichkeit verwalten die selbst erwählten Herrscher, die offiziell auf Lebenszeit bestimmt werden, ein Reich, in dem ihr Wort Gesetz ist und die »Altherrenriege« die Athleten ständig bevormundet.

Man sollte die olympische Bewegung nicht unterschätzen. Sie betreibt ein eigenes Museum in der Nähe ihres Hauptquartiers in Lausanne und verbreitet ein eigenes Hochglanzmagazin. Sie kann sich eines Ehrentitels der Sorbonne rühmen und stiftete kürzlich einen Preis für Sportwissenschaft, der mit $ 500 000 dotiert ist und damit neben dem Nobelpreis die weltweit lukrativste Auszeichnung dieser Art darstellt. Im Rahmen des Kulturprogramms der Olympischen Spiele diskutieren Literatur-Nobelpreisträger die Zukunft der Seele, und in internationalen Jugendcamps lernen Kinder die Prinzipien, die in der vierundsiebzigseitigen Olympischen Charta vertreten werden. Die Organisation kam denn auch, wie jede Regierung, die auf sich hält, mit einem Skandal auf die ersten Seiten und setzte sechs verschiedene Untersuchungsgruppen ein, um die »Unregelmäßigkeiten« aufzudecken.

In den vergangenen Jahren hat dieses inoffizielle Empire auf dramatische Weise expandiert, indem es sich mit den beiden großen Mächten unseres Planeten zusammentat: den Multis und den Medien. So zahlen elf der weltgrößten Konzerne jeweils ungefähr 40 Millionen Dollar, um sich zusammen mit den olympischen Ringen, dem Maskottchen und der Fackel präsentieren zu dürfen. Allein die Fernsehnetze der USA haben Verträge über 3,55 Milliarden Dollar unterschrieben. Die olympischen Ringe, so prahlen die Organisatoren der Spiele, sind »das bekannteste Symbol der Welt« und 90 Prozent der Menschen, die einen Fernsehanschluss haben – nach letzter Zählung 3,5 Milliarden – schauen sich Ereignisse wie die Eröffnungszeremonie einer Olympiade an.

Man könnte wirklich zu dem Schluss kommen, dass die olympische Bewegung auf ihre Weise mehr Macht besitzt als die UN, insbesondere, weil sie ihre Triumphe weltweit auf den Bildschirmen zur Schau stellen kann, während die UN sich bemühen muss, die Konflikte der realen Welt hinter der Bühne zu schlichten – um dann von aller Welt dafür kritisiert zu werden, sie würde ein »ethisches Babel« anrichten. Das IOC hat mehr Mitglieder als die Vereinten Nationen, und alle verpflichten sich einem übergeordneten Prinzip, einer idealen »All-Seele« (um hier noch einmal an Emersons *over-soul* zu erinnern), die im Einklang mit unseren schönsten Träumen steht.

Ich erinnere mich daran, wie ich mich in meiner Jugend über Behauptungen wie »Die Olympischen Spiele stellen in der heutigen Welt vielleicht die größte soziale Kraft dar« lustig gemacht hatte, die von olympischen Häuptlingen wie Avery Brundage nur aufgestellt worden waren, um ihre eigene Rolle zu verklären. Auch heutzutage zählen unbeteiligte Beobachter wie der Direktor des Institute of American Studies in Peking, wenn sie die bestimmenden Kräfte auf unserem »vielpoligen Globus« benennen, nicht nur die klassischen Nationalstaaten auf, sondern auch »Einrichtungen wie die Weltbank, *CNN*, das Internationale Olympische Komitee und *Exxon*«.

Zu meiner eigenen Rolle als altem Mitglied der »olympischen Familie« gehören besondere Rituale, die so streng sind wie die irgendeiner Kirche. Immer wenn ich mich auf Olympische Spiele vorbereite, habe ich das Gefühl, in ein fremdes Land zu reisen (wenn auch in eines, das auf den Prinzipien des Transnationalismus gegründet ist und ständig an neue Plätze weiter wandert).

Mindestens achtzehn Monate vor Beginn der Spiele beantrage ich einen kodierten Ausweis, der praktisch ein Visum darstellt. Bei der Ankunft am Austragungsort der Spiele werde ich in der Regel von einem der 50 000 lächelnden freiwilligen Helfer begrüßt, der mich zum offiziellen Akkreditierungsbüro bringt. Dort werde ich von einem Strichcode-Lesegerät »verarbeitet«, das eine neue Ausweiskarte ausspuckt, die mir über die Magnetkarten-Lesegeräte den Zugang zu jedem Austragungsort, zum Hotel und zum *Subimage*-Zentrum gewährt, wo man sein Bildmaterial bearbeiten lassen kann. Als Ausgleich für meine Mühen bekomme ich ein Notizbuch von *McDonald's*, einen »Media Monster«-Anstecker von *Xerox*, einen Rucksack von *Coca-Cola* und einen Pinguin mit *IBM*-Logo. Jetzt kann ich wirklich als lebender Werbeträger für die »*Worldwide Olympic Partners*« herumlaufen, deren Traum es laut einer Anzeige ist, »eine Welt mit Prinzipien zu schaffen«.

Bei den modernen Spielen sind manchmal viermal mehr Journalisten als Sportler: 15 000 insgesamt, die im Hauptpressezentrum (MPC) und seinem hoch technisierten Ableger, dem internationalen Sendezentrum (IBC) stationiert sind. Diese vielstöckigen Gebäude ähneln mit ihrem kühl-internationalen Design bildschirmübersäten Terminals auf Flughäfen, nur dass hier nicht Menschen, sondern Worte und Bilder rund um die Welt geschickt werden. Die langen Flure sind voller Icons, Logos und Piktogramme, Automaten bieten kostenlose Getränke an (solang sie nur von *Coca-Cola* stammen). Geldautomaten spucken Geldscheine aus, solang es nur eine Kreditkarte von *Visa* ist, die man einschiebt. Das MPC hat ein eigenes Postamt, ein Reisebüro und Vertretungen von siebzig verschiedenen Organisationen, in denen fast immer einheimische Mittelsmänner und -frauen herumschwirren, die den Kontakt zwischen der Gastnation und den Tausenden von Ausländern erleichtern sollen. Sie werden von 6000 »Sprachhelfern« unterstützt, die beispielsweise Finnisch in Koreanisch übersetzen können.

Für alle, die keinen großen Konzern hinter sich haben, gibt es einen »allgemeinen« Arbeitsraum, in dem Telefone und Faxgeräte aufgereiht sind, von denen aus über 600 Korrespondenten ihre Berichte nach Guinea-Bissau oder Costa Rica schicken können. Riesige *Panasonic*-Bildschirme zeigen alles, was in den sechsundzwanzig verschiedenen Austragungsstätten abläuft.

Die Olympischen Spiele sind heutzutage weitgehend eine Fernseh-Produktion, die sich nach den Ansprüchen der TV-Teams aus 160 verschiedenen Ländern ausrichtet – so weit, dass zum Beispiel Südkorea 1988 nur für die Dauer der Spiele eine Verschiebung der Uhrzeit einführte, damit die sportlichen Spitzenereignisse, die ohnehin schon für die Morgenstunden angesetzt waren, noch genauer in die beste Sendezeit in den USA fielen. Mehr als jede Oscar-Verleihung oder die Wahl der Miss Universum sind die Spiele der Traum jedes Fernsehproduzenten: Sechzehn Tage lang kann er sich zu jeder Stunde darauf verlassen, Schockierendes, rührendes Heldentum und zutiefst ergreifende Bilder produzieren zu können. Selbst Gemeinheiten treffen auf ein Interesse, das in uns allen steckt: Der Show-down zwischen der Eisläuferin Tonya Harding und ihrer Rivalin Nancy Kerrigan, die sie attackiert hatte, gehört zu den meistgesehenen Sendungen in der Geschichte des US-Fernsehens. Das weltgrößte Bildzentrum *Image* unterstützt zusammen mit dem *Subimage*-Zentrum die Sucht nach Bildern und liefert Fotos umsonst (solang sie nur von *Kodak* sind).

Ich selbst bewege mich alle zwei Jahre drei Wochen lang in einem Paralleluniversum, das wie eine aufpolierte Bildschirmversion unserer globalen Zukunft aussieht. Jeden Tag fahre ich vom MPC zur MTM, der Media Transport Mall, und benutze dabei ein Netz von MTM-Shuttle-Bussen – oft mit Umwegen über IOC-Büros. In allen dreißig Bussen zeigen Fernsehgeräte, was gerade passiert. Fernsehgeräte stehen auch in den *McDonald's*-Filialen im MPC, die rund um die Uhr geöffnet sind, und neben jedem Presseplatz in den größeren Arenen.

Zu den vielleicht wichtigsten Ereignissen während meiner Vorbereitung auf eine Olympiade gehören ein, zwei Besuche in der Olympiastadt einige Monate bevor die Spiele beginnen – und ein paar Monate bevor die Stadtverwaltung ihren Bürgern sagt, sie sollen Ausländern mit einem Lächeln begegnen, die Taxifahrer auffordert, »Einen schönen Tag noch!« zu wünschen, und die Restaurants bittet, kein Hundefleisch mehr auf die Karte zu setzen. 1998 in Nagano haben sogar die lokalen Profi-Gangster einen offiziellen »olympischen« Waffenstillstand eingehalten. Die Städte, die sich um die Ehre bewerben, die gigantische Roadshow ausrichten zu dürfen, sind fast immer von einer Mischung aus Sorge, Stolz und Empfindlichkeiten bestimmt und sind bemüht, der Welt irgendetwas zu beweisen. Eine Olympiade bietet die fast einmalige Gelegenheit, sich der ganzen Menschheit zu präsentieren und mit einem Schlag das eigene Image zu verändern. So wollte 1992 Barcelona der Welt zeigen, dass es nicht zu

Spanien, sondern zu Katalonien gehört: In den Straßen wurden Landkarten verkauft, auf denen Spanien überhaupt nicht vorkam, und selbst König Juan Carlos musste die Spiele in Katalan eröffnen. Seoul war 1988 darauf aus, sich den Weg ins Exekutivkomitee des IOC zu ebnen – auch wenn das schon 1964 der verhasste Rivale – und das uneingestandene Vorbild – Tokio getan hatte. Atlanta war darauf erpicht, sich als die »große internationale Stadt der Zukunft« zu präsentieren – schon am Tag nachdem der Zuschlag erteilt war, kam die größte lokale Tageszeitung mit der schlichten Schlagzeile »Weltklasse!« heraus.

Das hat zur Folge, dass kleinere, oft ziemlich provinzielle Städte plötzlich im Brennpunkt der größten weltweiten Erwartungen stehen. Unsere Hoffnungen auf die Überwindung aller Grenzen laufen dann an einem Ort zusammen, der nicht einmal Übung darin hat, über den eigenen Tellerrand zu schauen. Da die Kosten zur Ausrichtung einer Olympiade gewaltige Höhen erreichen (bis zu 7 Milliarden Dollar und mehr), wenden sich viele der Menschen, die eigentlich freudigen Anteil nehmen sollen, gegen das teure Glücksspiel. Selbst im friedlichen Stockholm kam es zu einer Serie von Bombenattentaten, die das Ziel hatten, die Bewerbung um die Olympiade zu sabotieren, während in der Konkurrenzstadt Rom protestierende Bürger zweisprachige Kampfschriften mit der Überschrift »Zehn gute Gründe, zur Olympiade 2004 in Rom nein zu sagen« herausbrachten. Das viele Geld, das im Spiel ist, führt auch immer zu einem Wettbewerb, der zu den erbittertsten während einer Olympiade zählt: Die Vertreter unterlegener Städte verteilen Wohltaten, um zu beweisen, dass ihre Stadt es wert ist, eine zukünftige Olympiade auszurichten. Bischof Tutu tritt dann auf, um für Kapstadt zu werben, Istanbul veranstaltet eine »Türkische blaue Nacht« (komplett mit Reisetaschen, die mit »Das Treffen der Kontinente« bedruckt sind), Athen und Osaka geben 20 Millionen

Dollar oder mehr für Geschenke aus und zahlen Essen für 1 Million Dollar, und das gesetzestreue Toronto beklagt sich darüber, dass ohne Bestechung nichts geht.

In einem verzweifelten Versuch, sich mit einem Zuschlag für die Spiele im Jahr 2000 zu beweisen, einer der ganz großen *global player* zu sein, hat Peking in Erwartung von Inspektionen durch das IOC umweltverpestende Fabriken geschlossen und einige prominente Dissidenten aus der Haft entlassen (während andere potentielle Störer in eine psychiatrische Anstalt eingewiesen wurden). Nach den Angaben von Korrespondenten der *New York Times,* die für ihre China-Berichterstattung den Pulitzerpreis erhielten, wurde zumindest ein geistig behinderter Mann zu Tode geprügelt, damit seine wenig telegene Anwesenheit die zu Besuch gekommenen Olympier nicht von den Spruchbändern mit der Parole »Ein offeneres China heißt die Olympischen Spiele von 2000 willkommen« ablenken konnte.

Als Atlanta den Kampf um die Ausrichtung der »*Centennial Games*« (genau ein Jahrhundert nach den ersten Olympischen Spielen der Neuzeit) gegen Athen gewonnen hatte, das eigentlich als Favorit galt, blieb Melina Mercouri nur ein bitterer Kommentar: »Coca-Cola hat über den Parthenon-Tempel gesiegt.« Ich bin genau ein Jahr vor der Eröffnungszeremonie nach Atlanta geflogen, um mir anzuschauen, wie diese Stadt des »Wiederaufbaus« sich auf den großen Augenblick unter den Scheinwerfern der Welt vorbereitete. Ich wusste über die Stadt vorher fast nichts, außer dass sie sich rühmte, die höchste Wachstumsrate aller Städte in den USA zu haben, und dass sie weltweit zu einer Kultstätte für die Errungenschaften der schwarzen Mittelklasse geworden war: Der Polizeichef, der Kongressabgeordnete für den 11. Bezirk, die Verantwortliche für die Leitartikel der *Constitution* und alle Bürgermeister der jüngsten Zeit waren Afro-Amerikaner. Die Stadt, die sich selbst aus der Asche des Bürgerkriegs emporgearbeitet hat, die ihre leuchtenden Wolkenkratzer dort errichtet hat, wo fünfzig Jahre zuvor Schwarze noch nicht einmal wählen durften, nannte sich nun »Phönix des Südens«.

Atlanta hatte sich allein schon durch den Zuschlag für die Spiele verwandelt – den es im Übrigen durch das seltsame Abstimmungsverfahren bekommen hatte, das eine Stadt, die viele Stimmen für einen zweiten Platz erhält, gegenüber einer Stadt mit mehr Stimmen für einen ersten Platz begünstigen kann. Bereits einen Tag nachdem Atlanta Olympiastadt geworden war, hatten drei Konzerne ihren Hauptsitz hierher verlegt. Inzwischen waren 80000 zeitlich begrenzte Arbeitsplätze neu entstanden, und selbst in LAX, wo ich in mein Flugzeug stieg, war das Terminal von *Delta,* der »offiziellen Fluglinie der Olympischen Spiele«, ein Dschungel aus olympischen Schnapsgläsern und olympischen Keksen »für Feinschmecker«.

Mein erster Eindruck von Atlanta war, auf einem anderen Planeten gelandet zu sein: von einem Vorort ging es auf die Interstate, dann über die Ausfahrt in einen anderen Vorort – vorbei am *Economy Inn*, am *Quality Inn*, am *Comfort Inn*, am *Days Inn* und am *Holiday Inn Select*, das einem *Holiday Inn Express* Platz machte. Wohin man auch schaute, sah man immergleiche Firmenblocks, begrünte Zufahrten, mit Spiegelglas verkleidete Gebäude und Bürokomplexe: all diese austauschbaren Requisiten eines internationalen Stils, den man in seiner neuesten Ausprägung »*Silicon Neo-Colonial*« nennen könnte.

Man hatte mir gesagt, ich solle nach dem Viertel Perimeter Ausschau halten – einem von drei Vierteln mit diesem Namen in Atlanta. Also verließ ich die Interstate bei der Ausfahrt Perimeter Center West und fuhr in Richtung Perimeter Pointe. Ich kam an Gewerbeparks und Apartmentsiedlungen vorbei, an Einkaufszentren und durch Zäune und Mauern abgeriegelten Wohnvierteln – dem keimfrei-sicheren urbanen Gegenstück zu in Flaschen abgefülltem Wasser. Dann entdeckte ich endlich einen Parkplatz – ein Flecken Gras und noch ein wenig zubetonierte Landschaft – und stand vor meinem »Hotel von Rang«.

»Hi«, sagte die Frau am Empfang, »wenn Sie sich ein wenig umschauen wollen, die *Perimeter-Mall* ist gleich gegenüber.« Ich ging wieder hinaus und gelangte in ein Netz von Läden, deren Namen sie ziemlich deplatziert erscheinen ließen: *Home Depot, Home Place, Computer City, Cosmetic Center*. Überall Mini-Malls, Strip-Clubs, Supermärkte. Auch wenn das in Los Angeles, wo ich am Morgen aufgebrochen war, oder in irgendeinem *Metro Lite*-Konglomerat bei Houston nicht viel anders war, schien sich Atlanta seltsamerweise gerade durch seine zirka vierzig Flughäfen und seine einundzwanzig Einkaufszentren definieren zu wollen. (*Cumberland Mall* warb damit, dass es das erste Einkaufszentrum sei, das jemals ein Olympiateam der USA gesponsert habe.) Mein Gefühl in diesem »Phönix des Südens« war alles andere als mythisch.

Zum Teil lag das alles daran, dass Atlanta die Stadt der Konferenzen und Tagungen ist, also vorwiegend Durchreisenden eine Heimat bieten will. Pro Jahr laufen 1,6 Millionen Menschen mit Namensschildchen mit Firmenlogo durch ihre Straßen. Während andere Städte ihre Wirtschaft auf natürliche Ressourcen oder die lokale Industrie gründen, war Atlanta lange Zeit ein Zentrum der Leere und der Gastfreundschaft, ein Dienstleistungszentrum, ein McSuburb am Information Highway, bevor es diesen Begriff überhaupt gab.

Der Himmel war immer noch blauschwarz, als ich am nächsten Morgen aufwachte. Nachdem ich gerade erst aus dem Flugzeug gestiegen war, befanden sich noch Teile von mir in Osaka, andere in Kalifornien.

Der beste Weg, um mich mit den globalen Hoffnungen der Stadt zu befassen, schien mir ein Besuch im Geburtshaus ihres größten Sohns zu sein. Also bestieg ich wieder meinen *Aspire*, machte mich auf die Interstate 85 und gelangte an jeder Menge *Host Inns* und *Dial Inns*, »*Corporate Condos*« und dem Schild »*Global Burgers*« (»Denke global, iss lokal«) vorbei zum Freedom Parkway.

Das Gebiet um Martin Luther Kings Geburtsstätte ist heute als *national park* ausgewiesen und wird jedes Jahr von mehr Menschen besucht als der Mount Rushmore und das Vietnam Veterans War Memorial. Außer mir warteten noch Besucher aus Florida, aus beiden Carolinas und von der Elfenbeinküste – die meisten von dunkler Hautfarbe – auf die Führung. Wir folgten einer flotten Schwarzen in der Uniform des National Park Service mit einer *Smokey the Bear*-Mütze durch die Wohnung Kings, seine Kirche und ein Museum zu seinen Ehren. Im Martin Luther King, Jr., Center for Non-Violent Social Change beherrschte ein riesiges Bild Gandhis den Eingang, und in der heruntergekommenen kleinen Cafeteria wies eine Tafel auf WOE hin, The Wretched of the Earth, Inc., eine Gruppe, die den »Verdammten dieser Erde« half und sich für Obdachlose einsetzte.

Ich dachte, King wäre wohl ziemlich gerührt darüber, wie sehr sich seit seiner Ermordung vor siebenundzwanzig Jahren die Welt in Richtung auf ein Gefühl globaler Brüderlichkeit hin bewegt hatte. Vor einem der Häuser der Gedenkstätte saß ein weißer Mann mit seiner schwarzen Frau. Sie schauten zu, wie ihre zwei Jungen spielten, während aus dem Lautsprecher die Stimme Kings erklang: »Heute sage ich euch, meine Freunde, habe ich einen Traum. Es ist ein Traum, der tief verwurzelt ist im amerikanischen Traum. Ich habe einen Traum, dass eines Tages diese Nation sich erheben wird und der wahren Bedeutung ihres Kredos gemäß leben wird: ›Wir halten diese Wahrheit für selbstverständlich: dass alle Menschen gleich erschaffen sind.‹«[26] Hinter dem King-Zentrum stand ein AMC-Lieferwagen, dessen Nummernschild die stolze Aufschrift »Eigentum eines Schwarzen« trug, und im Hintergrund der Ebenezer Baptist Church, wo King und schon sein Vater und Großvater gepredigt hatten, warb ein anderer Lieferwagen für die Integrated Resources, Inc. Inzwischen gab es in Atlanta eine Martin Luther King Church und eine Martin Luther King Chapel of Love. Das Kapitol des Bundesstaates steht jetzt wie in einem Märchen, das von der Freiheit handelt, am Schnittpunkt Washington Street, Martin Luther King Drive.

Gleich hinter dem historischen Monument, nur einen oder zwei Blocks von Kings Haus entfernt, verläuft die Auburn Avenue. Ich konnte mich nicht erinnern, jemals eine Straße gesehen zu haben, die derart heruntergekommen war. Zerbrochene Fenster, mit Brettern vernagelte Ladenfronten, verlassene Häuser mit nichts als hin und wieder einem Huey-Newton-Poster und einem »Geöffnet«-Schild an einer düsteren, leeren *Elks Kitchen*. Auburn Avenue hatte den Namen »Straße des Stolzes« erhalten und wurde 1956 in *Fortune* als »reichste Neger-Straße der Welt« bezeichnet. Früher waren hier Bessie Smith und Cab Calloway aufgetreten, und zu Zeiten Kings war sie das Symbol für alles, was eine schwarze Gemeinde erreichen konnte. Obwohl sie nur fünf Minuten zu Fuß von den 1000-Zimmer-Hotels des Zentrums und in Blickweite der Firmenblöcke des aufstrebenden Atlanta lag, war weder viel von den 25 Millionen Dollar zu sehen, die von der Stadt zur Wiederbelebung versprochen worden waren, noch war sie schon die neue »Bourbon Street« geworden, wie es Atlantas Planungschef vorausgesagt hatte: Es liefen gerade mal ein paar Jugendliche herum, die T-Shirts mit dem Black-Power-Gruß von der 68er Olympiade trugen, und etliche Leute, die ziemlich verloren aussahen.

Am äußersten Ende der Auburn Avenue, wo sie wieder auf die

strahlenden Wolkenkratzer des modernen Atlanta stößt, findet man auf allen Stadtplänen das neue African American Panoramic Experience eingezeichnet, ein Hightech-Zentrum auf 10 000 Quadratmetern mit der »weltgrößten Präsentation der afro-amerikanischen Hoffnungen und des afro-amerikanischen Erbes«, wie die Peach State Black Tourist Association ankündigt. Nachdem ich es endlich gefunden hatte, präsentierte es sich mit einem leeren Parkplatz und einem behelfsmäßigen Eingang mit dem Schild »Bitte entschuldigen Sie die Unannehmlichkeiten!« – »Ich denke«, sagte ein Hausmeister mit entschuldigendem Lächeln, »sie werden damit weiter machen, wenn die Spiele vorbei sind.«

Ich ging wieder zurück in Richtung King Center, vorbei an unbebauten, überwucherten Grundstücken, vorbei an Schildern, auf denen man »Innenstadtsanierungsgebiet« lesen konnte. Wie ich erfuhr, war es hier, wo King seine Gemeinde daran erinnert hatte, dass sie nicht nur reich an spirituellen, sondern auch an materiellen Dinge war. Das Vermögen aller Schwarzen der USA stellte damals eine beträchtliche Summe dar. Jetzt lebten mehr als die Hälfte der Einwohner von Atlanta in Armut, und es gab 14 000 Haushalte ohne Telefon. Der Statistik nach hat die »Stadt, die zu geschäftig ist, um Zeit für Hass zu haben« (wie sie sich selbst charakterisierte) die höchste Kriminalitätsrate aller Städte der USA. Kings Mutter, so hatte uns die Fremdenführerin erklärt, war sechs Jahre nach ihm erschossen worden, während sie in der Ebenezer Church zum Vaterunser auf der Orgel spielte – grundlos von einem »verwirrten schwarzen Menschen«.

Ich setzte mich an diesem schläfrigen Sommermorgen wieder auf die Veranda vor Kings Haus und schaute zum *Ritz-Carlton* hinüber, zur Silhouette des World Congress Center und zum »höchsten Hotel auf der Nordhalbkugel«. Männer staksten mit verschlafenem Blick durch die Seitenstraßen, kamen aus ihren verrotteten Häusern, und mein Auto erschien mir auf seinem

Parkplatz – einen Block jenseits des Schilds »Ende des Freedom Walk« – nicht gerade gut aufgehoben. Aus dem Lautsprecher klangen die wunderschönen mitreißenden Worte über Nachbarn, die zu Brüdern werden müssen: »Wir können nicht lange überleben, wenn wir in einer geographisch zusammengerückten Welt geistig voneinander getrennt bleiben.«[27]

Ich sah noch einen anderen Grund dafür, warum die auf einen globalen Massenmarkt ausgerichteten Olympischen Spiele nicht überall populär sind, einen Grund, der gewissermaßen von der entgegengesetzten Seite kam: Ich stieß auf ihn bei einem Besuch in Nagano, dem ländlichen Gegenstück zu Atlanta und Austragungsort der auf Atlanta folgenden Winterspiele. Bei meiner Ankunft war gerade die alte Bahnstation abgerissen worden. Sie hatte lange Zeit wie ein zweistöckiger Tempel im traditionellen Stil über der Stadt gethront, um die Pilger auf das große buddhistische Zentrum von Zenkoji zu verweisen, und musste nun einem Terminal des Raumfahrtzeitalters Platz machen, in dem überall Videos liefen und je ein *McDonald's* den Nord- und den Südeingang bewachte. Nagano war lange Zeit stolz darauf gewesen, die Provinzhauptstadt zu sein, die – zeitlich gesehen – am weitesten von Tokio entfernt war (denn es gab keinen Flughafen!). Jetzt brachte ein Superexpresszug die Touristen in 79 Minuten heran. Überall um die bescheidene ländliche Stadt hatte man futuristische neue Stadien gebaut – das eine in der Form einer »frischen Brise«, andere in Form eines »Wassertropfens« und einer »Bergkette«. In Zenkoji selbst, inmitten seiner vierzig Tempel mit ihren dunklen Dächern, hatte *CBS* einen hohen Glasturm errichtet, von dem aus die 2000 Mitglieder seiner Crew (fast mehr als die Zahl der teilnehmenden Sportler) auf einen *UPS*-Laster aus dem Jahr 1928 hinunterschauen konnten, der an einen weiteren »*Worldwide Olympic Partner*« erinnern sollte.

Man darf allerdings nicht vergessen, dass die Mönche des Tempels die Publicity und die steigenden Einnahmen selbst wollten und dass Japan derartige Veränderungen durchaus auch ohne den olympischen Moloch zustande bringt. Und doch war es sehr eigenartig zu sehen, wie diese ländlich-gesunde Stadt, die für ihre Nudeln bekannt ist, nun mit zwei offiziellen olympischen »Songs«, vier offiziellen olympischen »Songs zum Anfeuern« und vier weiteren, ebenfalls als »olympisch« anerkannten Werbemelodien ausgestattet war. Dazu kamen noch fünf offizielle Plakate, sieben offizielle Sport-Plakate und ein spezielles Plakat nur für die Eröffnungszeremonie, das ein Landschaftsbild aus dem 15. Jahrhundert zeigte. Man hat später behauptet, Nagano habe den Zuschlag für 1998 nur deshalb bekommen, weil man die Delegierten des IOC mit Videokameras beschenkt hatte, während es bei den Konkurrenten nur Fotoapparate zum Wegwerfen gab.

»Jeder Haushalt von Nagano muss $ 30 000 für die Olympiade aufbringen«, klagte ein Professor bei einer Weihnachtsparty in einem kleinen düsteren Dorf in den Japanischen Alpen, wo die Straßen enger als die Korridore im MPC waren. »Und wofür? Jetzt haben wir vier Eissportstadien. Es mag ja sein, dass wir eines brauchen – aber vier? Jetzt gibt es für 100 Millionen Dollar eine Bob- und Rodelbahn. Wissen Sie, wie viele Leute in Japan Bob fahren oder rodeln? Weniger als zweihundert. Sie haben Nagano verwandelt, und sie können es nicht mehr rückgängig machen.«

Als an der neuen Bahnstation ein Schild angebracht wurde, auf dem neben »Willkommen in Nagano« auch die olympische Fackel dargestellt war, musste der Bahnhofsvorstand es wieder entfernen, weil die olympische Fackel geschütztes olympisches Eigentum sei. Als man *oyaki*-Klöße für den Speiseplan im olympischen Dorf vorgeschlagen hatte, mussten die Essenslieferanten ablehnen, da die »Yamazaki Baking Co. alle Rechte auf süße Brötchen aus Bohnenbrei« hatte. Während der Olympiade appellierten selbst die Lebensmittel- und Getränkelieferanten mit ihrer Werbung an das Nationalgefühl der Japaner: »Wir sollten selbst in einer Scheibe Fleisch und einem Stück Tomate einen Repräsentanten Japans sehen.«

Trotz solcher Absurditäten kann man der Verlockung, der Mittelpunkt der Welt zu sein – wenn auch nur für zwei Wochen – kaum widerstehen, vor allem, weil die Welt immer mehr dazu neigt, ihr Interesse auf einige wenige Punkte zu konzentrieren, und weil die Fusionen, die in der Wirtschaft stattfinden, ihr Gegenstück im Bewusstsein haben. Die Olympiaden sollen eigentlich – ganz im Sinne von Emerson – eine für alle gemeinsame Vision fördern, aber oft genug erzeugen sie nur eine Gemeinschaft der Tele-Vision: Alle Welt schaut dieselben, sich ständig wiederholenden Bilder an. Das Resultat dieser globalen Entwicklung ist, dass sich immer mehr Menschen auf dieses Hyperereignis stürzen – nicht nur die zwei Millionen Fans, die den Sport und die Exotik inmitten der Aufregungen eines Nonstop-Karnevals genießen wollen, sondern auch die Filmstars und andere Berühmtheiten. Alle sind da, um beim größten Fototermin auf Erden nicht zu fehlen.

Der Olympiasong wurde (in drei Sprachen) von Andrew Lloyd Webber geschrieben, Celine Dion und José Carrera kamen, um ihn zu schmettern. Carlos Saura führt Regie beim Olympiafilm (zumindest in Barcelona) und Annie Leibovitz schießt für *Time* die Fotos. Das offizielle Plakat hat Hiro Yamagata entworfen und die Produzenten von *Jurassic Park* tun sich mit Thomas Keneally, dem Autor von *Schindlers Liste*, zusammen, um ein IMAX-Epos der Spiele zu drehen.

In einem Universum, in dem Namen immer mehr eine Währung mit beweglichem Wechselkurs darstellen – und das Einzige von Wert sind, das man überall auf der Welt kennt –, werden die Olympischen Spiele zur globalen Börse. Tipper Gore schreibt eine Kolumne für *USA Today*, Mary Lou Retton gibt Kommentare für jeden Sender ab, der sie haben will, und Albert Grimaldi (als »Beruf« vermerkt die offizielle Biografie: »Thronfolger von Monaco«) tritt zum vierten Mal als Bobfahrer des monegassischen Teams bei den Winterspielen an.

Direkt unter der großen Versammlung all dieser Götter auf Zeit in einem Universum, das von den fett gedruckten Schlagzeilen lebt, existiert unbemerkt von allen eine Schattenwelt: Leute, die überall in den Tunneln und Ecken der Stadien zu finden sind und zu Wucherpreisen Tickets verkaufen, die sie sich bündelweise besorgt haben. Sie kommen von überall her – Deutschland, Istanbul, Kanada – und fliegen (oft in der Business Class) von *special event* zu *super event*, um ihren Reibach aus der Diskrepanz zwischen Angebot und Nachfrage zu machen. Die offizielle Subkultur von besessenen Sammlern tauscht indessen beim Ethnic Import Plaza und am Stand der Society of the Buckwheat Noodles ihre Objekte – was allerdings inzwischen mehr als nur ein Hobby ist: So hat, um ein Beispiel zu nennen, *Saks Fifth Avenue* eine olympische Anstecknadel im Wert von $ 340 000 im Angebot.

Pythagoras wird die Aussage zugeschrieben, »das Leben [sei] einer sportlichen Veranstaltung ähnlich. Wie nämlich zu dieser die einen kommen, um zu kämpfen, die anderen, um zu verkaufen, und die dritten, um zuzuschauen, so ist es auch im Leben.«[28] Das drückt nichts anderes aus, als dass die Olympiaden weniger ein Zwischenspiel im Leben sind als das Leben selbst in komprimierter und homogenisierter Form.

Ich selbst habe in einer Reaktion auf all das immer versucht, den unzähligen Mikrofonen zu entgehen und die Nicht-Events zu entdecken, die ganz gewöhnlichen kleinen Spektakel, die nicht so sehr Teil einer Soap Opera sind, sondern eher einer Sitcom. Wenn so viele Kulturen aufeinander treffen, ist das nicht allzu schwierig. Die Olympiaden sind für mich oft ein glückseliges Karussell von Augenblicken aus der Welt einer Virginia Woolf (und nicht der des *TelePrompters),* in denen etwas Energisch-Menschliches die oft wiederholten Beteuerungen von »Toleranz und Wettbewerb« durchbricht. In Seoul war es ein Hockeyspiel im entfernten Songnam-Stadion, wo ein angemieteter Haufen fülliger Frauen in sich bauschenden blaugelben *hamboks* Trauerlieder sang und zum Rhythmus einer kratzig klingenden Melodie aus einem Kassettenrekorder pflichtbewusst die Mützen auf- und abnahm. Für das holländische Team winkten sie mit Tulpen, für die Inder nur mit Fähnchen. In Barcelona war es ein verlassenes Baseballfeld auf dem Land, wo schwarzgelbe Schmetterlinge auf meinen Knöcheln landeten, als ich im Schneidersitz auf dem Boden saß und freiwilligen Helfern zusah, die von Hand eine Anzeigetafel mit römischen Zahlen bedienten. In Nagano war es ein Curling-Platz, auf dem Frauen aus den Vororten der Städte Saskatchewans in Windjacken, auf denen »Mike's Mutti« stand, »Komm schon, Kleiner. Stop, Baby, stop!« brüllten, während gleich daneben Babys schliefen und aufgedrehte japanische Großmütter »Kamikaze«-Transparente schwenkten. (Die Stadt hatte gleich neben der Turnhalle ein Curling-Museum gebaut, das aus zwei halb leeren Vitrinen bestand. Ausgestellt wurden ein signierter Eiskratzer, ein Crampit aus dem 19. Jahrhundert und alle zehn Ausgaben des inzwischen eingegangenen japanischen Magazins *Happy Curling.*)

Bei den Olympischen Spiele existiert – mehr als anderswo – eine Parallelwelt auf dem Bildschirm. Eines der befremdlichsten Dinge bei den modernen Spielen ist der Anblick der neuen Helden, die zwei Kulturen angehören und sich zwischen zwei Ebenen der Realität hin und her bewegen. Da legt eine Vierzehnjährige ihren Teddybären zur Seite und greift zu ihrer »Autobiographie« (einem Bestseller!), wenn sie vom Fernsehen aufgefordert wird, aus sich eine Story zu machen, »wie sie das Leben schreibt«. Sogar einige der jüngsten Athleten – und vielleicht gerade die jüngsten – scheinen den Kern von Boorstins These verinnerlicht zu haben, dass der Held vom Star ersetzt worden ist und dass diejenigen »echten Personen« im Fernsehen am besten ankommen, die eine Fernsehfigur perfekt verkörpern können: »Wenn vor zweihundert Jahren ein großer Mensch auftrat, so suchte das Volk Gottes Absichten in ihm zu erkennen; heutzutage suchen wir nach seinem Presseagenten.«[29]

An einem meiner ersten Tage in Atlanta stattete ich auch *CNN* einen Besuch ab. Ich fand mich in einem gigantischen Restaurantkomplex wieder – mit einem *Turner Store* am einen Ende und einem *Medalist*-Laden am anderen. Mit mir warteten noch drei weitere Interessenten auf die Besichtigung, die von *CNN*, um seinen globalen Anspruch deutlich zu machen, auch in Türkisch, Farsi, Koreanisch, Serbisch, Kroatisch und Norwegisch angeboten wurde.

»Woher sind Sie?«, fragte der freundliche Mann aus Ohio die anderen drei, die *Hard Rock Atlanta*-T-Shirts trugen. Es gab eine lange, lange Pause. »Irak«, antwortete der Ältere der drei schließlich. Der Mann aus Ohio war sichtlich betroffen. »Irak?«, fragte er nervös und wich ein wenig zurück. »Gut, gut. Prima. Wenn Sie aus dem Irak sind, sind Sie eben aus dem Irak.« Ein Führer brachte uns zum »größten frei stehenden Aufzug der Welt« und bat uns auf dem Weg nach oben, uns vorzustellen. »Was ist das für ein Name?« fragte er den *Hard Rock Atlanta*-Mann. »Das ist Arabisch«, gab der Mann zu – und wieder herrschte langes Schweigen. *CNN* mag zwar auch in den Irak senden, wusste aber offensichtlich nicht so recht, was mit Menschen aus diesem Land anzufangen war.

Sofern Atlanta der Welt wirklich Glanzvolles zu bieten hatte, so schien ein Teil dieses Glanzes sich daraus abzuleiten, dass die Stadt so hart daran gearbeitet hatte. Nachdem ich das *CNN*-Zentrum mit der Musik-Endlosschleife aus *Vom Winde verweht* verlassen hatte, kam ich zum Road to Tara Museum, einer Einrichtung, die gerade erst im Untergeschoss des einst so berühmten *Georgian Terrace*-Hotels eröffnet worden war, um die Geschichte vom »Brand von Atlanta« in alle Welt zu verbreiten. In dem Museum konnte man Krinolinen und Musketenkugeln, *Hotchkiss*-Panzer und Einzelheiten des damaligen Lebens auf den Plantagen betrachten – all diese Produkte einer Sklavenkultur, die David Selznick mit seinem Film in aller Welt zu einem Herzstück der Fantasien gemacht hat. Dem Gästebuch nach kam ein großer Prozentsatz der Besucher von weit her – Brasilien, Rumänien, Ecuador, Deutschland und vor allem Japan. Junge Japanerinnen kommen besonders gern an ihrem Geburtstag an diese heilige Stätte. Die Geschichte von Rhett und Scarlett ist in Japan so populär, dass man sie zu einem neunstündigen Musical verarbeitet hat, in dem nur Frauen spielen. »Ich bin ja so glücklich, hier zu sein«, trug eine ins Gästebuch ein, und ein anderer Besucher jubelte: »Ich habe an die guten alten Tage zurückgedacht.«

Margaret Mitchell hatte angeordnet, dass ihr Haus nach ihrem Tod zerstört werden sollte, damit sie wenigstens dann die Privatsphäre genießen konnte, die ihr im Leben versagt geblieben war. Die Aussicht auf die olympischen Gäste von überall her hatte die Stadt aber dazu gebracht, die Rekonstruktion des Hauses in Angriff zu nehmen. Auch ein *Vom Winde verweht*-Themenpark für 50 Millionen Dollar war im Gespräch, dazu die Umbenennung eines zentralen Platzes in Margaret Mitchell Square. Selbst das Video-Verteilungssystem auf der Olympiade wurde in gebührender Weise Scarlett genannt. Doch die Wiederherstellung der Vergangenheit in einer Stadt, die auf die Zukunft gesetzt hatte, führte zu unaufhebbaren Widersprüchen: Das Loew's Grand, in dem seinerzeit die Gala-Premiere des Films stattgefunden hatte, überstand zwar 1978 einen Großbrand, um dann aber – wie man im Road to Tara Museum erfahren konnte – »des Grundstückswerts wegen abgerissen zu werden«. Aus dem historischen Hotel *York* gleich nebenan ist heute ein weiteres *Days Inn* geworden.

An diesem Abend ging ich zum Fulton County Stadium, einem weiteren Wahrzeichen, das eigentlich nach den Spielen abgerissen werden sollte, aber nun schon für Jahre im Kabelfernsehen als unvermeidliche Kulisse dient: Ted Turner sendet von hier aus Tag für Tag die Spiele seiner Atlanta Braves, die dadurch für die ganze Nation zu »*America's Team*« geworden sind. Versteckt zwischen einigen ramponierten Stadtvierteln, die Mechanicville oder Peoplestown heißen, ist der Platz so sehr »Atlanta« wie der Big-Mac für *McDonald's* steht. Eine Anzeige für *Office Depot* schmückte den linken Spielfeldrand, und an vielen der Rampen zeigten *Info Vision*-Bildschirme die neuesten Wirtschaftsnachrichten. Selbst die Toiletten hatten ein Ausmaß, wie ich es nie zuvor gesehen hatte, mit Reklame für Militärbedarf, Scheidungsanwälte und Golf übersät. Jeder Verkäufer, selbst in den oberen Rängen gleich hinter den Geldautomaten, trug einen Anstecker, der verkündete: »Dieser Anstecker bestätigt, dass ich in einem Kurs gelernt habe, Alkoholiker zu identifizieren.«

Ich hatte mir die Autobiographie von Henry Aaron, Atlantas größtem Baseballstar, mitgebracht, um sie zwischen den *innings* zu lesen. Aaron hatte, als sich abzeichnete, dass er Babe Ruths Rekord mit den meisten *homeruns* in der Major League überbieten könnte, in einem einzigen Jahr 930 000 Briefe bekommen – fast alle von Fans der Braves aus Atlanta. Als er immer näher an sein Ziel kam, den wichtigsten Rekord im Baseball nach Atlanta zu holen, kamen immer mehr Briefe, die an »Liebes Dschungel-Häschen« adressiert waren oder die seinen Lieben den Tod auf den Hals wünschten. Sie drohten ihn zu erschießen oder sich seiner Familie »anzunehmen«, wenn er an die zwanzig *homeruns* von Babe herankäme. Als er dann schließlich den Rekord eingestellt hatte, musste Aaron erkennen, dass »alles was Atlanta zu bieten hatte, nur Hass und Vorurteile waren«.

Dass es Rassismus gab, war natürlich nichts Besonderes. Was aber Atlanta meiner Meinung nach einzigartig machte, war die Hoffnung, dass man allein mit Parolen und hohen Wachstumsraten der Wirtschaft die Ungleichheit zum Verschwinden bringen könne. Sei gut zur Wirtschaft, so lautete die Botschaft des »Geists von Atlanta« an die Bürger, und die Wirtschaft wird gut zu dir sein. »In Atlanta wollen sich mehr Menschen niederlassen als in jeder anderen großen Stadt«, versicherte man Leuten, die wohl nie in der Lage sein würden umzuziehen.

Nach einiger Zeit in Atlanta hatte ich den Eindruck, dass die Stadt die meisten Energien dafür aufwandte, die Wunden zuzudecken, die sie nicht heilen konnte, und den Mythos von der Überwindung rassischer Schranken zu pflegen, wie er in den *Brer Rabbit*-Büchern oder Filmen wie *Driving Miss Daisy* ausgemalt wurde. Bei der Fahrt durch die Stadt der Mega-Einkaufszentren und Super-Fernsehsender traf ich auf Einheimische, die mir immer wieder erzählten, dass Alonzo Herndorn, der Gründerpräsident der Atlanta Life Insurance Company, sein Leben als halbschwarzer Sklave begonnen hatte und Besitzer eines Friseurgeschäfts gewesen war. Wieder und wieder wurde ich daran erinnert, dass Herman Cain, der Chef von Godfather Pizza, Sohn des schwarzen Chauffeurs war, der Robert Woodruff, den Vorstand von Coca-Cola herumkutschierte. Und dann gab es in Atlanta schließlich das National Black Arts Festival und Freaknic, das alternative Frühlingsfest der Schwarzen. Atlanta hatte nicht nur »die größte Anhäufung von schwarzen Colleges in den USA«, in einem von ihnen – Morehouse – gab es sogar ein Institute for Managing Diversity, das sich mit der Ausbalancierung der Rasseninteressen befasste.

Die tiefste Spaltung schien mir jedoch nicht zwischen Schwarz und Weiß zu bestehen, sondern zwischen denen, die an die Vorstellung von der Aufhebung des Elends durch steigende Profite glaubten, und denen, die daran ihre Zweifel anmeldeten. In der *Atlanta Daily World* (»die älteste schwarze Zeitung Amerikas«, war an der Redaktion in der Auburn Avenue zu lesen) standen bewegende Berichte von Bällen für schwarze Debütantinnen, und in der *Atlanta Tribune*, einem Magazin, das auf dynamische junge schwarze Angestellte zugeschnitten war, wurde verkündet: »Ökonomisch gesehen könnte es Dexter King durch geschicktes Management, durch Marketing und Werbung gelingen, ›The King Legacy‹ so florieren zu lassen, wie es ähnlich nur den Erben oder Firmenpartnern von Robert Woodruff (Coca-Cola Co.) und Walt Disney (Disney Co.) gelungen war.« Die Anhänger der Vision von Atlanta schienen davon auszugehen, man könne die Gleichheit aller wie Mickey Mouse verpacken und verkaufen.

Wer an diese Vision nicht glaubte, musste den Eindruck haben, als wäre immer noch Bürgerkrieg. Darin hatte Atlanta seine Tradition: Hier waren schließlich viele Schlachten um die Bürgerrechte geschlagen worden. In der Lokalpresse wetterten immer noch täglich Leserbriefe gegen die »Besetzung Atlantas« und äußerten beharrlich ihren Widerstand gegen die Entfernung der Symbole der Konföderierten – Sterne und Streifen – aus der

Flagge von Georgia. Gleich daneben wurden in Kleinanzeigen »alte Ku Klux Klan-Gewänder, angekohlte Klan-Kreuze und andere Erinnerungsstücke an die Bürgerrechtsbewegung« gesucht. Währenddessen wurden in *Underground Atlanta*, dem Haupteinkaufskomplex der Stadt, Schilder mit »Parken nur für Afro-Amerikaner« verkauft – neben Andenken an die National Negro Baseball League, deren Black Crackers die Antwort auf die Crackers, die Mannschaft von Coke in der zweitklassigen Lokalliga, darstellten.

Atlanta hat das zentrale Thema der Olympischen Spiele – »Kommen wir alle gut miteinander aus?« – schon zu einer Zeit diskutiert, als Charles Maurras die erste Olympiade der Neuzeit besuchte und schrieb: »Wenn man verschiedene Rassen zusammenwirft und sie dazu bringt, etwas miteinander anzufangen, dann stoßen sie einander ab und werden einander fremd, selbst wenn sie glauben, dass sie sich vermischen.« Die Debatte, die hier vor genau hundert Jahren auf der großen Cotton States and International Exposition begonnen hatte – W. E. B. Du Bois hatte den Vorschlag Booker T. Washingtons, dass Weiße und Schwarze wie die Finger an einer Hand zusammen und doch getrennt arbeiten, als den »Kompromiss von Atlanta« angeprangert –, wurde nach der Ermordung von Martin Luther King und Malcom X weiter mit großer Heftigkeit geführt. Atlanta erinnerte in regelmäßigen Abständen daran, dass es die »Hauptstadt des Neuen Südens« sei – weniger oft wurde daran erinnert, dass der Begriff »Neuer Süden« eine alte Geschichte hat und schon 1886 geprägt worden war.

In meinen ersten Tagen in der Stadt konnte ich es einfach nicht fassen, wie klein der neue Austragungsort war. Ich wusste, dass man Atlanta manchmal als »einen Wald auf der Suche nach einer Stadt« bezeichnet hatte, und ein Teil seines Charmes liegt auch in seiner Nähe zur Natur und in Straßen, die dem Zickzack alter Indianerpfade folgen. Die eigentliche Innenstadt erstreckt sich über kaum mehr als fünf Straßenblöcke in jede Richtung. Es kam mir fast so vor, als wenn San José sich darauf vorbereiten würde, die Welt zu Gast zu haben.

Was die Publicity und den globalen Einfluss betrifft, waren die Olympischen Spiele vermutlich auf ihrem Höhepunkt während des Kalten Krieges. Damals waren viele der kriegslustigsten Länder darauf gekommen, dass die Spiele ein perfektes Forum darstellten, die Macht ihres Systems vorzuführen und in Friedensgewändern Krieg zu führen (schließlich gehörte einmal der »Militärische Fünfkampf« zu den olympischen Wettkampfarten, von »Military« ganz zu schweigen). So erklärten 1976 einundzwanzig Staaten lautstark den Boykott der Spiele, weil ein Rugby-Team aus Neuseeland Südafrika besucht hatte. 1984 führten die USA eine Riege von fünfundsechzig weiteren Nationen an, um die Sommerspiele von Moskau zu boykottierten, was der Sowjetunion die Gelegenheit gab, mit ihren Verbündeten wiederum den Spielen von Los Angeles fernzubleiben. In dieser Zeit wurden einige Nationen mehr oder weniger zu olympischen Industriebetrieben, was so weit führte, dass die DDR 1976 mehr Goldmedaillen als die USA gewann. Diese Erfolge waren zum Teil auch das Ergebnis einer geschickten machiavellistischen Neuinterpretation des olympischen Geistes: Man konzentrierte sich auf Einzelsportarten statt auf Mannschaftssportarten, sodass man für das investierte Kapital die beste Ausbeute an Medaillen bekam. Im Ostblock wurden die Stars vom Staat mit Geld und Vergünstigungen unterstützt – im Westen dienten dazu Werbeverträge und Fernsehauftritte.

In jener Zeit wurde – bei den Spielen wie überall sonst – die Machtpolitik in harte Münze übersetzt. Seit 1984, als in Los Angeles der Gewinn 200 Millionen Dollar betrug, erschienen die Spiele als eine höchst lukrative Angelegenheit, wozu dann noch kam, dass das IOC *MTV*-gemäße Sportarten wie Snowboard und Mountainbike aufgenommen und – wie Kritiker behaupteten – zerstörerische Auswirkungen seiner Dopingpolitik vertuscht hatte. (Da während der Spiele Asthmamedikamente zugelassen waren, hatten 1994 60 Prozent der Sportler des US-Teams behauptet, unter Asthma zu leiden.)

Nachdem Loyalität privatisiert worden ist und Zugehörigkeiten sich auf virtuelle Weise herausbilden, müssen sich die Spiele an eine neue Welt anpassen, in der alle nationalen Unterschiede vom Markt aufgehoben sind. Das wurde in Barcelona sichtbar, wo eine Gruppe nicht gerade gleich gesinnter Athleten hinter einem Pulk von zwölf Flaggen hermarschierte, der ein »*Unified Team of the Former Soviet Republics*« ankündigte. Ein paar Tage später wurde diese Entwicklung noch deutlicher, als Michael Jordan, der am meisten gefeierte Olympiasportler der Welt, damit drohte, sich nicht vor der Flagge der USA aufzustellen, wenn er seine *Nike*-Schuhe nicht tragen dürfte. Es war so weit gekommen, dass der Konzern die Nationalität bestimmte.

Man sollte das alles nicht überbewerten. Schon im antiken Griechenland wechselten die besten Athleten zwischen den Städten und gingen dorthin, wo man ihnen Geld bot. Es gab keinen Amateurstatus, dessen Ideale sie davon abgehalten hätten, für ihre Siege Stellungen auf Lebenszeit und Ehrenstatuen anzunehmen. Doch unsere Vorstellung, dass sich die Sportler der Gegenwart an den Meistbietenden verkaufen – wie eine klassische Ware auf einem äußerst freien Markt –, wird dadurch verstärkt, dass der Sport mit seinem globalen Agieren eine Macht erreicht hat, die der Hollywoods gleicht. Wir sind an einem Punkt angelangt, an dem sich kaum jemand wundert, wenn die Miami Heat in Tokio gegen die Detroit Pistons spielen oder wenn das Team von

Washington von einem 2,30 Meter großen rumänischen Filmstar angeführt wird, der den Ball in den Korb befördert, während unter diesem Korb ein Mitglied des Dinka-Stamms steht, der es nur auf 2,20 bringt. »Ein Sportler kämpft immer für sich selbst«, verkündete ohne schlechtes Gewissen Bart Veldkamp, nachdem er als Einziger das holländische Monopol im Eisschnelllauf über 5000 Meter gebrochen hatte. Auch Veldkamp war, wie es der Zufall wollte, Holländer und wurde von Scharen orangefarben gekleideter Fans und einer neunköpfigen Blaskapelle leidenschaftlich angefeuert. Es hatte sich aber vor den Spielen herausgestellt, dass er als Belgier die besten Aussichten auf Erfolg hätte, so startete er für Belgien, dessen gesamtes Olympiateam nur aus ihm bestand. »Ich bin in Holland geboren«, sagte er der Weltpresse, flankiert von Holländern. »Ich laufe für Belgien. Aber wenn Sie den Mond anschauen und fragen, ›Wo kommst du her?‹, sage ich ›Von der Erde‹.«

Die Olympioniken wissen inzwischen nicht mehr so recht, ob kommen oder gehen, in einer Welt, in der die Flagge vom Firmenlogo verdeckt wird und der schnellste Läufer Kenias gar nicht in Erscheinung tritt, weil er gerade dabei ist, Däne zu werden. Viele der Olympiastädte werden heute vom neuesten *Nike Town* beherrscht (obwohl *Nike* kein »offizieller« Partner ist). So war beispielsweise in Nagano die ganze Welt über zwei kenianische Skifahrer gerührt, die mit bewegenden Geschichten aufwarteten (dass keiner von ihnen bis vor zwei Jahren jemals Schnee gesehen habe etc. etc.) –, bis sich herausstellte, dass beide in Wirklichkeit von *Nike* gesponsert wurden. Sie galten als deren heißeste Entdeckung und erfolgreichstes Produkt seit den Bobfahrern aus Jamaika.

Als mein Erkundungstrip in Atlanta zu Ende ging und ich ein letztes Mal an den »*Complete Apartment Communities*« vorbeifuhr und mich von den falschen antiken Villen verabschiedete, fragte ich mich, wie es wohl mit einer Welt weitergehen würde, deren »Internationalismus« so sehr lokal geprägt zu sein schien: Der wahre Kosmopolit ist schließlich nicht jemand, der viel gereist ist, dabei aber nicht gelernt hat, was es heißt, »anders« zu sein. Das »globalste« an Atlanta schien mir seine aufgespaltene Natur zu sein: Atlanta wusste nicht genau, was es war – und auch nicht, was es sein wollte –, und es wurde zum Modell für die »aufstrebendste Stadt am Ende des Jahrtausends«: hoch aufragende Häuserblocks im Zentrum und eine Wüstenei um sie herum. Zur Hälfte ein gesichtsloser Bürokomplex, zur Hälfte ein träges Provinzkaff, ist es für den Geschmack der Leute aus dem Süden zu sehr »Norden« und für die aus dem Norden zu sehr »Süden«, oder laut John F. Kennedys abwertender Äußerung eine Mischung aus dem »Charme des Nordens und der Effizienz des Südens«. Mir erschien es am ehesten wie ein unbedarfter Kleinstädter, den man in einen eleganten Dreiteiler gesteckt hatte.

Für postmoderne Theoretiker wie Rem Koolhaas (er bezeichnete Atlanta als das »neue kaiserliche Rom«) ist die Stadt ein Modell für die »wahre Stadt am Ende des 20. Jahrhunderts«, gerade weil sie weder Charakter noch Gewicht hat. Es ist ein posturbaner Ort, schrieb er, »jenseits jeglicher Inspiration«, bezüglich aller Zwecke und Ziele »posthuman«, das »Gespenst einer Stadt«, um den dem Business geweihten »ausgesparten Raum« eines Atriums herumgebaut, das von John Portman, der selbst aus Atlanta ist, als die moderne Version eines antiken römischen Hofs entworfen worden war. Die große Schönheit liegt für Koolhaas darin, dass die Stadt über keine »alte« Schönheit, kein richtiges Zentrum und kein Gemeinschaftsgefühl verfügt. Für alle, die dazu verdammt sind, mit (und in) dieser Leere leben zu müssen – besonders die im schwarzen »Loch des Donuts« –, bieten derart schwülstige Phrasen wenig Trost, und wenn ich mich an meine Eindrücke zurückerinnere, erschien mir Atlanta hinter dem kosmetisch aufgeputzten Anspruch wie die »Satellitenstadt« in einer Geschichte von Evelyn Waugh, in die »Mr. Plastic, der Bürger«, geschickt wird – mit einem Zertifikat versehen, das ihn als »menschliches Wesen« ausweist. Die unpersönlichen Häuserblocks verdecken ein leeres, zerbrochenes Herz.

Die eigentliche Identität Atlantas schien sich aber in den Geschichten nach dem Muster »aus arm wird reich« widerzuspiegeln. Eine Reihe von Lokalgrößen hatten unglaubliche Schwierigkeiten zu überwinden, bevor sie in der Welt zu Einfluss gelangten: Da war Jimmy Carter, der Junge vom Land, der den weiten Weg vom Erdnussfarmer bis ins Weiße Haus gegangen war. Ted Turner hatte mit einem Nachrichtensender im Tiefgeschoss eines Country Clubs angefangen, um ein paar Jahre später vom Generalsekretär der Vereinten Nationen das »sechzehnte Mitglied des Sicherheitsrates« genannt zu werden. Dann gab es noch Newt Gingrich, den Kongressabgeordneten von Buckhead County, der plötzlich Sprecher des Repräsentantenhauses geworden war und seine ernst gemeinten, aber irgendwie verrückten Ideen einer Nation unterbreitete, die nicht so recht wusste, was sie von ihm halten sollte. (Das eine Mal, als ich Gingrich sprechen hörte, versicherte er, die McDonald's Hamburger University könne ein Modell für höhere Bildungseinrichtungen darstellen.) Irgendwie schien es zu schön, um wahr zu sein (und vollkommen »atlantanisch«), dass – wieder Dank Ted Turner – die Stadt zum Schauplatz vieler Hollywoodfilme über die alten Zeiten wurde, zu *der* Fundgrube bei der Produktion der amerikanischen Mythen, denen sie das richtige Kolorit zu geben bemüht war.

Nun ist aber keine der Transformationen dieser Stadt durch globale Wechselwirkung entstanden: Anders als New York, Toronto oder etwa San Francisco hat sich Atlanta weniger durch die Energie von Immigranten erneuert als durch Parolen und neue Konzernzentralen. Während 1990 fast 40 Prozent der Einwohner im Großraum von Los Angeles zu Hause etwas anderes als Englisch sprachen, betrug dieser Anteil im Stadtgebiet von Atlanta nur 6 Prozent. Wenn ich von Miami oder Seattle nach Atlanta kam, so erschien es mir immer eine auffallend un-multikulturelle Stadt zu sein, deren Geschichte sich im alten, halb vergessenen Zeichen von Schwarz und Weiß abgespielt hatte, einer in gewisser Weise binären Kultur. Es stimmt natürlich, dass in Atlanta mehr ausländische Gesellschaften ihr Hauptquartier haben als in jeder anderen Stadt der USA, aber obwohl über 300 japanische Firmen hier vertreten sind, leben kaum 5000 Japaner in der Stadt.

Bei meinen vielen Fahrten durch Atlanta hatte ich das Gefühl, genau diesen leeren Raum zu durchqueren, der zwischen Globalismus und wahrem Universalismus liegt (»*Tipping* ist keine Stadt in China«, ermahnte das Schild an einer Ladenkasse in dem kleinen Viertel, wo Atlantas »Gegenkultur« zu Hause ist). Sicher, man konnte über RSVP Grits, Inc., ein typisches *Bed and Breakfast* reservieren, und wenn man die Gelben Seiten gründlich durchblätterte, traf man auf »Afrozentristische Hellseher« und zweisprachige Therapeuten, auf Veranstalter von Kreuzfahrten für Schwule und einen Laden, der sich Southern Bears, Inc., nannte (»Club für behaarte Männer und alle, die behaarte Männer mögen«). Draußen an den heruntergekommenen Ecken des Buford Highway, zwischen Pfandleihen und Läden von Tätowierern, fand ich sogar an meinem letzten Tag in der Stadt eine *Atlanta Chinese News* und ein paar vietnamesische Bäckereien, die *grass jelly drink* verkauften.

Aber die allgemeine Stimmung – und auch die Art und Weise, wie die Stadt sich selbst sah – wies in die entgegengesetzte Richtung. Als die Spiele näher rückten, beschloss der Bezirk Cobb

County am Rand von Atlanta, sich nicht an der Olympiade zu beteiligen, da die Spiele gegen eine Resolution aus dem Jahr 1993 verstoßen würden, in der »schwuler Lebensstil« verurteilt worden war – wobei man die Tatsache verschwieg, dass Atlanta, von New York und San Francisco abgesehen, die US-Stadt mit den meisten Schwulen ist. Die Handelskammer von Barrow County stimmte mit 13:2 dagegen, dass dort Sportler aus Somalia trainieren durften – ein Schritt, der mit wirtschaftlichen Argumenten begründet wurde, aber doch verdächtig an die gute alte Fremdenfeindlichkeit des Südens erinnerte.

Diejenigen Bürger von Atlanta, die schon einmal über den Tellerrand geblickt hatten, schienen gemerkt zu haben, dass die Stadt möglicherweise kein so gutes Bild abgeben würde. Andrew Young erklärte einem meiner Kollegen in einem Interview: »Die Welt ist wirklich in Atlanta, aber die meisten Leute hier leben in ihrem eigenen Kokon. Sie sind nicht darauf vorbereitet, im Rampenlicht zu stehen.« (Jane Fonda, Atlantas liebste Adoptivtochter, handelte sich später viel Ärger ein, als sie ihre neue Heimat mit der Dritten Welt verglich.) Zu den wesentlichsten Kennzeichen von Provinzialität gehört aber gerade, nicht zu wissen, wie provinziell man ist. Billy Payne, der selbst ernannte »Mann aus dem Volk«, der den Traum hatte, die Welt in seine Heimatstadt zu bringen und aus ihr die jüngste Kandidatin für »aus arm wird reich« zu machen, hatte der Welt versichert, dass die Olympiade das »größte Treffen in Friedenszeiten in der gesamten Geschichte der Menschheit« sein werde.

Angesichts der Tatsache, dass er – von Urlaubsreisen einmal abgesehen – noch nie im Ausland gewesen war, als er seine Einladung an die Welt aussprach, warf sein Versprechen hauptsächlich die Frage auf, was er wirklich von Geschichte oder Menschheit wusste.

Als die Jubiläumsspiele dann endlich im Gange waren, konnte man sehen, wie die (Möchtegern-)»globale Stadt« mit dem »globalen Dorf« zusammenprallte, beide ein wenig zurückwichen und sich die Stirn rieben. Das Zentrum der Innenstadt verwandelte sich plötzlich in ein Labyrinth aus Themenparks – *Bud World, World Sports Jam, World Party* –, und blitzende Pavillons verkündeten uns, dass es nur *eine* Welt gäbe: Reebok-Center, Nike-Park, eine neue Coca Cola Olympic City für 20 Millionen Dollar. Durch Zufall habe ich in einem *Comfort Inn* gegenüber dem Centennial Park gewohnt – zusammen mit den Olympiateams von *Time* und *Newsweek* –, und immer wenn ich auf die Straße ging, um zum Hauptpressezentrum nebenan zu gelangen, steckte ich sogleich mitten in einem unpassierbaren Durcheinander um das »Fest des Jahrhunderts« mit Panflötenspielern, christlichen Puppentheateraufführungen und riesigen aufblasbaren Elvis-Figuren. Ich rempelte Männer an, die Schlangen über der Schulter trugen, während Verfasser von Pamphleten Mahnungen mit »Du bist in Sünde geboren, du bist auf dem Weg zur Hölle« verteilten. Ich verspürte eine schmerzliche Sehnsucht nach meiner stillen Klause über dem Meer, wohin ich gehen würde, sobald die Spiele vorbei wären.

Die Olympischen Spiele der Neuzeit hatten sich mehr oder weniger als Begleitveranstaltungen der Weltausstellungen entwickelt. Selbst 1908 wurden noch »Anthropologische Tage« veranstaltet, an denen »wilde Stämme« gezeigt wurden. Atlanta aber hat das geschäftige Treiben auf ein neues, kosmisches Niveau gebracht. Schilder mit »Platz zu vermieten« standen an jedem freien Fleck Gras, und Straßenhändler verhökerten Flaschen mit »großartigem amerikanischen Wasser« für $4 pro Schluck. In Nagano war es ganz anders gewesen: Dort drückte sich der olympische Geist in Form kleiner Läden mit Schildern wie »Geh nach Jamaika« aus, während die Ladeninhaber ihre Hobbys verkündeten: »Drachen steigen lassen. Spaß machen. Singen«. Jetzt in Atlanta fand man sich, nachdem man das zentrale Netz aus *Atlanta Gift Mart, Atlanta Apparal Mart* und *Atlanta Merchandising Mart* verlassen hatte – den Sound von *Taking Care of Business* von einem olympischen Basketballspiel im Ohr –, in einem internationalen Ramschladen wieder, wo überall »Designer-T-Shirts mit Bildern von Kriegsgerät und Rangabzeichen« angeboten wurden.

Es gehört schon viel Mut dazu, Avery Brundages berühmten Ausspruch »Die Olympischen Spiele sind der Aufstand des 20. Jahrhunderts gegen den Materialismus« zu zitieren! Ich denke, dass für viele die Spiele von Atlanta dazu gedient haben, um in 20 Meter großen Blockbuchstaben zu demonstrieren, wie der globale Markt über dem globalen Dorf schwebt und manchmal damit droht, es mit Haut und Haaren zu verschlingen. Atlanta war schon immer die Stadt von Coca-Cola. Die Gesellschaft kümmert sich um die Kunstzentren der Stadt ebenso wie um Parks und Konzertreihen und sorgt in gewissem Maß sogar dafür, dass es Gesundheitszentren gibt: Robert Woodruff von Coca-Cola war für Atlanta, was die Medicis für Florenz waren. Jetzt während der Spiele hatte es den Anschein, dass der Limonadenfirma nicht nur die Stadt gehörte, sondern auch das ganze große Ereignis.

Coke hatte sich schon 1928 mit den Olympischen Spielen verbunden. In diesem Jahr, in dem es die Brause schon in 78 Ländern auf der Welt gab, wurde das US-Team von 1000 Kisten mit dem »wunderbaren Tonikum für Nerven und Gehirn« nach Amsterdam begleitet. 1952 führte die Gesellschaft mit einem Landungsboot aus dem Zweiten Weltkrieg die »Operation Muskel« durch und brachte auf diese Weise 30 000 Kisten Coke nach Helsinki. 1972 hatte sie schlicht und einfach die gesamte Versorgung des olympischen Dorfs mit Essen und Trinken übernommen. Coca-

Cola war der erste Sponsor für das Olympic Museum und die beherrschende Kraft hinter der U. S. Olympic Hall of Fame.

Für Coke bilden die Olympischen Spiele das Kernstück ihrer Anstrengungen, sich als Synonym für Jugend und globale Harmonie zu vermarkten. Die Company verfügt über ein eigenes olympisches Radioprogramm und veranstaltet eine eigene Salute to Folk Art-Show (wo »Volkskunst und handwerkliche Traditionen« von überall auf der Welt die Coke-Flasche zum Thema haben). Das Coke Pin Trading Center gehört zu den zentralen Treffpunkten fast aller Olympiastädte, und die Gesellschaft gibt an jedem Tag der Wettkämpfe neue Anstecker aus. Wenn man sie sammelt und entsprechend anordnet, bilden sie die Konturen einer Coke-Flasche nach. In Nagano hing an jeder Straßenlaterne ein Coke-Zeichen. Coke veranstaltet sogar den olympischen Fackellauf. Das bedeutet einmal, dass die Firma mehr als die Hälfte derer aussucht, die für wert gehalten werden, die »heilige Flamme« zu tragen, und es bedeutet, dass die »antiken Bräuche« mit Fahnen, Dokumenten und Gewändern zelebriert werden, die mit dem Schriftzug »*Coca-Cola*« bedruckt sind.

Es ist wirklich oft schwer zu unterscheiden, wo das Coke-Jingle aufhört und die olympische Hymne anfängt, denn die Stars, die in Barcelona »*Amigos para siempre*« sangen, intonierten damit nichts anderes als das neue Motto von Coke: »*Sabor para siempre*«. Manchmal, wenn strahlende junge Menschen von ihrem Traum sangen – »Ich will der Welt ein Heim bauen / und es mit Liebe einrichten« –, war mir nicht mehr klar, ob ich nun einer Coke-Reklame oder einem »olympischen Moment« beiwohnte.

Die Spiele bieten immer so viele atemberaubende sportliche Höhepunkte, dass es nie schwer fällt, den dreistündigen Dokumentarfilm zu füllen, den in der Regel Bud Greenspan abdreht. In Atlanta war ein solches unwiderstehliches Ereignis der Freistilringkampf (82-Kilo-Männer) zwischen einem Athleten aus Kasachstan und einem aus Moldawien, der zufällig sein Bruder war. Der Kämpfer aus Kasachstan ging, nachdem er seinen Blutsverwandten und Trainer geschlagen hatte, mit ihm essen. Ich hörte, wie kubanische Baseballspieler zu ihren japanischen Gegnern »*Domo arigato!*« sagten und wie die Japaner mutig mit »*Muchas gracias*« antworteten. Nigeria lief irgendwann den allmächtigen Brasilianern im Fußball den Rang ab, und im Hammerwerfen schlug ein Sportler namens Kiss einen anderen namens Deal.

Obwohl der iranische Präsident einen Sieg im Ringen – immerhin über einen Russen – feierte, indem er davon sprach, »die Nase der USA in den Dreck zu drücken«, und davon, dass die islamische Flagge im »Hause Satans« gehisst würde, und obwohl jede chinesische Medaille von der Frage nach Doping-Tests und Flüchen in Mandarin über die »Hegemonisten« begleitet wurde, füllten sich doch die Stadien mit glücklichen Menschen, die sagten, »das ist richtig olympisch von dir«. Gigi Fernandez erklärte auf Spanisch, wie froh sie sei, Amerikanerin zu sein, und zum Baseballspiel zwischen Australien und den Niederlanden kamen an einem Montagmorgen um 10 Uhr mehr als 30 000 Zuschauer. Im olympischen Dorf konnte man Monica Seles, eine der bekanntesten Millionärinnen der Stadt, sehen, wie es ihr offensichtlich gefiel, wieder einfach nur ein Mädchen zu sein, mit anderen jungen Sportlern barfuß Bowling zu spielen und bei einem Wasserballspiel mitzujubeln.

So waren die Jubiläumsspiele als Spiele ein Erfolg und versorgten die Welt mit einer Reihe neuer gut verkäuflicher Helden. Für die Stadt, die sechs Jahre (oder in Wirklichkeit achtzig Jahre) auf ihren globalen Auftritt gewartet hatte, war das Debüt allerdings eine Katastrophe. Busfahrer, die auf die Schnelle aus Baltimore und Chicago herbeigeschafft worden waren, brachten die

Sportler auf Umwegen zu ihren Wettkämpfen, die über Maryland und Illinois zu führen schienen. Einer brach – in einem berühmten Fall – an einer Ausfahrt in Tränen aus und gestand, noch nie zuvor auf einer Autobahn gefahren zu sein. Das Informationssystem »der nächsten Generation« von IBM, gab das Alter junger Boxer mit fünfundneunzig an, während der Pavillon von Coca-Cola voll Stolz Besucherscharen von 20 Milliarden verkündete. Am ersten Morgen der Wettkämpfe verlor der amtierende Weltmeister im Judo-Schwergewicht vier Jahre seines Lebens, weil ihn ein Bombenalarm daran hinderte, rechtzeitig zu seinem Wettkampf zu erscheinen. Am ersten Abend zur Hauptsendezeit fiel im Georgia Dome bei der Gala zur Vorstellung des neuesten »Traumteams« der USA für volle zehn Minuten der Strom aus.

Bertrand Russell hat einmal behauptet, die große Herausforderung und Erfindung des 20. Jahrhunderts sei es, »bei Mangel an Beweisen mit seinem Urteil zurückzuhalten.«[30] Durch die Globalisierung hat dieses Konzept an Bedeutung verloren, weil immer mehr Menschen meinen, über immer mehr Orte etwas Beweiskräftiges sagen zu können – auch wenn sie von ihnen nur flüchtige Fernsehbilder kennen. Jedes Weltereignis wird zu einer Sammlung von Misstönen wie ein Treffen zerstrittener Nachbarn. Im Falle Atlantas schloss sich die ganze Welt zusammen und erklärte die Spiele in einem seltenen Fall von Einigkeit zum »Horrortrip«, wie es in der deutschen Presse hieß, zum »Riesendurcheinander«, wie es die Israelis nannten, zum »Chaos« mit dem Wort eines Briten und zu einer »Schmach«, wie selbst die höflichen Kanadier zugeben mussten. Für jeden Ausländer, der das Gefühl hatte, dass die Vereinigten Staaten ein Land von Emporkömmlingen sind, die größer mit besser und Geld mit Stärke verwechseln, war Atlanta ein reines Fressen. *France-Soir* war nur eine der vielen Zeitungen rund um den Globus, die zum Ausdruck brachten, dass sich »nach Atlanta *jedes* Land der Welt um die Spiele bewerben kann«. Man war sich einig, dass selbst das allerärmste Land der Welt die Veranstaltung auf gleich hohem technischen Niveau über die Bühne gehen lassen könnte – und ganz sicher mit mehr Charme.

Die eine oder andere dieser Äußerungen mag ein wenig unfair sein, es ist schließlich nie leicht, Gastgeber für Millionen von Besuchern von überall her zu sein, von denen sich einige beschweren, dass es zu wenige *Beer Express*-Filialen gibt, und andere, dass es zu viele sind. Es war auch nicht die Schuld von Atlanta, dass drei Tage vor der Eröffnungsfeier die Maschine des Flugs *TWA* 800 ins Meer stürzte oder dass das Wetter düster und grau war. Wenn ich die Abneigung der Welt gegenüber der Stadt teile, dann weil sie sich an den höchsten internationalen Standards messen lassen wollte und, wie jeder, der unsicher ist, dauernd forderte, dass man sie bei den Lügen, die sie über sich verbreitete, auch noch unterstützte.

Als ich Atlanta verließ und sich der Zirkus zu seinen nächsten Stopps aufmachte – Sydney mit seinen Restaurants aus 271 verschiedenen Ländern und einem neuen »solarbetriebenen Vorort« für die Spiele, und Salt Lake City, die Heimat der Weltreligion der Mormonen und, dank deren Bedarf für missionarische Zwecke, der weltgrößten Sprachinstitute –, dachte ich an die unauslöschlichen Eindrücke, die ich aus Atlanta mitnehmen würde.

Der Erste war von einem frostigen Winternachmittag noch vor den Spielen in der heruntergekommenen Auburn Avenue, wo eine kleine, aber begeisterte Gruppe von Frauen in Saris, freiwillige Helfer in T-Shirts mit »Kampf dem Rassismus« und ein paar interessierte Zuschauer wie ich sich in die Freedom Hall des King Center bei einem Multicultural and Worlds Prayer Program drängten.

Eine Japanerin mittleren Alters stand an einem Mikrofon,

dann kamen von den Seiten Kinder, eins nach dem anderen, mit den Flaggen der 197 Länder, die an den Spielen teilnehmen würden. Die Japanerin verkündete sehr feierlich ein »persönliches Bekenntnis zum Frieden« und bekräftigte die »Verbundenheit der menschlichen Familie untereinander. Es gibt keine andere Hoffnung, als die Einheit der menschlichen Rasse anzuerkennen und zu achten.«

Zum Schluss trat noch ein kleines Mädchen auf, das kaum älter als zehn gewesen sein mochte. Sie stand auf einem Stuhl, damit sie das Mikrofon erreichen konnte, und hielt mit ihrer hohen trällernden Stimme – ohne zu stottern oder zu stocken eine wortgewandte Rede: » Wir gehen mit unseren Geschwistern so um – und mit Fremden anders. Aber könnten wir es nicht so sehen, dass die Fremden nur Geschwister sind, die wir noch nicht kennen gelernt haben?«

Es war unmöglich, von einer derartigen Demonstration von Unschuld und Hoffnung nicht gerührt zu sein. Und es war unmöglich, nicht die Frage zu stellen, wie diese Werte wirklich in einer Welt zur Geltung kommen können, wo normalerweise Rechtsanspruch gegen Rechtsanspruch steht.

Am nächsten Tag kamen – wie in einer Antwort auf meine Skepsis – alle Leute aus Atlanta, auf die es ankam – schwarze Prediger, Veteranen der Bürgerrechtsbewegung, Filmstars, Politiker und ganz normale Bürger – in die Ebenezer Baptist Church. Es war ein erhebender, hoch gestimmter Nachmittag: Einer nach dem anderen kam im Angedenken an Martin Luther King nach vorn, sprach aus vollem Herzen und ohne Manuskript und forderte dazu auf, Kings Vermächtnis an die Welt einzulösen, während andere aus der Versammlung aufstanden und »Tu es, oh Herr« und »Dank dir, Jesus« riefen.

Meine letzte bleibende Erinnerung an Atlanta und die Spiele verdanke ich einer Nacht einige Monate später. Die Wettkämpfe waren zur Hälfte vorbei, und endlich hatte sich ein Rhythmus eingespielt. Die Busse fuhren mehr oder weniger nach Plan, die Computer waren am Laufen. Während meine Kollegen ein Bild der neuen amerikanischen Heldin vorbereiteten, um es auf die Titelseite von *Time* zu bringen, legte ich im Pressezentrum letzte Hand an eine Ode auf den olympischen Geist.

Genau in diesem Augenblick gab es einen dumpfen Schlag, wie wenn im Stockwerk über uns ein Aktenschrank umgefallen wäre. Das ganze Gebäude wurde von einem schwachen Erdbeben erschüttert, wie ich es aus meinem Leben in Kalifornien und Japan nur zu gut kannte. Die Leute fingen an, in alle Richtungen zu rennen, in den Straßen waren Sirenen zu hören, und die Monitore füllten sich mit Bildern von Chaos und Blinklichtern und Menschen, die im Centennial Park, gerade einen Block entfernt, auf dem Boden lagen. Einige von uns wollten das Gebäude verlassen, um zu sehen was los war, aber die Polizei versperrte uns den Weg, und alles rundherum verfiel in völlige Anarchie, wie sie ausbricht, wenn die Lichter einer Stadt (technisch oder im moralischen Sinn) ausgehen und niemand genau weiß, was los ist.

Für 03:30 Uhr in der Nacht wurde in dem Gebäude, in dem wir festsaßen, eine Pressekonferenz einberufen – aber dann verschoben und wieder verschoben, damit alle Medien der Welt dabei sein konnten. Tom Brokaw sprang aus dem Bett, um in *NBC* die Nation zu beruhigen, und Gerüchte tauchten auf, einer der Sicherheitsbeamten habe die Bombe gezündet. Die ganze Nacht bestand aus Nervosität und Zittern. Immer wenn ein Piepser lostönte, schrien die Leute, und jedes Paket auf dem Flur schaute jetzt bedrohlich aus. Ein neues Gefühl lag in der Luft: dass ein kleines Beben in Atlanta die ganze Welt zum Erzittern bringen könne.

Endlich am frühen Morgen war die Pressekonferenz zu Ende,

und ich konnte in mein Hotelzimmer nebenan zurückgehen. Ich schaute aus dem Fenster in den Nieselregen des frühen Morgens, hinunter in den Park, der wochenlang so voll war, dass man sich kaum bewegen konnte, und wo jede Nacht bis um 2 Uhr Konzerte stattfanden, die mich zwangen, meine Berichte auf der Toilette zu schreiben. Bis auf ein paar Männer mit grauen Jacken, auf deren Rücken in Gelb »FBI« stand, und eine Hand voll andere in dunkelblauen und grünen Uniformen, die im Regen Papierschnipsel durchstöberten, war jetzt niemand mehr zu sehen. Überall nur traurige verlassene Haufen umgeworfener grüner Bänke und verstreuter Abfall.

Vor der Coca-Cola Olympic City brannte noch immer eine elektrische Fackel, und ein Leuchtschild blinkte vor dem leeren Platz: »Du bist HIER!« Es war aber niemand hier in der stillen Morgendämmerung vor dem AT&T Global Olympic Village (»Stell dir eine Welt ohne Grenzen vor!«), und das Gelände der World Party war nur ein Dschungel aus Klappstühlen. Die ganze Stadt sah von meinem Fenster wie eine Party stummer Gespenster aus, die mitten in der Bewegung erstarrt waren. Das einzige Lebenszeichen weit und breit war ein Fahrzeug des ATF[31] (»Untersuchung von Sprengstoffen« stand an der Seite) und in der Mitte der abgesperrten Straße im strömenden Regen ein Verkaufswagen für *Good Humor*-Eiskrem.

Irgendwann in der Nacht war ich im Chaos nach der Bombenexplosion auf die Straße gerannt – heulende Sirenen überall und Menschen, die Polizeibarrikaden durchbrachen –, und hatte einen Mann gesehen, der einen anderen gepackt hatte, während alle um ihn herum wegrannten. Es war ein Weißer, und der Mann, den er festhielt, sah wie ein Besucher aus dem Mittleren Osten aus, der hier war, um das Fest der Nationen zu genießen. »Siehst du«, keifte der Einheimische in das bestürzte Gesicht des Ausländers, »siehst du jetzt, was passiert, wenn wir euch alle reinlassen?«

Das Empire

»Ich bin eine schräge Mischung aus Ost und West gewesen, von überall her, nirgends zu Hause. … Ich kann kein Westler sein, aber auch in meinem eigenen Land habe ich manchmal das Gefühl, dass ich im Exil bin.«

Jawaharlal Nehru

In meiner Kindheit wuchs ich auf mit Geschichten über aufgeweckte Jungen aus den Kolonien – tropische Dick Whittingtons –, die die Schiffsreise nach England antraten, in das Land, in dem ich lebte, um dort ihr Glück zu machen. Da war zum Beispiel Mohandas Gandhi, der davon träumte, ein rechtschaffener englischer Anwalt zu werden, im Selbststudium Französisch lernte, sich das Tanzen beibrachte und sich wie ein Dandy zu kleiden pflegte, nachdem er das Londoner Victoria Hotel verlassen hatte. Oder zum Beispiel Lee Kuan Yew, von dem es hieß, er habe sich immer deshalb tief in der Schuld seines britischen Schulleiters am Raffles Institut gefühlt, weil dieser ihn geprügelt hatte. Yew war mit der *Britannia* von der Cunard-Linie herübergekommen, schockiert darüber, dass es die Passagiere ganz offen an Deck trieben – und als er dann als Harry Lee nach Singapur zurückkehrte, war er der Einzige, der in Cambridge das Jurastudium mit Auszeichnung abgeschlossen hatte. Oder Nelson Mandela: Nach niemand Geringerem als Admiral Nelson benannt, vereinigte er – nach Äußerungen aus seiner engeren Umgebung – in seiner Person »den perfekten englischen Gentleman mit dem Stammeshäuptling«. Das Grundmuster all dieser Geschichten war immer dasselbe: Der junge Ausländer beherrschte schließlich die britische Lebensart so perfekt, dass er bestens gerüstet war, sie von innen heraus zu demontieren – mit »nicht mehr als der edelsten Tradition von Selbstkritik ausgestattet, die in den britischen Schulen gelehrt wird«, wie es der jamaikanische Premierminister Michael Manley, ein marxistischer Anti-Imperialist, ausgedrückt hat.

Jetzt saß ich an einem jener langen englischen Sommerabende hinter den Collegegebäuden von Cambridge und schaute über die Flussufer, die in goldenem Licht dalagen – so golden, wie sie in der Vorstellung eines Jungen aus den Tropen nur sein konnten, und mein alter indischer Freund erzählte mir mit der sonoren Stimme eines Generalmajors aus längst vergangenen Zeiten eine ganz andere Geschichte vom jungen Mann aus den Kolonien: »Es ist die ›Idee‹ von England, die ich bewundere, aber die Realität halte ich nicht aus. Nenn mich meinetwegen sentimental. Wahrscheinlich ist es das Weiche, typisch Indische an mir, aber ich hatte immer gedacht, England bedeute Fairness und freie Wahlmöglichkeiten und dergleichen, es sei der Inbegriff von Anständigkeit. Und jetzt halte ich mich natürlich für englischer als die Engländer. Zumindest früher gab es so etwas wie einen Sinn für Mitgefühl. Ich weiß wohl, dass ein koloniales Herr-Sklave-Verhältnis nicht ideal ist, aber immerhin war es für einen Sklaven noch das Beste, was ihm passieren konnte. Für manche mag das mit der Anständigkeit nur ein Mythos sein, aber es ist immer noch besser, positive Mythen zu haben als das, was wir jetzt haben.«

Da saß er vor mir: mit seinem Pullover von *New and Lingwood*, dem Scheckbuch von *Coutts*, das er mich – wie zufällig – sehen ließ. Er lebte in einem strohgedeckten elisabethanischen Cottage auf dem Land, einem Haus, wie er es sich früher wohl erträumt hatte, irgendwo weitab von allem zwischen Büschen und Dornengestrüpp. Ich kam mir vor, als schaute ich jemandem dabei zu, wie er Othello auf der Bühne spielt, nachdem sich das Theater längst geleert hat und alle Lichter gelöscht sind.

»Solange du wie Peter Sellers sprichst und nach Curry riechst, akzeptieren sie dich gerne als Inder, weil du dann weißt, wo dein Platz ist. Aber wehe wenn nicht. Denn der typische Engländer hat keinerlei Verständnis dafür, dass es so etwas wie Klasse außerhalb Englands gibt, dass du oder ich uns von dem Kellner aus Bangladesch im Lokal nebenan unterscheiden. Die Rechten wollen dich als den netten, lächelnden Menschen aus den Kolonien, die Linken wollen dich besonders »ethnisch«, womit du deine Solidarität und dein Unterdrücktsein unterstreichst. Sie verweigern dir, das zu sein, was du sein willst. In vieler Hinsicht findet die äußerste Rechte fast Gefallen an der äußersten Linken – den Vanessa Redgraves –, stellt diese doch wenigstens einen »ordentlichen« Feind dar. Aber wenn du dich irgendwo dazwischen bewegst, wirst du von beiden Seiten überrannt.«

Ich schaute meinen Freund ratlos an. Die Kähne trieben an den blassgelben Türmen vorbei, und das Licht des Spätsommerabends vergoldete die Felder und die Turmspitzen in der Ferne wie auf den Aquarellen, die vom Empire in alle Welt verbreitet worden waren. Er war ein großherziger Mann mit regem Verstand, aber das ging alles in der Rolle unter, die zu spielen er sich entschlossen hatte, die Rolle des enttäuschten Liebhabers, der alles, was er kannte, aufgegeben hatte, um einer unerreichbaren Traumfrau nachzurennen.

Fast jeder Immigrant wird heute nach der Ankunft an dem Ort seiner Sehnsüchte feststellen, dass der Ort, den er sich in seinen Träumen ausgemalt hatte, wohl woanders liegen muss. An dem Tag, an dem ich mich mit meinem Freund in Cambridge traf, meldete die Zeitung, dass, während zu Beginn des 20. Jahrhunderts noch zwei Drittel der Landkarte rosa, in der klassischen

Farbe fürs Empire, eingefärbt waren, heute nur noch entlegene Plätze wie Tristan da Cunha, Ascension, die Südlichen Sandwichinseln und die Pitcairninseln in diesem Farbton auf der Karte zu finden sind. Als mein Freund als Teenager von zu Hause weglief, um nach England zu kommen, muss ihm das Land – von Indien aus gesehen – wie der Mittelpunkt der Welt erschienen sein; doch zu dieser Zeit war England selbst schon Kolonie seines von ihm teils misstrauisch beobachteten, teils heimlich nachgeahmten Meisters jenseits des Atlantiks.

»Von all dem stand nichts in der englischen Literatur, mit der ich aufgewachsen bin«, sagte er mir, als wir über kleine Straßen, an Hecken und Eichen vorbei zu einer kleinen Landgaststätte fuhren, wo man die köstlichsten Currys bekam. »Die einzigen wahren Engländer heutzutage sind in Übersee geboren – vielleicht, weil sie unsere Phantasievorstellungen von England teilen und nicht wissen, wie es wirklich ist. Sie verkörpern viel stärker die guten Eigenschaften Englands – zumindest wie ich sie mir vorstelle –, als irgendjemand in England selbst.« Das stimmt mit Somerset Maughams Vermutung überein, man könne England nur lieben, wenn man irgendwo anders lebt.

Die Geschichte einer Auswanderung, die mich als Kind tief beeindruckt hatte und die ich mir ganz langsam und stückweise über Jahre hinweg zusammenreimte, war die meiner Eltern. Sie waren nach England gekommen, kurz bevor die Globalisierungskräfte alles auf den Kopf gestellt hatten. Ich kann mir meine Mutter gut vorstellen, wie sie in ihrer adretten englischen Schuluniform in der Cathedral and John Connon School in Bombay Verse von Brooke und Shelley aufsagt und von den Mount-Carmel Nonnen mit Abbildungen der Jungfrau Maria belohnt wird, die für die Mädchen ebenso begehrte Tauschobjekte darstellten wie Fußballbildchen für mich und meine Freunde. Selbst heute noch übertrifft sie bei weitem jeden Zeugen Jehovas, der an ihre

Tür klopft, um die dunkelhäutige Heidin zu bekehren, mit ihren Bibelkenntnissen.

Ich sehe auch meinen Vater vor mir, wie er sein Examen an der Doctor Antonio da Silva High School in Bombay ablegte und zwei Jahre vor meiner Mutter – drei Jahre nachdem Indien seine Unabhängigkeit erlangt hatte –, nach England kam: in das England der »träumenden Kirchturmspitzen«, von denen sie beide in Matthew Arnolds Gedichten gelesen hatten, die von dem südafrikanischen Industriellen Cecil Rhodes als milde Gabe nach Indien geschickt worden waren, glaubte dieser doch, als Engländer geboren zu sein, sei der erste Preis in der Lotterie des Lebens.

In Oxford angekommen, tauschte mein Vater auf eigenen Wunsch seine komfortablen Räume gegen ein Quartier in dem alten Klostergebäude beim Addison's Walk – nicht weit von der Unterkunft des Prince of Wales. Das ganze Jahr hindurch hat er dann in diesem historischen Gemäuer vor Kälte gezittert, da er noch nie zuvor Herbst und Winter erlebt hatte.

Was meine Eltern verband, war für damals nicht ungewöhnlich: Es war die englische Geschichte und Literatur, in der sie unterrichtet worden waren, dieses eine gemeinsame Erbe in einem Land, das geteilt ist wie Jerusalem – ein Erbe, das der übrigen Englisch sprechenden Welt Begriffe wie *communalism* geschenkt hat. Beide waren zwar in derselben Stadt aufgewachsen und aufs selbe College gegangen, aber die regionalen Unterschiede in einer Welt, die zwischen Hindus und Moslems, zwischen Nord- und Südindien und in Kasten und Unterkasten aufgeteilt war, hätten sie nicht zusammenkommen lassen. (Einer der Gründe, warum viele Inder überall auf der Welt so erfolgreich sind und zu den größten Chronisten des Internationalismus gehören, ist meiner Vermutung nach, dass sie schon Jahrhunderte vor der Zeit, als dieser Begriff aufkam, multikulturell waren.) Die *Robaiyat*[32] (in der Übersetzung von Fitzgerald) brachte wieder zusammen, was Hinduismus und Brahmanismus getrennt hatten.

Meine Mutter hat mir später erzählt, dass sie als Teenager meinen Vater (auch er noch keine zwanzig Jahre alt, aber bereits Dozent) beeindruckte, indem sie einige Zeilen Tennyson rezitierte. Und immer am letzten Tag vor den Schulferien liefen den Mädchen die Tränen herunter, wenn sie in der Kathedrale von Englands »*green and pleasant land*« sangen und dann in die Welt hinaus mussten.

Selbst Blakes »himmlisches Jerusalem« konnte nicht herrlicher sein als die Vorstellung, die sich die Mädchen vom fernen London machten, bevor sie irgendwann das Schiff dorthin bestiegen. Der Schock bei der Ankunft war für sie groß – aber weitaus größer war er für die Einwanderer aus den Kolonien, als Großbritannien später zur Vorstadtsiedlung des »internationalen Empire« wurde. In der Klosterschule erzogene Inder waren auf eines ganz sicher nicht vorbereitet: ein England mit islamistischen Fundamentalisten und Ansiedlungen wie Glastonbury, wo flachsblonde Kinder stolz Namen wie Sita, Krishna und Ganesh tragen. Glaubt man dem britischen Fremdenverkehrsverband, so ist heutzutage Curry das britische Nationalgericht – vermutlich dicht gefolgt von Döner Kebab und Pizza. Bei der britischen Pizzakette *Domino's* war 1994 »Tandoori Chicken« die beliebteste Sorte. Was Menschen wie meinen indischen Freund anscheinend am meisten aufregte, war, dass ihm heutzutage in England viele Menschen so ähnlich sind.

Für jemand wie mich, zwar in England geboren, aber immer Außenseiter geblieben, hat die »Würze« dem Land eher gut getan. Die Insel wurde stärker und dunkler – wie eine Kanne mit lauwarmem Wasser, in die man zwei Millionen indische (und westindische) Teebeutel eingetaucht hatte. Die Earls, auf die man heute in London trifft, sind aus Trinidad, und die *Times* berichtet – ganz ohne bitteren Unterton –, dass es im Großraum London mehr indische Restaurants gibt als in Bombay und Delhi zusammen. Prinzessin Diana wurde für das »Neue England« nicht nur zur göttlichen Inkarnation, weil sie »amerikanische« Werte – Fitnessclubs, Schönheitsfarmen, *Prozac*, *McDonald's* und Pseudo-Therapeuten in Talkshows – in Mode gebracht hat oder weil sie die alte Ordnung auf den Kopf stellte, indem sie sich mit der rivalisierenden neuen Aristokratie der Entertainment-Industrie zusammentat. Sondern ein Grund war sicherlich auch, dass sie Romanzen mit einem pakistanischen Arzt und einem ägyptischen Filmproduzenten hatte, während sie zu Besuch bei ihrer Freundin Jemima Goldsmith war, die wiederum den Kapitän des pakistanischen Cricketteams geheiratet hatte.

Wer früher immer das oft von heimwehkranken Oxfordern vermittelte Bild von England idealisiert hatte, wusste nun nicht mehr, wohin mit seinen Träumen. Kürzlich hat mir ein Freund erzählt, die Leser in Sri Lanka, die immer sehr darauf bedacht sind, über die neueste englische Literatur auf dem Laufenden zu sein, hätten das British Council gebeten, einige Stimmen des »jungen England« zu schicken. Die Briten, wie immer sich der diplomatischen Feinheiten sehr bewusst, hatten Hanif Kureishi, einen Halbpakistani, und den in der Karibik geborenen Schriftsteller Caryl Phillips ausgewählt. Prompt erhielten sie eine enttäuschte Ablehnung aus Sri Lanka: Man wollte dort einen *richtigen* britischen Autor – mit anderen Worten einen, der aussieht wie einer der ehemaligen Kolonialherren.

An einem Sommerabend fuhr ich nach Headingley bei Leeds zu einem internationalen Cricketmatch. Es war am fünften und letzten Tag des ersten Turniers zwischen England und Westindien. Ganze sechs weitere Personen waren an dem kleinen

Bahnhof bei den Spielfeldern ausgestiegen – alle im Alter meines Vaters oder noch älter. Vielleicht lag das daran, dass England in den letzten Jahren gegen Australien, Indien und Pakistan verloren hatte und auch der letzte Sieg gegen Westindien schon zwanzig Jahren zurücklag. Von den letzten einundvierzig Spielen zwischen den beiden Gegnern hatte Westindien fünfundzwanzig gewonnen, England nur zwei (der Rest ging unentschieden aus). »Das liegt an der Arbeitslosigkeit in der Karibik«, hörte ich die alten Leute sagen, als wir in Richtung Cricketfeld gingen, »und außerdem hat England seinen Kampfgeist verloren, während in diesen armen Ländern Erfolg noch einen ganz besonderen Wert hat.«

Die meisten der Plastiksitze um mich herum waren bei diesem Abschluss-Spiel leer: »Wegen der Rezession«, sagten die Männer mit ihren zusammengerollten Regenschirmen. Am Vortag waren so wenige da gewesen, dass jeder für heute eine Freikarte bekommen hatte. Da und dort folgten einige Männer mit Krawatte dem Geschehen über Kopfhörer, zwei andere waren von Kopf bis Fuß als *Ninja Turtles* verkleidet. Mein Nachbar trug eine *Bart Simpson*-Baseballmütze und gab leidenschaftliche Lobeshymnen auf *Das Schweigen der Lämmer* ab (»Verdammt gut, echt der Hammer!«).

Die Spieler auf dem Feld boten einen für mich ganz neuen Anblick: Sie hatten sich Kalk ins Gesicht gerieben und sahen aus wie burmesische Dorfmädchen. Die Reklametafeln am Spielfeldrand warben für *Daewoo*. Einer der Zuschauer in der Nähe tuschelte über einen der englischen Spieler, er sei »aus besten Kreisen«, und wurde sofort belehrt: »Stimmt gar nicht! Er ist im East End aufgewachsen, und sein Vater hat an einem Straßenstand Vögel verkauft. Das Problem war nur, dass es Brieftauben waren, die versehentlich bei ihm gelandet waren.«

Der Radiosprecher, der erst kürzlich mit der Queen diniert hatte, klang ganz nach »*Old Etonian*«[33] und murmelte mit gleichmäßig unaufgeregter Stimme von »ansehnlichen Schlägen« und »eleganten Spielern« und von Schüssen, die »davonfliegen wie ein seidenes Einstecktuch aus der Westentasche«.

Die roten Ziegelbauten unter dem frostigen grauen Himmel, die handbedienten Anzeigetafeln, die Pfütze auf dem Spielfeld und der gelegentliche Applaus, wenn die *batsmen* nach *ducks* in das Klubhaus zurückkehrten, oder *bowler* die *maiden overs* mit ihren *googlies* und ihren *chinamen* voll machten.[34] Das hatte viel von dem England meiner Jugendzeit, als ich in den Oxford Parks den mühelosen Siegen der prächtigen Westinder über die vereinigten Teams von Oxford und Cambridge zugesehen hatte. Ich erfuhr, dass vor Beginn des Matchs der Präsident des Yorkshire Club, Sir Lawrence Byford – einst Ihrer Majestät Chief Inspector of Constabulary – die versammelten Massen daran erinnert hatte, dass die westindischen Jungs »mit dem Respekt, den sie verdienen« behandelt werden sollten, und – eine ernste Warnung aus berufenem Mund – dass »schlechtes Benehmen und beleidigende Ausdrücke auf einem Cricketfeld keinen Platz haben«. Das hatte allerdings eine Frau nicht davon abgehalten, trotz arktischer Kälte ihr Top auszuziehen, um ihre progressive Geisteshaltung zu demonstrieren.

In einer Ecke der Tribünen spielte eine kleine Band aus fröhlichen Westindern Barbershop-Melodien und, als sich das Glück gegen sie wandte, »*Please, God, Please*« (»Ich glaube, das ist ein westindischer Regentanz oder so was«, sagte einer der Fans neben mir). Es nützte allerdings nichts, und England landete einen unerwarteten Sieg. Darauf stimmten die Fans ein bierseliges »*God Save Our Pring*«[35] an – wie um an das »*Queen Save the God*« zu erinnern, das Steel-Bands aus der Karibik im Karneval spielen –, und der »Held des Tages« bekam eine Magnumflasche Champagner. In dem landesweiten Jubel nach dem Sieg schlug sogar ein Abgeordneter im Unterhaus vor, man solle dem Premierminister und dem Sportminister öffentlichen Dank für das »Wunder« aussprechen, worauf allerdings der *Speaker* erwiderte, dass die Regierung an dem Sieg keinen Anteil habe und daher derartige Danksagungen fehl am Platze seien. Kaum Erwähnung fand dagegen, was vielleicht für einen außenstehenden Beobachter mehr ins Auge fiel: Der Hauptgrund für Englands Sieg war wohl, dass neun der dreizehn Spieler aus den Kolonien stammten – aus Australien, Südafrika, der Karibik und tatsächlich auch aus Westindien. Laut *Daily Telegraph* trugen viele der in ihrer Spielweise »stilgetreuesten und sichersten unter den englischen Schlagmännern« so typisch englische Namen wie zum Beispiel Mark Ramprakash. Vor Jahren hatte England einmal ein Team ohne farbige Spieler aufgestellt – und war aus dem fünftägigen Turnier schon vor Ablauf des dritten Spieltages ausgeschieden: Die Spielweise der Engländer sei ein wenig träge gewesen, hatten die überaus höflichen Cricketpäpste angedeutet.

Dies bedeutet nun nicht, dass das Empire seine Richtung gewechselt hätte, sondern vielmehr, dass es irgendwie beliebig geworden war. Am selben Tag, als jene jämmerlich kleine Menge zum Cricket-Match nach Headingley kam, drängten sich 61 108 Zuschauer in der Kathedrale des britischen Sports, dem Wembley-Stadion, um dem Spiel der London Monarchs gegen Barcelona um den World Bowl beizuwohnen, den Pokal der neuerdings so populären europäischen Liga für American Football. Es gab Cheerleader und Marching Bands, Comicfiguren schlugen Purzelbäume und, so die *Times*, die Massen waren voller »Jugend und Begeisterung«, und »fast alle trugen irgendwelche Fan-Klamotten der Monarchs«. Als die Monarchs die Trophäe – eine illuminierte Glaskugel von 20 Kilo Gewicht – zu den Rängen hin hochhielten, wie es siegreiche Fußballer bei der Fußballweltmeisterschaft von 1966 getan hatten, verwandelte sich das ganze Stadion in ein Feld von Union Jacks, und die Spieler, von denen außer vieren alle Amerikaner waren, rannten tapfer ihre Ehrenrunde und schwenkten dabei die englische Fahne. Es war »eine der schönsten Feiern, die man je in Wembley gesehen hat«, kommentierte ein britischer Sportjournalist – und für einen Moment war England wieder an die Spitze der Welt zurückgekehrt. Weder Fußball, das gefährliche Spielzeug von Hooligans, noch Cricket, die kultivierte Unterhaltung für Gentlemen, schienen die Engländer retten zu können: Dazu ist American Football nötig.

Die Kinder in den entfernten Kolonien haben jahrzehntelang die Ideale des Empire über das Cricketspiel verinnerlicht: »*playing with a straight bat*«[36], einem guten Verlierer Beifall spenden, nichts tun, was nicht »*cricket*« ist. Cyril L. R. James spielt im Titel seines Klassikers *Beyond a Boundary* nicht nur auf die vielen Grenzen, die er überquert hat, sondern auch auf Cricket an. Er beschreibt, wie ihn das Spiel sogar in Trinidad in eine britische Welt versetzte, wie sie Edmund Burke schildert, und – zusammen mit Thackeray, dessen *Jahrmarkt der Eitelkeit* er auswendig konnte – seinen Träumen Nahrung gab: Träumen von England und von einer Arena, in der Westindien England schlug und sich als die elegantere Mannschaft beweisen würde. Obwohl James Mitbegründer des afrikanischen Nationalismus und strenggläubiger Trotzkist war, erinnerte er sich gern daran, wie ihm der Kodex der Public Schools über das Cricketspiel und den weißen Flanell der Cricketkleidung vermittelt wurde, und er schrieb mit offener Bewunderung über den Kapitän des englischen Teams, der ein Charterhouse- und Cambridge-Absolvent war.[37]

Als Schüler am Queen's Royal College in Port of Spain hatte sich James die Ergebnisse der Spiele der letzten fünfzig Jahre zwischen Oxford und Cambridge aufgeschrieben. Als er schließlich

1932 mit dem Schiff nach Portsmouth fuhr, war er, wie er mit feiner Ironie schrieb, »der britische Intellektuelle, der nach Britannien ging«. Wie es zu den Geschichten solcher Überfahrten gehört, musste er nach seiner Ankunft feststellen, dass die Mehrzahl der Kolonialherren noch nie etwas von *Becky Sharp* gehört hatten und wenig Zeit für schwarze Emporkömmlinge aufbrachte, die anhand der Vorbilder in uralten Ausgaben von *Young England* erzogen worden waren. Das Erstaunlichste an seinem Bericht ist die Beschreibung, wie sich die importierten Regeln von Gelassenheit und Sportsgeist – »*Well played!*« »*Hard luck!*« – vermutlich als einigender Faktor für die verstreuten Karibikinseln erwiesen.

Auch sein westindischer Landsmann George Lamming wies Ende der fünfziger Jahre darauf hin: Während früher indische Cricketteams noch indisch und englische noch englisch waren, hatten westindische Teams schon immer aus »Indern, Schwarzen, Chinesen, Weißen und Portugiesen gemischt mit Syrern« bestanden. Obwohl die Karibik »provinziell ist, sind ihre Bewohner vielleicht die kosmopolitischste Rasse der Welt«, schrieb er. Heute ist es natürlich fast unmöglich, das englische Team vom westindischen (ja sogar vom indischen, holländischen oder dem der Vereinigten Arabischen Emirate) zu unterscheiden, da jedes Team eine Mischung unterschiedlicher Herkunft darstellt. Ein James unserer Tage würde nicht wissen, auf wen er seine Träume richten sollte.

»Ich war ein Schauspieler auf einer Bühne. ... Ich bin nicht nur bis zum Äußersten gegangen, es schien mir, als hätte mich die Natur für nichts anderes bestimmt.« James mit seiner so klaren Selbsteinschätzung fiel mir ein, als ich meinen indischen Freund das nächste Mal traf. Wie es der Zufall wollte, war es in Los Angeles in einem jener Bombay Palace-Restaurants, die sich jetzt auf der ganzen Welt ausbreiten. Er sagte mir, dass er in die USA gekommen war, um ein neues Leben zu beginnen. Daran wurde mir wieder einmal deutlich, dass die unglücklichsten Menschen heutzutage oft die umtriebigsten sind: ständig in Bewegung, auf der Suche nach einem Utopia außerhalb ihrer selbst – als hätte an der Vertreibung aus dem Paradies das Paradies Schuld gehabt. Die Globalisierung hat aus der Welt einen Spielplatz für all jene gemacht, die niemanden haben, mit dem sie spielen können.

Als mein Freund zu erzählen anfing, kam es mir wie eine Wiederholung unserer vorherigen Unterhaltung in Cambridge vor. Er schien in einem ständigen Streitgespräch mit sich selbst oder einem imaginären Gegenüber. »Ich sehe heutzutage so viel Hass in England«, sagte er, wie um sein Hiersein zu erklären, »mag sein, weil es mir stärker bewusst ist als früher. Aber ich weiß genau, dass ich besser Englisch spreche als sie, und die Engländer wollen das nicht akzeptieren. Die Engländer hassen mich, weil ich englischer bin als sie. Sie wollen von allen, dass sie einem bestimmten Bild entsprechen, um dann auf sie heruntersehen zu können. Weil ich mehr über englische Literatur weiß als sie und weil ich an die guten alten Begriffe von Fairplay und Anstand glaube, können sie mich nicht ausstehen. Ich hätte einen Oscar verdient für die Rolle, die ich gespielt habe.« Fairplay und Anstand: Hier waren sie wieder, die Qualitäten, die Salman Rushdie von England einforderte.

Die Sätze drehten sich mehr und mehr im Kreis. Er hatte seine Umgebung völlig vergessen und spielte den Engländer, während er gleichzeitig die Engländer verdammte, und mied ein Indien, das sicher für ihn in England die beste Visitenkarte gewesen war.

»Ich bin mit diesen ganzen Begriffen aufgewachsen«, fuhr er mit klangvoller Stimme fort, während er sich über das schärfste Essen hermachte, das der Kellner auftreiben konnte. »Ich erinnere mich, wie ich oft einen Shakespeare-Band auf einer beliebigen Seite aufschlug, eine Zeile vorlas und mein Großonkel immer die nächste Zeile wusste. Ich glaube, daher kommt meine Liebe zur englischen Literatur, zu den Gebäuden, der Geschichte und all diesen Dingen. Die Menschen, die mich erzogen haben, glaubten an all die viktorianischen Werte.«

Aber Queen Victoria ist vor hundert Jahren gestorben, wollte ich einwerfen – und fragte mich, wie viele dieser Erinnerungen er wohl erst beim Erzählen seiner nostalgischen Geschichten erfunden hatte. »Als ich ein Junge war«, fuhr er fort, »hat meine Tante mir jedes Jahr aus Dehra Dun einen handgestrickten Pullover mit Zopfmuster mitgebracht. Jetzt würde ich alles dafür geben, um einen Pullover mit Zopfmuster zu bekommen. Es ist schon lustig: Ich glaube, dass die einzigen Menschen, die noch an die alten Werte glauben, ein paar rückständige Greise sind, die für den *Daily Telegraph* schreiben und über den Verlust des Landes klagen, das sie so lieben. So bin ich in der dummen Lage, mit Leuten einer Meinung zu sein, die ich eigentlich hassen will.«

Ein Lichtstrahl von Selbsterkenntnis – gerade als ich anfing zu verzweifeln. Ich dachte mir, wie energisch, ernsthaft und – wie indisch – er doch selbst dann klang, wenn er sein Englischsein unterstrich. Im Übrigen würden die meisten Engländer sich lieber die Zunge abschneiden lassen, als mit so warmen Worten über die *BBC*, die *Times* oder den Marylebone Cricket Club zu reden.

»Immer wenn alles auseinander fällt«, sagte er, und ich war plötzlich gerührt, »suche ich Trost bei Indien. Indische Restaurants, indische Gesichter, indische Nachrichten.« Aber er konnte natürlich nicht nach Indien zurückgehen, bevor er es nicht als »Engländer« geschafft hatte – und welcher Engländer wollte sich schon von ihm sagen lassen was »Englischsein« wirklich ist. Amerika war für ihn ein letzter verzweifelter Ausweg.

»Die Inder, die in Großbritannien leben, scheinen mir die schlechtesten Eigenschaften Englands zu verkörpern, die auf Gier und mangelnder Erziehung beruhen. Vielleicht ist es ein Trugschluss, aber ich habe immer gespürt, dass das Land etwas Bestimmtes darstellte, dass es Ideale gab.« In einer »Version für den Export«, dachte ich etwas rigoros oder vielleicht in der Traumvorstellung von einem Vorkriegsengland, das wir beide idealisieren konnten, weil wir es nie kennen gelernt hatten.

»Ich bin aus England weg«, sagte ich, vielleicht nur um ihn zu provozieren, »weil es für mich nach der ›richtigen‹ Schule und dem ›richtigen‹ College keinen Anreiz gab, mich weiter anzustrengen. Ich hätte ein irrer Mörder sein können und doch stets einen guten Job bekommen.«

»Warum bist du denn dann nicht geblieben?«, erwiderte er auf meine nicht gerade freundliche Äußerung, und ich merkte, dass ich eigentlich etwas anderes hätte sagen sollen: In England kann alles Anlass für Bitterkeit sein, auf die Einzelheiten kommt es nicht so sehr an. Mir hat der Kolonialismus die Möglichkeit gegeben, inmitten des Empire aufzuwachsen, sodass sich meine Begeisterung immer in Grenzen hielt.

Das war aber bestimmt nicht das, was er hören wollte, und eigentlich war ich sicher, dass er überhaupt nicht viel hören wollte.

»Ich kann mir nicht helfen, ich glaube, sie haben die Spielregeln geändert, ohne es mir zu sagen«, fuhr er fort, und ich hatte erneut den Eindruck, als führte er Selbstgespräche, »sie haben mir beigebracht, an bestimmte Werte zu glauben – und das tue ich. Und jetzt ist es ein völlig anderes England!«

Damit hatte er Recht: Im Zeitalter der Globalisierung scheint es, als wären den Träumenden durch eine höhere Macht ihre Träume durcheinander geraten. Als ich kürzlich von einer Reise zurückkam und in Heathrow aus dem Flugzeug stieg, waren auf den Londoner Taxis Anzeigen für *Fujitsu* und *Burger King* angebracht, in den U-Bahnstationen wurde für afro-karibische Haarbehandlung geworben, und eine Aufführung von *Antonius und Cleopatra* nur mit Schwarzen wurde angekündigt (bei meinem nächsten Aufenthalt war es eine Aufführung, bei der die Cleopatra von einem Mann gespielt wurde). Auf der Liste für den Wasch-Service in meinem kleinem Hotel gab es eine besondere Rubrik für »arabische Kleidungsstücke«, und *college* wurde als *colledge* geschrieben. In den Gelben Seiten pries sich eine als St. Bede's Church bekannte Einrichtung ohne jegliche Bedenken als »Tempel der Fitness« an, wo man sein »letztes Abendmahl mit hundert Maschinen nach neuestem amerikanischem Standard wieder loswerden« konnte.

Wie es Oscar Wilde in seinem *Bildnis des Dorian Gray* beschrieben hat, besitzt jeder Mythos die Kraft weiterzuexistieren, auch wenn sich die Realität, der er sich verdankt, schon lange verändert hat. So wird sicher »Klein-England« noch alte Vorstellungen von »Englischsein« bewahren, wenn Großbritannien sich schon längst der großen Welt draußen zugewandt haben wird. Das Land meiner Kindheit begrüßte mich mit dem hämischen Freudenschrei der Boulevardzeitungen, »*He's found the chink in Chang's armour*«[38], und einer sehr traditionellen »Anleitung im Brandfall« in meinem Hotelzimmer, die neben einem Prospekt von *Häagen-Dazs* lag und die Warnung ausgab, bei einer Feuersbrunst »die persönliche Sicherheit nicht dadurch zu beeinträchtigen, dass man zurückbleibt, um seinen persönlichen Besitz zu retten«.

Wenn sie wissen wollen, welchen Schatten sie werfen, stehen Städte und Länder vor derselben Wahl wie Berühmtheiten: Sie können mit dem Gesicht zur Kamera spielen – oder ihr den Rücken zukehren (man könnte auch sagen, sie können es wie Norman Mailer machen oder wie J. D. Salinger). England hat ganz unverfroren den ersten Weg gewählt: Es hat die Royal Family bis an die äußerste Grenze vermarktet und Dudelsackpfeifer dazu gebracht, vor dem *Dunkin'-Donuts*-Laden im Theaterviertel zu spielen. Im Keats-Haus kann man Teddybären mit einer Schärpe kaufen, auf der »Ich bin ein R♥mantiker« steht.

Vieles von alldem war mir allerdings ganz willkommen. Nur ein Amerikaner kann den Reiz der amerikanischen Kultur bestreiten. Ich kann mich noch gut erinnern, wie ich als Kind in Oxford ganz gebannt vor Zeichentrickfilmen mit der Familie Feuerstein gesessen bin oder über Lucille Ball in ihren unterschiedlichen Rollen gestaunt habe – nicht weil sie amerikanisch waren, sondern weil sie besser und lebendiger waren als alles, was es im britischen Fernsehen gab. Später, als ich schon älter war, waren Henry Miller oder die Greatful Dead meine Idole. Jeder der mit *Wimpy-Bars* und gammligen Fernfahrerimbissen aufgewachsen ist, kann sich vorstellen, wie unvergleichlich angenehmer das Leben in Oxford wurde, als der erste *Baskin-Robbins* und dann in den späten Siebzigern *McDonald's* auftauchte: saubere verlässliche Läden, die nicht schäbig, aber auch nicht teuer waren. Wie Amerika hat auch England durch seine ausländischen »Besucher« an Leben gewonnen, und es scheint mir kein Zufall, dass viele der stolzesten neuen Traditionseinrichtungen Britanniens – das Globe Theatre, die Literaturzeitschrift *Granta*, *British Airways* und die modernisierten Colleges von Oxford – von energischen Yankees gerettet worden sind.

Mir erschien England jetzt – wie die meisten Orte – amerikanischer, europäischer, asiatischer; und weniger sein ureigenes Selbst. Das heißt, das Essen war besser und die Kultur lebendiger geworden – und alle Missgunst schien unter einem neuen oberflächlichen Glanz begraben. Alles trat kräftiger hervor, selbst die Farben schienen leuchtender. Das ging so weit, dass sich London als Stadt der jungen Liebenden ein neues Image zulegte und mit ihrem Stil von »*cool Britannia*« junge Menschen aus ganz Europa anzog. Die Insel musste etwas von ihrer Isolation aufgeben und

Toleranz gegenüber der hereinströmenden Welt entwickeln: das Empire im Rückwärtsgang. Jeder, der wie Diana Mitford verkündete, dass »Ausländer Unmenschen sind«, musste das nun mit verhaltener Stimme tun.

Was aber diese Erschütterung mit den Wünschen und Sehnsüchten anstellte, ist noch merkwürdiger: In einer Telefonzelle irgendwo zwischen Foodland und Chinatown, mitten im Herzen Londons, las ich die Visitenkarten professioneller Damen mit denen die Scheiben vollgepflastert waren: »Heiß wie ein *Vindaloo*«[39] (Werbung für eine neunzehnjährige »vollbusige indische Schönheit«), »Türkische Prinzessin«, »Barbara aus der Karibik« und »Umwerfendes Modell aus Mexiko«. Das Fremdartige zeigte sich nicht nur als Teil des Alltagslebens, sondern auch als etwas Verführerisches, nach dem man sich ebenso sehnen kann wie nach traditioneller englischer Hausmannskost. Während ich telefonierte, schlüpfte schnell noch ein freundlicher Junge in die Zelle und klemmte noch zwei neue Karten hinter das Telefon: »Folterkeller mit voller Ausrüstung« und »Ungezogene französische Zofe«.

Auf derselben Reise traf ich zwei alte Freunde aus Indien, beide einige Jahre jünger als ich, die ihren Abschluss an der angesagtesten Wirtschaftsakademie des indischen Subkontinents gemacht hatten. Ich hatte den Eindruck, dass für sie England nichts besonders Neues zu bieten hatte, denn sie kannten Thai-Restaurants, *McDonald's*, Handys und *Swatch*-Uhren schon aus Bombay. Die Grundstückspreise in ihrer Stadt waren höher als in Tokyo, und die vierzig Kabelkanäle, die man dort empfangen konnte, würden sich bald verdoppeln. Der zweijährigen Tochter der beiden, die still an unserem Tisch saß, waren die Straßen Hongkongs, Singapurs, Bangkoks und Dubais nichts Neues mehr.

Nach dem Lunch gingen wir die Coptic Street entlang, Rikschas kamen uns entgegen, die Läden in der Tottenham Court Road boten »*Ansaphons*« an, und die Schlagzeilen an den Zeitungsständern vor der U-Bahnstation, wo ein paar Jungs auf einen alten Penner einschrieen und ihn anspuckten, verhießen »U-Bahn: Schlimmstes Chaos aller Zeiten«.

Wir wollten mit dem Kind zu einem Spielplatz im Park, aber dort war alles voller halbwüchsiger Inder, die Zigaretten schnorrten. Ein Mann pinkelte ins Gebüsch. Das Hotel in der Nähe, dessen Räumlichkeiten Namen wie »Le Bar«, »Le Terrace« und »Le Restaurant« trugen, schien da die bessere Wahl zu sein.

Die Geschichte dieses Wandels – von sehnsüchtigen Erwartungen zur Realität im spröden Albion – ist natürlich immer wieder neu geschrieben worden, nicht zuletzt, weil eines der größten Vermächtnisse des Empire die englische Sprache war, der die Kolonialvölker mit ihrer unenglischen Energie und Schnelligkeit und der Entschlossenheit des Außenseiters, alles auszuprobieren und jedes Risiko einzugehen, eine anarchisch-neue Gestalt gegeben hatten. Unvergessen unter Indern ist Thomas Macaulays Aufruf 1835 in seinen *Minutes on Education*, eine neue Klasse von Vermittlern zwischen den Kulturen zu schaffen, die »indisch in Blut und Farbe, aber englisch in ihrem Geschmack, ihren Meinungen, ihren Moralvorstellungen und ihrem Intellekt« sein sollten. Als kaum eine Generation später Ralph Waldo Emerson England besuchte, erschien es ihm auf dem Höhepunkt seines viktorianischen Selbstvertrauens, als »alte und erschöpfte Insel, die, wie andere Eltern, eines Tages damit zufrieden sein muss, nur in ihren Kindern stark zu sein«.

Diese Kinder kamen zwar in vielerlei Gestalt, doch in ihren vielstimmigen Klagen waren sie sich einig: »In Amerika ist ein Schwarzer ein *African-American*, aber hier ist er ein *Afro-Caribbean*. Nie ein Afro-English«, erklärte mir eine junge, in England geborene, »jamaikanische« Anwältin verschwörerisch. »Du und ich – wir können nie dazugehören. Wir sind hier geboren, wir sind so englisch wie Jack und Jill, aber sie werden uns niemals ›englisch‹ sein lassen.«

Ich stimmte ihr nicht völlig zu, denn ich wusste, dass Inder gegenüber Westindern weniger wohlgesinnt sind als mancher Engländer, aber ich konnte die Stärke ihrer Gefühle nicht in Zweifel ziehen. »Nicht, dass ich mich groß drum kümmern würde«, fuhr sie fort, wobei sie sehr »englisch« klang, » aber schau dir die Engländer doch an: wer will schon ›englisch‹ sein?«

Man schenkte einer solchen Kritik mehr Beachtung, wenn sie aus Indien kam – und sei es nur deshalb, weil die größte und eine der ältesten britischen Kolonien so stark im nationalen Bewusstsein verankert war, dass sie nach Jan Morris‹ Beschreibung als »der zweite Brennpunkt einer Doppelmacht« erschien. Indiens Beziehungen zum Mutterland waren immer so gespannt und belastet wie die zwischen zwei Menschen, die zu viel gemeinsam haben, um eng zusammenleben zu können. So waren beispielsweise ablehnende Reaktionen für Inder in Frankreich oder Italien weit weniger verletzend als in England. Hätte mein indischer Freund statt Shakespeare Tagore gelesen, so wären ihm sicher die skeptischen Töne nicht entgangen, die der Dichter aus Bengalen schon 1878 angeschlagen hatte, als sich England als jene »kleine Insel« erwies, deren »Einwohner so sehr einer höheren Kultur zugewandt sind, dass überall die Töne der Lyrik Tennysons erklingen«. Mein Freund war schon in der Schule, als Nirad Chaudhuri in seiner *Autobiography of an Unknown Indian* im »Angedenken an das britische Empire in Indien« angemerkt hatte: »Unsere Vorstellungen vom Engländer *in natura* unterschieden sich sehr von unseren Vorstellungen seiner Zivilisation.«

Chaudhuri war in ein Haus in North Oxford gezogen, ganz in der Nähe meines Geburtshauses, und hatte die Engländer dafür gescholten, nicht englisch genug zu sein. Er hatte die Stärke eines England hervorgehoben, das vorwiegend in der Erinnerung Indiens existierte – wenn es je existiert hatte: in Ausgaben von Wodehouse, die man immer noch überall auf dem Subkontinent in Bahnhofsbuchhandlungen finden kann, in den jambischen Pentametern der Hymnen Derek Walcotts auf seine Heimat Saint Lucia oder in den strengen Arnold'schen Regeln, die Lee Kuan Yew nach Singapur mitgebracht hat: $ 10 000 Strafe für die Einfuhr von Kaugummi, $ 10 000 Strafe für das Füttern von Vögeln und für alle möglichen weiteren Vergehen. Aus all diesen etwas zweifelhaften Segnungen spricht eine Spur von Wehmut und Stolz, wie man sie kaum in den Gefühlen eines Sklaven gegenüber seinem Herrn finden würde, und die darin spürbare nostalgische Wärme erinnert einen daran, dass es für Patenkinder schon immer leichter als für leibliche Kinder war, die Tugenden und Vorzüge einer älteren Respektsperson (hier einer Nation) anzuerkennen und sie an das zu erinnern, worauf sie einst stolz zu sein hatte.

Eine klassische Darstellung solcher gemischten Gefühle gibt V. S. Naipaul in *Rätsel der Ankunft*. Das Buch – geschrieben für die letzte Generation, die noch unter britischer Herrschaft aufwuchs – erzählt aus einer tiefen Einsamkeit heraus und mit einer beeindruckenden Klarheit von den Kraftanstrengungen des Autors, in ein Land zu gelangen, das ihm das Gefühl seiner Berufung vermittelte und eine Möglichkeit der Selbstachtung zu eröffnen schien. Als er dann in England ankam, wurde ihm unmissverständlich klar gemacht, dass man ihn nicht wollte, dass das Land nicht das war, was er erwartet hatte, und dass angekommen zu sein auf die Dauer bedeutet, hinter all die anfangs so faszinierenden Grundmuster, Illusionen und Erwartungen zu schauen, um dann zu erkennen, dass es das Land ist, in dem man sterben wird.

Naipaul beschreibt mit beeindruckender Eindringlichkeit und

vernichtender Offenheit die Nöte des Neuankömmlings in London, die mein indischer Freund und so viele andere mit ihm teilen: in der heruntergekommenen viktorianischen Pension voll mit Einwanderern wie ihm und den vergeblichen Versuchen, die Landschaft mit den Stellen aus *König Lear* und den geliebten Werken Hardys zur Deckung zu bringen. Doch das Einzige, was sich in England nicht verändert hatte, waren seine Erwartungen. Selbst in seinen Träumen fühlte er sich als Exilant, ähnlich den verhüllten Geistergestalten auf dem De-Chirico-Gemälde[40], nach dem das Buch benannt ist. Selbst die »Vorstellung von Winter und Schnee«, die ihn »immer erregt«[41] hatte, wurde von Englands diffusem Grau in Grau nicht eingelöst.

Die Stärken von Naipauls Buch – exemplarisch in seiner Redlichkeit und Strenge – erweisen sich dort, wo es über das ewige Gejammer und die sich immer wiederholenden Klagen hinausführt und zeigt, dass der Boden unter den Füßen ins Wanken geraten ist. Der Ort, an dem er gelandet war, würde »eine australische und südafrikanische, eine weiße koloniale Enklave« werden, und die große Metropole, von der er geträumt hatte, zu einer Zuflucht für Flüchtlinge aus den Tropen, wie er selbst einer war. Er hatte – in Umkehrung – genau denselben Fehler gemacht wie die Europäer, als sie in der Neuen Welt angekommen waren, und – von ihren Erwartungen besessen – darauf beharrt hatten, dort auf »Indianer« zu treffen. Naipaul hat, »um den Kummer zu bekämpfen, ... auf alte Vorstellungen zurückgegriffen, nun nicht so sehr auf Vorstellungen von Verfall wie von dauerndem Wandel und der Beständigkeit von Veränderung«.

So endete die Geschichte der Generation meines Freundes oder auch derjenigen meiner Eltern (Naipaul kam 1950 in England an – im selben Jahr wie mein Vater, der in Oxford nur ein paar hundert Meter von ihm entfernt wohnte). Als dann das britische Empire durch das amerikanische und dann das internationale Empire abgelöst wurde und als sich der klassische Flüchtling aus den Kolonien in die »globale Seele« verwandelt hatte, verzweigten sich die zuvor nur zweiseitig ausgerichteten Beziehungen in alle Richtungen gleichzeitig. Die letzten Inder, die noch in Klosterschulen erzogen wurden, findet man jetzt in der Harvard Business School oder in San José oder Sydney oder Toronto. Während Naipaul und sein Bruder nach England gingen und zu Schriftstellern wurden, die sich in feinen Tweed kleideten und *The Spectator* lasen, haben ihr Neffe und ihre Nichte Kanada vorgezogen, um im »Empire der Zukunft« zu schreiben, in dem London nur ein Vorort ist und Graham Greene ein Indianer-Darsteller in dem Film *Der mit dem Wolf tanzt*.

Derek Walcott, Naipauls unmittelbarer Zeitgenosse aus Westindien, vermied Enttäuschungen, indem er statt nach England in die USA ging. Seine Hauptfigur ist der Wanderer Odysseus, der nie sein starkes Gefühl für die Heimat verliert und dessen Reisen immer zurück in den »Hafen« seiner Familie führten. Walcotts Nachfolger aus Indien, Salman Rushdie, konnte es sich leisten, England den Rücken zuzuwenden, da er dort aufgewachsen war. Er hat zur Verherrlichung des Pluralismus Indiens in *Des Mohren letzter Seufzer* ein Buch geschrieben, das man in Anspielung auf Naipaul *Rätsel der Abreise* nennen könnte und ein Ausdruck seiner ganz persönlichen Nostalgie ist. Die lyrische Rückerinnerung an das »Kleinod in die Silbersee gefasst«[42], als das die Heimat der Inder einmal galt, könnte nun von Autoren wie Kazuo Ishiguro stammen, der, als *Anarchy in the UK* und Irvine Welsh angesagt waren, über das idyllische Vorkriegsengland schrieb, das ihm nahe genug war, um es zu durchschauen.

Heute finden sich die jungen Inder aus Birmingham, Vancouver und Brampton, Ontario, eher in Filmen wieder, in deren Titel das Wort *masala* vorkommt – oder in Hanif Kureishis Geschichten über indische Halbwüchsige, die auf Ecstasy sind. Und doch bleibt noch ein Rest von Melancholie, wie man ihn zum Beispiel in den elegischen poetischen Romanen von Romesh Gunesekera finden kann, einem Exilanten aus Sri Lanka, der nun in London lebt. In *Sandglas* sind all seine Landsleute Gefangene: zwischen ihrer geliebten Heimat, die in zwei Teile zerrissen ist – soweit sie nicht in eine Ansammlung von Ferienresorts verwandelt wurde, die Namen wie »The Paradise Hotel« tragen – und den viktorianischen Häusern Englands, der »flachen, erst kürzlich gebauten Autobahn ... leer wie der Mond« und den »Glassplittern«, die »unter unseren Füßen wie eine Shangri-La-Nacht« funkeln.[43] Gunesekeras Gestalten haben kein Zuhause mehr. Sie wohnen im fünfundzwanzigsten Stock eines »Chipkarten-Hotels« und sind mit der ganzen Welt vernetzt, aber die Adressen auf den Fax sind nicht zu entziffern, und Anrufe gehen ins Leere: »Er hatte versucht, mich zu erreichen, doch das Band meines Anrufbeantworters war vollbesprochen«, klagt der zutiefst einsame Erzähler, der nirgends zu Hause ist. »Ich habe inzwischen gelernt, lediglich mit einem Modem und einer Plastikkarte zu leben«, sagt er, nachdem die Matriarchin eines Familienclans, die den Geist des alten Sri Lanka verkörpert hatte, gestorben und in London in einer Feier mit nur drei Trauergästen verabschiedet worden war: »Doch nach jedem Ruck packt mich das Verlangen nach einer Geschichte ohne Ende.«

Wie bei jeder Liebesgeschichte, die mit der Scheidung nicht wirklich beendet ist, schienen auch im Fall des Empire die Dinge immer schwieriger zu liegen: Ich war zufällig 1995 am Poetry Day in London, als die *BBC* ihre Hörer bat, über ihren Lieblingsdichter abzustimmen. Der Gewinner war nach der Auszählung von 7500 Antworten zur Überraschung vieler Rudyard Kipling, den sowohl Margaret Thatcher als auch Gandhi schätzten. Mir fielen Kiplings Worte ein: »Es muss schrecklich sein, in einem Land zu leben, wo man erklären muss, dass man wirklich dahin gehört.«

Es klingt schon fast zu perfekt, aber mein indischer Freund hatte immer gehofft, in England als Schauspieler Karriere zu machen. Eines Abends wollte ich ihn in einem Stück im West End sehen, das von einem der ausgezeichnetsten britischen Dramatiker stammte. Es handelte von dessen Jugendjahren in Indien und folgte dem Muster fast jeder englischen Darstellung Indiens: Eine junge Engländerin wird von einigen »auf Englisch getrimmten« Indern belästigt, die sie durch ihre Geilheit in einen konstanten Zustand sexueller Erregung versetzen. »Chelsea«, erklärt ein Inder, der Tennyson und Macaulay liebt, »ist mein Lieblingsviertel in London«, um dann fortzufahren, »ich hoffe, dieser Tage London besuchen zu können«. Das Stück besteht aus einer Reihe von Witzelein der Art: »Ich kann nicht weniger indisch sein als ich es bin« oder »Oh, ich dachte, du wärst indischer«. Neben mir klärte ein Ire seine hübsche junge indische Freundin über gefährliche Entwicklungen des Multikulturalismus auf, die sich gerade in ihrer Heimat Malaysia abspielten.

Nachdem der Vorhang gefallen war, ging ich in den nahen Opera Pub, um meinen Freund zu treffen, der sein Make-up und Kostüm, allerdings nicht seinen Akzent, abgelegt hatte. »Ich weiß, du magst es nicht, wenn ich es sage«, begann er, vielleicht um mir in seinem ganz privaten Drama eine Rolle als überkritischer Engländer zuzuweisen, »aber England ist ein sehr, sehr rassistisches Land. Und die ganze ›politische Korrektheit‹ macht es nur schlimmer, sie ist eine andere Art von Faschismus, ein neuer Weg, um dir den Turban aufzusetzen, denn man hat nur Erfolg, wenn man den exotischen Inder gibt.«

Ich nahm an, dass er Probleme hatte, Rollen zu bekommen – was für einen Inder trotz seiner von der Royal Academy of Dramatic Art geschulten Stimme sicher auch nicht leicht war. Das Ergebnis seiner Bemühungen waren gelegentliche Tonbandaufnahmen von Kiplings Werken – sein Aussehen stand dann nicht in Kontrast zu seiner Stimme. Einmal hatte er auch seinen Stolz überwunden und einen rassistischen Friedensrichter gespielt, der einem Schwarzen sagte, er solle doch zurück »nach Hause gehen«. Selbst in seinem aktuellen Stück sollte er eigentlich einen Turban tragen – bis er darauf hingewiesen hatte, dass ein Inder nach dem Polospiel wahrscheinlich eher *jodhpurs* tragen würde.

»Sie lassen dich nur die Rollen spielen, die dir auf den Leib geschrieben sind«, klagte er. »Es ist wie in Südafrika. Wir werden alle ghettoisiert.« Noch schlimmer wurde es jedoch seiner Ansicht nach durch die anderen Minderheiten: »Die Vorstellung von einer ›farbigen Minderheit‹ ist ein Mythos, weil die Jamaikaner die Leute von Trinidad hassen und beide die Inder hassen. Aber keiner spricht es offen aus.«

Er wäre vielleicht an jedem Ort so verbittert geworden, aber die Mobilität hatte ihn auf zahlreiche Menschen treffen lassen, die er verantwortlich machen konnte, und dies hatte es ihm ermöglicht, jedes Problem in ein Rassenproblem zu verwandeln.

»Was England immer wieder rettet, ist sein Sinn für Humor«, versuchte ich, das Thema zu wechseln.

»Der englische Humor ist so grausam«, erwiderte er und klang dabei so verzweifelt, dass ich nicht wusste, was ich sagen sollte. »Weißt du, ich vermisse wirklich dieses ganz Indische: jemanden einfach zu umarmen.«

Aber schon bald ging der Vorhang wieder hoch, die Verletzlichkeit war wieder gut überschminkt, und er erzählte mir, dass er gerade einen Anruf vom Nehru Centre bekommen hatte – von einem der Enkel Gandhis, der ihn bat, an einer Lesung mitzuwirken. »Da haben wir das verdammte Jubiläum von Tennyson – und die einzigen, die es begehen, sind die Inder! Meinst du nicht, dass das etwas aussagt?«

Ich sagte nicht viel dazu, vielleicht weil ich das Gefühl hatte, dass er nur eine Bestätigung wollte, die seine diversen Qualen noch verstärken würde. So fuhr er mich verbittert an: »Du bist so englisch!« – wobei »englisch« nun die Bedeutung von formell, kühl und reserviert hatte. »Wenn ich etwas an diesem Land nicht mag – und es gibt ansonsten viele Dinge, die ich mag, sonst würde ich hier nicht leben –, ist es, dass die Leute ihre Gefühle nicht zulassen. Sie können sie nicht zeigen.«

Er machte eine Pause, um Atem zu schöpfen und einen Schluck Bier zu trinken – und um mir einen wirklich warmen und verzeihenden Blick zuzuwerfen.

»Ich mag wirklich vieles hier. Eine Cricket-Partie auf dem Land zum Beispiel, oder auf ein Bier in den Pub zu gehen.« (Das waren genau die zwei Dinge, die mir gerade ein einsamer Brite in Paris genannt hatte als Verkörperung seines idealisierten England, das er so vermisste.) »Aber das Land ist rassistisch. Alles hängt davon ab, wen du kennst, mit wem du zur Schule gegangen bist. Und mit den anderen Indern hier habe ich natürlich nicht viel gemeinsam. Sie kommen aus Ostafrika. Sie haben keine Ahnung, alles Kneipenwirte aus Bangladesch! Sie wissen nicht einmal, wie man *Ramayana* richtig ausspricht.«

Da ich auch nicht so genau wusste, wie man *Ramayana* korrekt ausspricht, sagte ich lieber nichts. Was hätte ich auch jemandem sagen können, der in dem Land nicht leben wollte, zu dem er – zumindest offiziell – gehörte, und den das Land, wo er leben wollte – zumindest offiziell –, nicht haben wollte?

»Ich sollte dich jetzt gehen lassen«, sagte ich endlich, da ich wusste, wohin unser Gespräch führen würde.

»Wie schrecklich englisch von dir! Zu sagen, dass ich gehen kann, nur weil du selbst nach Hause willst.«

Als ich fünf Jahre alt war und – so schien es mir zumindest – der einzige indische Junge in Oxford, hatte ich meinen ersten Bühnenauftritt: als der Wechselbalg in Shakespeares *Sommernachtstraum,* der inmitten, der verträumten Seen und illuminierten von Geistern bevölkerten Bäume des Worcester College zwischen dem König der Elfen und der Königin hin und her gereicht wird. Die Oxford University Drama Society muss höchst erfreut gewesen sein, einen »richtigen« indischen Jungen für dieses halb-reale mutterlose Kind zu finden, das im Stück »von einem indischen König gestohlen« worden war. Und so trat ich zwei Wochen lang jeden Abend mit Turban und juwelenbesetzter Brosche auf und ließ mich von zwei rivalisierenden Welten umkämpfen – immer reichlich mit *Rowntree's Fruit*-Pastillen und *Corgi*-Autos bestochen.

Ich bin sicher, dass ich viel weniger von der »duftgesättigten indischen Luft« wusste als viele der Studenten um mich herum, und vermutlich weniger Interesse an einem Land hatte, das für mich weder meine Heimat noch exotisch war. Erst nach vielen Jahren wurde mir klar, wie passend die Rolle für mich war: für einen Jungen, der in England zur Schule ging und von unglaublichen Gerüchten über seine Person gehört hatte, er sei der Sohn eines Maharadschas, und dem jahrelang freundliche ältere Ladys versicherten, »du sprichst so gut Englisch, mein Liebling«. Mir ist nie recht klar geworden, wie mein indischer Freund und all jene aus der Generation meines Vaters eine derartige Liebe zu Oxford entwickeln konnten, dieser schmutzigen alltäglichen Industriestadt, in der ich geboren wurde. England bestand für sie aus den Fabians, aus romantischer Poesie und hochgesinnten und dem Allgemeinwohl verpflichteten Staatsdienern, aus Lord Mountbatten und der Platon-Übersetzung von Jowett. Für mich bestand England aus Streiks, aus *fish and chips* und dem Klang von splitterndem Glas, wenn am Abend um elf die Pubs schließen mussten. Ich konnte weder ihre Bewunderung für ein England wirklich teilen, das ich allzu gut kannte, noch ihre Parteinahme für ein Indien, das ich überhaupt nicht kannte. England, wo selbst 1990 ein Farbiger noch ein fünfzigmal größeres Risiko trug, auf der Straße zusammengeschlagen zu werden, als ein Weißer, war für mich so uninteressant wie das Frühstück von gestern.

Meine eigene Geschichte ist ein Beispiel dafür, wie sich die Unterschiede zwischen den Generationen über die Kontinente hinweg bis in das unmittelbare Leben der Immigranten auswirken – wobei natürlich niemand vorbehaltlos begeistert ist von dem Ort, wo er geboren wurde. Zufällig hat meine Familie dieselben Phasen durchlaufen wie das Empire: von Indien in den letzten Tagen des britischen Empires über England, als es gerade in den Bann Amerikas geriet, in die USA Mitte der sechziger Jahre, als das amerikanische Jahrhundert auf seinem Höhepunkt war und man das psychedelische Kalifornien, wo wir landeten, plötzlich auf allen Bildschirmen sehen konnte. Später sollte ich dann – wieder aus Zufall – nach Japan gehen, gerade als es in den späten achtziger Jahren das Rockefeller Center und die Columbia Pictures aufkaufte und zu einer Art neuem Gravitationszentrum zu werden schien.

Nach und nach wurde mir aber auch klar, dass viel von meiner inneren Distanz davon herrühren konnte, dass ich eine »globale Seele« war mit schwach ausgeprägtem Zugehörigkeitsgefühl. Das lag nicht so sehr daran, dass meine Eltern in Indien geboren waren und ich in England, als vielmehr daran, dass sie sich ihrer Herkunft bewusst waren (wenn es auch Britisch-Indien war), während ich immer das Gefühl hatte, von nirgendwo herzukommen. Unsere Arten, die Welt zu sehen, prallten nicht so oft aufeinander, weil sie sich nicht überschnitten. Meine Eltern wussten, wohin sie gehörten, was sie glaubten und wem sie Treue schuldig waren. Das hat sich auch während ihres ganzen Lebens nicht geändert: Indien war die Heimat, Pakistan war ein Gegner, Macaulay und Churchill waren Feinde Indiens gewesen. Nach fünfzig Jahren im »Westen« hatten sie immer noch und völlig zu Recht ihre indischen Pässe behalten.

Bei mir war das anders: Mir fehlten ihre starken Leidenschaften, und ich hatte das Gefühl, keine ihrer Feindschaften geerbt zu haben. Für mich gab es keine Traditionen, die ich bewahren musste, und ich konnte eher wie Adorno sagen: »Es gehört zur Moral, nicht bei sich selber zu Hause zu sein.«[44] An die Stelle der Leidenschaften meiner Eltern war bei mir – wie wohl bei mancher globalen Seele – eine frei schwebende Leidenschaftslosigkeit getreten. Statt ihrer unumstößlichen Gewissheit von Richtig und Falsch hatte ich mir einen weniger fest verankerten, relativierenden Maßstab zugelegt. Brown, der »Staatsbürger von Nirgendwo« und passenderweise recht gesichtslose Protagonist in Graham Greenes *Stunde der Komödianten* meint, nachdem er seinen »unbekannten Bruder« Jonas hat sterben sehen: »Vielleicht hat es auch einen Vorteil, ohne Wurzeln in einer Stadt wie Monte Carlo geboren zu sein, weil man so leichter erträgt, was auch kommt.«[45]

Der größte Unterschied zwischen mir und der Generation meiner Eltern ist, dass ich im Gegensatz zu ihnen nie einen starken Trennungsschmerz verspürte, wenn ich einen Ort verlassen musste, denn ich bin ohne ein Gefühl für ein bestimmtes Fleckchen Erde aufgewachsen. Während jemand wie mein indischer Freund zwischen zwei Welten gefangen ist, konnte ich mich überall anpassen, was sowohl positiv als auch negativ ist. Mein Freund hatte sozusagen eine Landkarte mit klaren Grenzlinien im Kopf, für mich jedoch kann jeder Ort in gewissem Maß zur Heimat werden – und in gewissem Maß zur Nicht-Heimat. Mein Gefühl für Trennungen war weniger absolut, und obwohl ich mir die Abschiede in den alten Geschichten gut ausmalen konnte –

der Junge am Hafen, der alle Hoffnungen seiner Familie im Gepäck hat, über die Meere davon segelt und seine Lieben vielleicht für Jahre nicht sehen wird –, wusste ich immer, dass ich bald woanders sein konnte und dass nichts endgültig ist.

Erst viele Jahre später konnte ich verstehen, was große Entfernungen in einer Zeit bedeuteten, in denen Menschen oft nicht wussten, ob sie jemals zurückkehren würden, und Trennungen durch ihre Endgültigkeit noch eine andere Bedeutung hatten. Und ich sah Fotos von meinem Vater, die ihn stolz in indischer Festkleidung als Präsident der Oxford Union zeigen, mit anderen Augen. Die Bilder zeigen ihn umgeben von jenen Engländern, die ein Inder in Bombay bewundert hätte: Einer der Männer auf dem Foto würde Herausgeber der *Times* werden, einer stellvertretender Premier, einer Vorsitzender der Liberalen und einer Anchorman bei der *BBC*. Ich stellte mir die Familie meines Vaters vor, wie sie sich in der kleinen Wohnung in einem Vorort von Bombay um das knisternde Transistorradio versammelt hatte, um ihren fernen Helden im World Service der *BBC* zu hören. Indem mein Vater halb durch das offene Tor getreten war – das erkannte ich nun –, machte er es mir möglich, zur anderen Seite hindurchzugehen.

Als ich eines Tages wieder einmal meinen indischen Freund traf, stellte sich überraschend heraus, dass er sich in seinen Träumen ganz konkret eingerichtet hatte: Er war einer jungen Engländerin begegnet – aus bestem Haus, schön, intelligent, aufrichtig und sehr erfolgreich –, und dieser Inbegriff einer blühenden englischen Rose hatte eingewilligt, seine Frau zu werden. Wenn er jetzt in seiner Sprechweise der »Alten Welt« von den »menschlichen Leiden« und Entbehrungen in einem Indien sprach, das er kaum gesehen hatte, saß sie – buchstäblich – zu seinen Füßen, und ihre Augen füllten sich bei den Gedanken an all das, was er durchgemacht hatte, mit Tränen. Es überraschte mich nicht, dass ihr Vater ein dominanter, hochmütiger Kolonialmensch war, der immer noch sein eigenes kleines Eckchen Empire verwaltete. Sie fühlte sich schuldig, war sehr bedacht, Wiedergutmachung zu leisten – und Vegetarierin.

In ihre Augen kam ein Leuchten, wenn sie von der Möglichkeit sprach, ihre neuen Verwandten zu besuchen – in dem Land, dem zu entfliehen ihren Mann so große Mühen gekostet hatte. Er sagte, Hawaii würde ihm als Urlaubsziel besser gefallen.

Wenig später, als es mit der großen Liebe vorbei war, beklagte sie sich, er sei ein Hypnotiseur gewesen, noch solch ein finsterer Zauberer aus dem Osten, der diese junge Engländerin aus einem Forster'schen Roman verführt hatte. Er habe versucht, aus ihr eine Inderin zu machen, die sechs Schritt hinter ihm ging und ihm die Schnürsenkel band. »Komm jetzt, meine Liebe«, hatte er gesagt, »was ist das? *Othello*? Im England Thatchers?«

Aber er hatte einen Fehler gemacht, der keinem klugen Engländer unterlaufen wäre und den auch kein Engländer der alten Schule verziehen hätte: Er hatte vorgetäuscht, zur herrschenden Klasse zu gehören.

»Ich sagte, dass ich in Winchester gewesen sei«, erklärte er mir, »weil ich *spürte,* dass ich dort war. Als ich fünfzehn war, hat mir ein Mann in Singapur gesagt, ›Du bist mein kleiner *Wykehamist*, du redest wie ein *Wykehamist*, du verhältst dich wie ein *Wykehamist*. Du glaubst, wie ein *Wykehamist*, dass Manieren den wahren Mann ausmachen.«

»Aber die meiste Zeit hab‹ ich mich für einen *Oxonian* gehalten«, sagte er ein wenig klagend, »weil Oxford das Zuhause der hoffnungslosen Fälle ist.«

Bei meinem letzten kurzen Besuch in England ging ich an einem brütend heißen Sonntagnachmittag im August Richtung Trafalgar Square, um die National Portrait Gallery zu besuchen. Um mich herum hielten Polizisten den Verkehr an und leiteten einen Umzug von selbstbewussten jungen Männer mit angeklatschtem, dunklem Haar, Frauen im Schleier und Schwarzen mit Käppchen durch die Straßen. Auf dem Trafalgar Square, umgeben von den jahrhundertealten Gebäuden mit Aufschriften wie »Canada«, »Uganda« und »Canadian Pacific«, stand bei der Statue von Georg IV. ein Mann auf einem Podium und schrie mit rauer, zorniger Stimme: »In einem Staat ohne Freiheit gibt es keine Sicherheit. Vier Millionen Muslime gibt es hier in England! Wir sind hier als Botschafter des Islam.« Um ihn herum waren unter Transparenten mit »Birmingham«, »Nottingham« oder »Blackburn« Tausende von Gläubigen vereint und blickten zum Podium wie bei einer Versammlung in Teheran oder Damaskus. Junge Männer mit dunklen Bärten in T-Shirts im Militär-Look erzählten Passanten, dass sie hier seien, um Frieden zu bringen. Ärgerliche Nicht-Gläubige antworteten ihnen darauf, dass sie wohl eher Krieg ins Land brächten.

Die Wortführer ließen ganz gewiss keinen Zweifel aufkommen: Wie sie sagten, waren sie gekommen, um den Liberalismus anzugreifen, um die Demokratie und den Säkularismus in diesem Land in Frage zu stellen. Sie waren hier, um das Schwert des Glaubens zu schwingen. Ein paar hundert Menschen schienen sich den Muslimen entgegen zu stellen, sie verteilten Flugblätter, auf denen die Behandlung der Frauen im Iran angeprangert wurden und lasen aus dem Johannes-Evangelium. Gegenüber wurde eine Menschenmenge von einem Polizeikordon zurückgehalten, es wurden Schilder geschwenkt, auf denen »Jüdisch-Sozialistische-Gruppe«, »Schande, stoppt die Unterdrückung der Frauen im Iran!« oder schlicht und einfach »HASS« zu lesen war. Das Getöse war so laut, dass es fast die Anprachen übertönt hätte.

»Diese Leute kommen aus Ländern, wo man getötet wird, wenn man die Regierung kritisiert«, sagte eine kleine, ältere

Dame, die auf einer Bank saß, »aber hier wollen sie die Demokratie ablösen. Es sind Flüchtlinge, die vor der Unterdrückung geflohen sind, die sie nun hier einführen wollen. Das macht doch keinen Sinn, oder?« Sie war keine Zuschauerin, die zwischen den demonstrierenden Fronten gefangen war, wie ich zuerst meinte, sondern sie war gekommen, um sich in die Debatte einzumischen. Britischer Patriotismus entsteht oft als Reaktion auf einen Angriff, und die Leidenschaft der Engländer äußert sich oft in der Gestalt von Außenseitern, die sich widersetzen. In diesem Fall haben sie wirklich ihr Bestes gegeben.

Auf dem Podium hatte sich ein junger Engländer gemeldet, um von seinen Erfahrungen als Konvertit zu erzählen. »Vor elf Jahren«, so sagte er, »bin ich Muslim geworden. Vorher war ich Christ. Ich war verwirrt. Ich habe getrunken. Jetzt trage ich einen arabischen Namen. Er bedeutet ›für ewig‹.«

»Sehen Sie,« sagte die Frau auf der Bank und beendete ihren Redeschwall, um zu sehen, was in der Menge vorging, »sie haben die Homosexuellen umstellt.« Ich folgte ihrem Blick, und tatsächlich war da ein Gewühl von Leuten mit Schildern, die sie als »Lesbische Rächerinnen« und »Wachsame Lesben« auswiesen. Einige waren mit langen leidenschaftlichen Küssen für die Fernsehkameras beschäftigt. Wie ich erfuhr, hatte die islamische Arbeiterpartei Hizb-ut-Tahrir Schwule als »Dreck« und »Abschaum« denunziert, und jetzt forderten die Schilder auf der anderen Straßenseite »Fuck Hizb-ut!«.

Die Sprechchöre um mich herum gingen in voller Lautstärke weiter und ein Bekennender nach dem anderen kam auf das Podium, um Zeugnis abzulegen. Touristen in offenen Doppeldeckerbussen fuhren vorbei und starrten auf diese englische Großschlacht in voller Aktion. Verschleierte Frauen nuckelten scheu Saft aus Ribena-Tüten, und malaysische Muslime saßen nervös an den Ecken herum. Halbwüchsige Jungs sammelten

Geld für die Mujahedin in Bosnien und deren heiligen Krieg. Ein rotblonder Amerikaner mit rosigem Gesicht, einer Einkaufstasche von Barnes & Nobles und einem Geldgürtel, auf dem »Magellan« stand, hielt kurz an, um eine missionarische Botschaft loszuwerden. »Schade, dass es die Atombombe nicht schon früher gab«, brummte mürrisch eine Engländerin, »man hätte sie in Deutschland abwerfen sollen.«

»Früher hieß ich Robin«, klang es vom Podium, »früher war ich ein wiedergeborener Christ ...«

Um den Platz saßen Männer hinter Tischen und verkauften Pamphlete mit Titeln wie »Der Islam und das Weltraumzeitalter« und »Fundamentalismus und die neue Weltordnung«. Andere schwenkten türkische Transparente unter der Statue von Generalmajor Henry Havelock, Knight Commander of the Most Honourable Order of the Bath, dem Offizier, der im indischen Lucknow seinerzeit den Aufstand niederzuschlagen geholfen hatte. (»Gerettet durch Havelocks Tapferkeit! Gerettet durch den Segen des Himmels«, wie es bei Tennyson heißt.)

Dann war da plötzlich ein ganz typisches Geräusch, wie es für London, so lange ich mich erinnern konnte, ganz typisch war: Eine Gruppe klingelnder Hare Krishna-Jünger kam vorbei, die ihre Trommeln und Becken schlugen und sangen, die Gesichter mit Farbe beschmiert, die Hemden und Hosen orange eingefärbt und zweifellos sehr glücklich, heute eine so große Zuschauermenge für ihre Darbietung zu finden.

Das war das England, an das ich mich erinnerte, wenn sich auch die Farben und Konturen ein wenig verändert hatten: ein Land, wo der Hunger nach Meinungen nur von dem Eifer überboten wird, sie zum Ausdruck zu bringen. Ich merkte, dass viele der Menschen um mich herum gekommen waren, weil sie die Aussicht auf eine Auseinandersetzung liebten. Ihre Empörung stachelte die Wut der Muslime an, während deren Wut wiederum den eigenen Zorn anheizte. Das war Speaker's Corner – im Übrigen nur einige wenige Minuten entfernt – mit realem Zündstoff.

»Dieser Sarid Kassim«, sagte eine Frau, die sich offensichtlich gut auskannte, »ist ein Fanatiker, ich hasse das Wort ›Fanatiker‹, aber auf ihn trifft es wirklich zu.« Ihr Publikum – ein Mann in Shorts und derben Boots mit braunen Schnürsenkeln, der aussah wie auf einer Wandertour – nickte stumm. »Schau, alles wird gefilmt«, fuhr sie besserwisserisch fort, »nichts entgeht dem Scharfblick des Sicherheitsdienstes.«

Ein junger Engländer schrie jetzt auf dem Podium: »Ich habe früher an die Freiheit geglaubt, ich habe an die Demokratie geglaubt und an den Säkularismus. Jetzt glaube ich nur noch an eins: den Islam.«

Junge irische Nonnen gingen vorbei, Typen, die wie Fußball-Hooligans aussahen und Schwarze mit ihren Blondinen. Irgendjemand sagte: »Du denkst also, dass es für Frauen okay ist, nackt rumzulaufen? In dieser Gesellschaft gibt es Inzest. Die Leute treiben es sogar mit Tieren.« Und ein anderer sagte: »Jesus war Muslim, glaub mir.«

»Sie wollen den Bosniern nicht helfen. Warum? Weil es Muslime sind.«

»Was ist denn das? Keine Erziehung, Autodidakten! Ich habe keine Lust, so etwas an einem Sonntagnachmittag zu hören.«

Die Atomkraftgegner waren ebenso wie die Feministinnen auf der anderen Straßenseite, vor einem Gebäude auf dem »Suid Africa« stand, bei den Nymphen und den lateinischen Inschriften. Fanatiker schrien etwas vom »Atomkrieg« und vom »dritten Weltkrieg«, der demnächst ausbrechen würde.

Man könnte das alles leicht als die Art und Weise abtun, wie eben Engländer (und Neuankömmlinge in England mit missionarischen Neigungen) im Sommer ihre Sonntagnachmittage verbringen: mit Straßenschlachten und hitzigen Debatten. Aber wenn ich an meinen indischen Freund dachte und an das, was Großbritannien für seine Generation bedeutet hat (das britische Indien hatte sie in keiner Weise auf ein indisches England vorbereitet), konnte ich den Tumult nicht so schnell vergessen. Auf dem Denkmal für Edith Cavell gleich um die Ecke auf dem St. Martin's Place stand »*Devotion*«, »*Humanity*«, »*Sacrifice*« und »*Fortitude*«, ganz oben »*For King and country*« und auf dem Sockel ein Ausspruch der Heldin, dass Patriotismus nicht genüge und man niemandem gegenüber Hass und Bitterkeit empfinden soll. Die wütenden Muslime hatten wie immer Ort und Zeitpunkt bestens gewählt.

»Diese Nelsonsäule«, rief ein Afrikaner, »du denkst, die ist hier gerade aufgetaucht? Nun gut, und ist es das Gleiche, wie mit deinem Körper? Schau auf die Nelsonsäule. Schau auf deinen Körper.«

»Hör zu«, sagte ein Mann, »Jesus war zu seiner Zeit ein Fanatiker, er war zu seiner Zeit ein Terrorist, er war zu seiner Zeit ein Extremist. Warum? Weil er zu seiner Zeit das Gesetz herausforderte!«

Ein Christ mit schütterem Haar schaute in den Kreis der Diskutierenden, der sich um ihn gebildet hatte. »In meiner Kirche sehe ich nicht einmal halb so viele Leute wie jetzt«, sagte er.

Ich hatte mit meinem indischen Freund erst nach langer Pause wieder Kontakt. Wegen eines Todesfalls in meiner Familie hatte ich versucht ihn anzurufen, und er hatte zunächst hilflos nach den passenden Worten gesucht, um mir dann eine Nachricht auf Band zu sprechen. Zuerst zitierte er Christina Rossetti, dann jammerte er, dass ihm die passenden Worte von Eliot nicht mehr einfielen, bevor er dann in seiner altertümlichen Sprechweise sagte, »Pass auf dich auf, mein Junge« – mit einem Klang, der sowohl theatralisch als auch emotional klang, nach Indien und nach seiner Version von Großbritannien.

Als ich ihn ein paar Monate später sah, ließ er trotzdem wie immer dasselbe Band ablaufen, wieder und wieder, wie in einer Endlosschleife. Im Verlauf der Emigration war er in einer Art Drehtür gefangen, er drehte sich ständig im Kreise, nicht fähig, an dem Ort auszusteigen, in dem Land anzukommen, zu dem er eigentlich aufgebrochen war.

»Sie mögen dich, wenn du mit einem starken indischen Akzent sprichst. Aber wenn du zur Mittelklasse gehörst und gute Manieren hast, dann fühlen sie sich bedroht. Die Weißen aus der Arbeiterklasse hassen die Inder aus der Mittelklasse weit mehr als einen Cockney-Slang sprechenden Inder aus der Arbeiterklasse.«

»Ach, ich weiß nicht«, sagte er zum Schluss und brach endlich aus seiner Rolle aus. »Ich glaube, dass ich nur jenes England vermisse, das auf Eleganz beruht, das sich auf der Liebe zur Sprache und zur Literatur gründet statt auf Geld. Vielleicht mache ich mir was vor. Vielleicht gab es das nie. Vielleicht hat George Bernard Shaw Recht, wenn er sagt, ›Patriotismus ist die letzte Zuflucht der Schurken‹.« (Ich hatte nicht das Herz, ihm zu sagen, dass dieser Ausspruch von Samuel Johnson ist.)

»Aber ich bin eben mit dem Glauben aufgewachsen, wenn man immer anständig bleibt, dann wird auch alles gut laufen. Und irgendwie ist es ganz anders gekommen. Ich glaube nicht mehr an England, und ich weiß nicht, an was ich glauben soll; woran ich mich festhalten kann.«

Heimat in einem fremden Land

»Die Welt wird täglich kleiner, und das Verstehen wird zu dem einzigen Ort, wo der Friede heimisch werden kann.«

Huston Smith[46]

Unsere Träume von weit entfernten Zielen sind so kurzlebig wie die Bilder von *MTV*. Der Immigrant, der in einem Land ankommt, das für ihn Freiheit bedeutet, muss feststellen, dass es schon längst von jemand anderem umgestaltet wurde. Viele der Plätze in unserer Umgebung sehen so anonym aus wie ein Warteraum. Die »globale Seele« scheint heutzutage nur noch inmitten des Fremden und nicht Entzifferbaren eine Heimat finden zu können.

Als Wanderer von Geburt an habe ich mir daher, wie viele in der gleichen Lage, einen Platz zum Leben gewählt, der weit entfernt von meinem Geburtsort, weit entfernt von dem Land, in dem ich arbeite, und weit entfernt von dem Land liegt, dem ich meinem Aussehen nach zugehöre: auf einer Insel, wo ich keines der Schriftzeichen entziffern kann und nie auch nur annäherungsweise als Einheimischer anerkannt werde. Ganz konkret: Ich lebe in einem Zweizimmer-Apartment im provinziellen Westjapan, in einem modernen pseudo-kalifornischen Vorort, wo keines der Häuser älter ist als ich selbst, zusammen mit meiner großen Liebe, deren Englisch so begrenzt ist wie mein Japanisch, und mit ihren zwei Kindern, die noch weniger Wörter mit mir gemeinsam haben. Alle paar Monate sehe ich einmal ein ausländisches Gesicht in der Nachbarschaft, und gelegentlich begrüßt mich mein Secondhand-Laptop mit »Guten Morgen, Dick. ... Es ist jetzt 6 Uhr 3 Minuten p. m. Houston-Zeit«, aber ansonsten vergehen lange Wochen, ohne dass ich in meiner Muttersprache spreche.

Man könnte eigentlich meinen, dass mir vieles in meinem Viertel vertraut ist: Mein Apartmenthaus heißt Memphis – nach der Stadt des Helden von Tausenden von Karaoke-Bars –, und meine Freundin hat lange Jahre in einer Boutique mit dem Namen *Gere* gearbeitet – nach Hollywoods berühmtestem tibetischen Buddhisten. Der *Gere*-Laden befindet sich im *Paradis*-Kaufhaus, wo es im vierten Stock ein indisches Restaurant namens *Kumar* gibt – gleich gegenüber einem *Kentucky Fried Chicken*, einer *Mister Donut*-Filiale und einem *McDonald's*. Die scheinbare Vertrautheit dieser rein amerikanischen Requisiten verstärkt bei mir nur den Eindruck von einer Welt, die dasselbe Lied zur gleichen Zeit in Hunderten von Sprachen singt. Das *KFC* ist meistens voll junger Mädchen mit schwarzen Seidentüchern um den Hals, die in dicken Pelzen auf lukrative Dates warten, die sie gerade mit ihren winzigen Handys arrangiert haben. Mütter und ihre Kindern nippen dezent an Blaubeerpuddings und Birnensorbets, Reis-Taco-Salaten und Tomatengratins, während die Schnulze eines Country-and-Western-Sängers aus den Lautsprechern tönt, die vom Leiden verlassener Truckerbräute erzählt. Colonel Sanders bei *KFC* ist oft in einen blauen *yukata* gekleidet, obwohl seine altmodische Südstaaten-Gastlichkeit meist Jungen mit karottenroten Haaren und Mädchen in schwarzen Leder-Miniröckchen zugute kommt, die sich in ganz untraditioneller Weise an den makellos sauberen Tischen lümmeln.

An Regentagen beeilen sich die immer muntren Kassiererinnen (mit »Team-Mitglied«- und »All-Star«-Schildchen über der

Brust) Schirmständer vor dem Eingang aufzustellen und den Leuten *Gourmet Cards* in die Hand zu drücken. Vorbei an dem eleganten Waschbecken, wo man das Hühnerfett von den Händen waschen kann, gelangt man in die Parfüm verströmende automatische Toilette, wo ein Tonband mit dem Geräusch von fließendem Wasser anläuft, sobald man eintritt. Immer wenn mir die Kassiererin das Wechselgeld herausgibt, biegt sie zart meine Hand zusammen, damit keine Münzen herunterfallen.

Zweimal am Tag gehe ich in meinem Viertel spazieren, das wörtlich übersetzt »Südlicher Abhang des Hirschs« heißt. Ich durchquere winzige stille Straßen, die wie die Bühnendekorationen für eine noch nicht abgedrehte Folge von *Star Trek* aussehen, und komme dabei an *Autozam Revues* und *Toyota Starlets*, an *Debonairs* und *Charmants*, an *Mazda Familias* und *Honda Todays* (mit Papiertaschentüchern von *Cat's Short Story* auf der Ablage) vorbei. Mickey Rourke grinst von einer Reihe Automaten herab. Die chemische Reinigung verspricht »Frisch machende Lebenshilfe«. Wo sich Schul-*dori* und Park-*dori* treffen, wie diese science-fiktiven Schauplätze heißen, warten Hunde brav auf Grün, um über die Straße zu gehen, und alles rundherum ist so klar konturiert, dass auf dem Plan an der Haltestelle vom 12er-Bus jedes Haus einzeln eingezeichnet ist. Vor meinem Fenster schreien Kleinkinder »Mama«, und Männer in weißen Hemden mit schwarzen Krawatten steigen auf Leitern, um den Schriftzug der Bank zu polieren. Fast jeden Morgen rumpelt ein Laster vorbei, aus dem das unerträglich traurige Lied eines alten Süßkartoffel-Händlers tönt.

Es gibt in meinem »Viertel mit westlichen Annehmlichkeiten« (wie das vielleicht die Japaner nennen würden) zwei kleine Ladenzeilen, die so effizient, so kunstvoll angeordnet sind wie die Batterien in einem Minidisc-Player. Frisches Brot gibt es in der

Deer's Kitchen-Bäckerei, Éclairs (zu Mozartgedudel) bei *Père de Noël.* Das Wellness-Hotel steht gegenüber einem Health Club aus dem 22. Jahrhundert, dessen graue Mauern hinter Herbstblättern versteckt sind; dort finden zweimal wöchentlich Qigong-Stunden statt. Der Mann im *Elle*-Frisiersalon erzählt mir jedes Mal von seiner einzigen Reise ins Ausland: nach Hawaii. In unmittelbarer Nähe der Memphis-Apartments liegt – in Konkurrenz mit *Elle*, dem *Louvre Maison de Coiffure*, dem *Musée Hair and Make*, das *Jollier Cut and Parm* (ich hatte schon drei Jahre in dem Viertel gelebt, bis ich merkte, dass der Name vielleicht auf Julia Roberts anspielte und dass mit »*Parm*« vielleicht *perm*, Dauerwelle, gemeint war). Eine zehnminütige Busfahrt bringt mich zur *Bienvenuto Californian*-Trattoria, zum *Hot Boy*-Club (mit einem Surf-Geschäft gleich nebenan) und zu einem Café über einem künstlichen See, das früher *Casablanca* hieß und in dem das Klavier stand, auf dem Dooley Wilson für Humphrey Bogart gespielt hatte.

Einerseits stehen solche Import-Requisiten in ihrem synthetischen, eindimensionalen Charakter für die kalte Beziehungslosigkeit unseres Zeitalters, hier ebenso wie in Los Angeles oder Hongkong. Vielleicht akzeptieren die Japaner aber Täuschungen und Plastikimitationen leichter als andere und haben nur wenig Bedenken, ihr Leben in einer Spielberg-Szenerie einzurichten, wie sie ihnen von der Leinwand vertraut ist. Wer sich Sorgen darüber macht, dass Geschichte in Nostalgie verwandelt wird und aus sozialen Einrichtungen Themenparks werden, könnte seine Bedenken in diesem Vorort bestätigt finden.

Andererseits nennen die Kinder in diesem Viertel alle älteren Frauen noch »Tantchen«, und die Tantchen stecken jedem Kind etwas zu, das ihnen über den Weg läuft. In der Dämmerung nehmen die alten Frauen, wie es Brauch ist, eiskalte Duschen und sprechen die angestammten Gebete zu den Göttern. Dass mich meine Umgebung in kühler Unmissverständlichkeit ausschließt, indem sie mich *gaijin* oder Außenseiter nennt, bildet wohl mit die Voraussetzung für ihre zuverlässige Höflichkeit und Gastfreundlichkeit; sie können noch so viel von überall her importieren, ohne dabei an Japanischem zu verlieren. Oberfläche ist hier Oberfläche und Tiefe ist Tiefe.

Selbst an Orten Japans, an denen es keine Tempel oder Schreine gibt, werden die alten Zeremonien peinlich genau eingehalten. Jedes Jahr, wenn der Blütenuft der Daphne in den kleinen Sträßchen schwächer wird und der erste Anflug von Kälte die Luft erfüllt, finden die Interviews mit Baseballspielern im Fernsehen vor der melancholisch stimmenden Kulisse fallender Blätter statt, und Ausgaben von *Harvest Newsletter* tauchen an der Bar meines *KFC* auf. Sobald die Ahornblätter zu leuchten beginnen, bekommt der nahe Park eine heitere Note durch Damen, die vor ihren Staffeleien sitzen und den Wechsel der Jahreszeit auf die Leinwand bannen.

Manchmal an solchen besonders klaren Sonnentagen, wenn die Helligkeit des wolkenlosen Herbsts Heimweh nach den Bergen des Himalaja weckt, fühle ich mich plötzlich in das Japan eines längst vergangenen Jahrhunderts versetzt oder, wie erst kürzlich, in das Oxford meiner Jugendzeit und werde an magische Verwandlungen erinnert: an Alice, wie sie das Kaninchenloch findet, an den Schrank, der ins Zauberland Narnia führt, an den Hobbit, der aus einem verstaubten altnordischen Text springt. Ich brach zu meinem morgendlichen Spaziergang durch die blanken, sauberen Straßen auf.

Männer wuschen ihre weißen *Oohiro Space Project*-Vans und Frauenstimmen (oder manchmal auch Roboterstimmen) riefen aus einem Computer-Laden »Willkommen!«, in dessen Schaufenster zwei Kätzchen zum Verkauf angeboten wurden: für $ 500 das Stück. Fred Feuerstein mit seiner *White Sox*-Mütze lud mich zur lokalen Softball-Liga ein, und ein Mormone versprach mir irgendeine Art von Erleuchtung. Ein schlichtes Präludium von Bach tönte aus dem Fenster über einem Schreibwarenladen. Gleich hinter dem Elektrizitätswerk, an dem ich fünf Jahre lang fast jeden Tag vorbeigekommen war, wagte ich mich zum ersten Mal auf eine Treppe, die in ein Tal hinunterführte.

Ich folgte den Stufen, kam in ein dichtes dunkles Wäldchen, durchquerte es und fand mich plötzlich in einer anderen Welt wieder: Grüne Reisfelder blitzten unter dem blauen Morgenhimmel auf, zweistöckige Holzhäuser, ein kleiner Ort und schmale steile Straßen, die hinauf in die Hügel führten. Großmütter arbeiteten in ihren traditionellen weißen Kopftüchern vor ihren Häusern, und als ich vorbeiging, bedachte mich eine mit einem goldzahnblitzenden Lächeln. »Es ist warm«, sagte sie mit einer Stimme, die auch voll Wärme war, »schau mich an! Ich arbeite in Socken!«

Ich ging weiter durch die stillen Dorfstraßen, an blühenden Persimonen-Bäumen und an einem ovalen Teich in der Dorfmitte vorbei. Dann kehrte ich um und grüßte im Vorbeigehen die alte Frau, die ja jetzt meine Freundin war. Ich stieg wieder die vierundfünfzig Stufen hinauf, und die verborgene Welt blieb hinter mir zurück wie ein Traum. Vierjährige Jungen mit Harvard-T-Shirts spielten Fangen. Frauen trugen Schirme, um ihre Gesichter gegen die Sonne zu schützen.

Natürlich wird Japan nie ganz meine Heimat werden, und Japan würde auch nie wirklich wollen, dass ich ihm näher komme, als ich es jetzt bin. Man glorifiziert hier den Ausländer gern ein wenig – und verniedlicht ihn gleichzeitig, während man staunend seinem Gestammel zuhört wie den Lauten eines sprechenden Hundes. Man weist mir bei der Ankunft meinen Part zu: Ich soll meinen Geschäften nachgehen – und die Japaner den ihren nachgehen lassen. Japan bietet vollkommene Höflichkeit und Pünktlichkeit und erwartet umgekehrt, dass ich meine festgelegte Rolle in dem heiteren, munteren Schauspiel akzeptiere, das hier das öffentliche Leben darstellt. Wenn man von dem unsicheren Boden Kaliforniens kommt, wo Neuankömmlinge in einem Vakuum herzlich willkommen geheißen werden und niemand genau weiß, wie er seine Beziehung tatsächlich einordnen soll, hat die japanische Kultur etwas Tröstendes und Bequemes, weil ihr jede Uneindeutigkeit fehlt.

Der magische Realismus, die literarische Form, die unserer in Bewegung befindlichen Welt entspricht, zeigt uns, dass selbst einfachste Tatsachen im Leben unserer Nachbarn für uns wie aus einem Märchen erscheinen können. Ein oft vergessener wohl tuender Aspekt daran ist, dass auch unser Leben mit seinen unbedeutenden Einzelheiten für die anderen wunderbar erscheinen kann, insofern ist das Leben an einem so fremdartigen Ort für mich von Vorteil: Ich werde täglich daran erinnert, wie seltsam *ich* dem Ort vorkomme. Wann immer ich über mein Notebook lachen muss, das mir auf Englisch mitteilt, »*this is the hoppiest day of my life*«, oder über die Botschaft der Äbtissin eines berühmten nahe gelegenen Klosters, die in Englisch für »*peace on the earth and upon every parson*« betet, erinnere ich mich daran, dass die eigentliche Witzfigur in der Komödie, die von den Japanern um mich herum aufgeführt wird, ja *ich* bin: ein unrasierter, zerzauster, offensichtlich arbeitsloser Asiate, der wie ein Dreijähriger redet und im Bus die silbern markierten Sitze für Senioren beschlagnahmt.

Elias Canettis Feststellung »Die ruhigste Stelle der Welt ist unter unbekannten Menschen«[47], ist nur ein anderer Ausdruck dafür, dass heutzutage viele von uns im Exil unter Fremden leben und dass es am sinnvollsten ist, die fremdartigen Verschmelzungen zu akzeptieren, denen wir ohnehin nicht entkommen können. Ich kann die Annehmlichkeiten und die Höflichkeit Japans genießen, ebenso wie die Tatsache, dass schon die einfachsten Handlungen (für mich) etwas Außergewöhnliches darstellen. Immer wenn ich das Büro von *Federal Express* anrufe, lande ich in einer Warteschleife mit Beethovens *Mondscheinsonate,* und wenn ich den Fernseher einschalte (zweisprachig, über Kopfhörer), stoße ich auf ein höchst gewagt synchronisiertes Drama – wie es der Zufall will aus Kalifornien –, das *The Wonder Years* heißt. Selbst die Plätze, die für mich am wenigsten romantisch sind – besonders das verregnete England mit seinen Backsteinbauten, das meine Kindheit ausmacht –, durchschreiten eine Art Zauberspiegel und tauchen wieder auf in verträumten Überblendungen von Landhäuschen und Beatrix-Potter-Gestalten, von hübschen Jungen auf sonnigem Rasen und dem Hemd mit dem »University of Oxford«-Aufdruck, das mir meine Freundin aus dem *Piccolo Sala*-Laden besorgt hat.

Japan geht mit seinen Einwohnern wie mit verhätschelten Kindern um, daher findet man auch überall Requisiten aus dem Reich der Kindheit (die zufällig zugleich Dinge aus meiner eigenen fernen Vergangenheit sind). Der *Paddington*-Bär lächelt an Straßenecken auf mich herunter (er ist das Maskottchen einer der führenden Banken Japans), und wenn die Reklame im Vorortzug nicht für eine »Königliche Reitschule« wirbt, dann verkündet sie das Eintreffen der *Thomas the Tank Engine* im örtlichen Themenpark. Auf dem Bücherbord des Schreibtischs, an dem ich arbeite, liegen *Noddy*-Bücher herum, und wenn ich um die Ecke zur Lawson-Station gehe, finde ich *Smarties* (die hier aus mysteriösen Gründen wie früher wieder *Marbles*-Schokolade heißen), *Mentos, Maltesers* und *McVite's*-Schokoladenkekse (in mundgerechter Haiku-Version). Es scheint manchmal, als bestünde Japans Antwort auf die Globalisierung darin, sich wahllos alle Kulturen der Welt einzuverleiben – und sie in einer Art und

Weise in etwas Japanisches zu verwandeln, die in mir ein Gefühl erweckt, als würde ich Proust auf Chinesisch lesen.

Neben solchen Kindheitsutensilien stoße ich in meinem Viertel aber auch auf Strukturen, wie sie mir aus dem sicheren, geschützten England meiner Jugendzeit vertraut sind: das wohl geordnete immergleiche Universum der Tante-Emma-Läden und die niesligen Nachmittage, an denen pünktlich um fünf Tee serviert wurde. Ich erkenne weniger die Worte wieder, als vielmehr die Zeichen, die Formen der Stille, die hinter Höflichkeit versteckte Deutlichkeit und die Kraft all dessen, was unausgesprochen bleibt. Ich spüre das imperiale Behütetsein, den Argwohn der Insel bezüglich der Verwendung von Personalpronomen, und, ganz nach Art der Alten Welt, die Pflege privater Hoffnungen und Gewohnheiten, die nicht am Status quo rühren. An seiner Oberfläche ist Japan fremdartiger als jedes andere Land, das ich kenne. Aber unter der Oberfläche spricht es eine Sprache, die zu verstehen mir nicht schwer fällt.

Wie wenig ich hierher gehöre und wie wenig ich in das Bild passe, das Japan von sich selbst hat, merke ich immer wieder, wenn ich in dieses Land zurückkehre, das ich als meine Heimat betrachte. Wenn die Beamten bei der Passkontrolle meine Papiere mustern, geraten sie regelmäßig in Alarmzustand: ein Ausländer, der hier weder lebt noch arbeitet, der aber doch die meiste Zeit hier zu verbringen scheint, ein Fremdling, der deutlich asiatischer Abstammung ist, aber einen britischen Pass hat – kurz, ein postmodernes Rätsel, das in keiner der gültigen Kategorien unterzubringen ist.

Nachdem ich widerstrebend zur Zollabfertigung weitergewunken worden bin, nehme ich meine Tasche und stelle mich mit meinem Gepäckwagen in eine Schlange zweifelsfrei gesetzestreuer japanischer Touristen, die von ihrem Urlaub in Kalifornien zurückkommen. Wenn ich an der Reihe bin, sehe ich mich aus irgendeinem Grund immer mit einem sehr jungen und ungewöhnlich diensteifrigen Zollbeamten konfrontiert. Er geht die übliche Fragenliste durch: »Woher sind Sie? Wie lange wollen Sie bleiben? Was machen Sie hier?« Dann fragt er ganz abrupt: »Sie haben Marijuana, Heroin, LSD, Kokain?« – »Nein«, sage ich, »hab ich nicht.« – »*Hatten* Sie jemals Marijuana, Heroin, LSD, Kokain?«, fährt er fort und wedelt nun mit einem mit Folie überzogenen Bild dieser verbotenen Substanzen. »Nein«, sage ich und gebe mir Mühe, ernst zu bleiben. »Porno-Videos?« – »Nein.« – »Bitte machen Sie Ihre Tasche auf.« Er untersucht nun gründlich all meine Habe: den Stapel verblichener Notizen in einer Schrift, die ich selbst fast nicht mehr entziffern kann, die paar verstreuten Shampooflaschen aus dem Hotel, die nicht mehr ganz dicht sind und alles um sie herum verschmieren, die Anstecker von der Olympiade, die ich den Kindern meiner Freundin mitbringen wollte, und diverse Inhalatoren, die ich wegen der japanischen Zedernbäume brauche, gegen die ich allergisch bin.

Dann stößt er – fast unvermeidlich – auf kleine rote *Sudafed*-Tabletten, ein Medikament gegen Allergien. Sehr ernst murmelt er ein paar Worte zu einem Kollegen. Es wird geflüstert. Dann rufen sie nervös über Funk einen höherrangigen Beamten, und ich werde – mit schroffer Höflichkeit – von mindestens zwei Beamten in einen entfernten Raum geführt.

Wie hinter den verschlossenen Türen des Verhörzentrums, in diesem Moment meinem »*home away from home*«, die Prozedur weitergeht, weiß ich auswendig, weil ich sie schon so oft über mich ergehen lassen musste. Ich ziehe mich bis auf die Unterhose aus. Unterdessen durchsuchen an die sieben uniformierte Beamte mit Sorgfalt meine Sachen, inspizieren jede der undichten Shampoofläschchen, jedes klebrige *Mentos* in der Jackentasche, selbst den Glücksanhänger in der Brieftasche. Meine Schuhe werden ausgeschüttelt, der Behälter meiner Zahnbürste wird etwas ängstlich untersucht, ein Räucherstäbchen wird hochgehalten, wie wenn es Cannabis enthielte.

Dann werde ich einem Kreuzverhör unterzogen. Warum ich antiallergische Tabletten bei mir habe, die ein Stimulans enthalten, das wie LSD und Kokain verboten ist, und kein Rezept dafür? Was hat mich veranlasst, Antihistamine in Japan einzuführen? Ob ich ganz formell zustimme, ein Geständnis zu unterschreiben? Ob ich meine Drogen den japanischen Behörden ausliefere und die Konfiszierung meiner Tabletten zulasse?

Ich bin mehr als glücklich, das alles tun zu können, und sage das manchmal in einem so freundlichen Kauderwelsch, dass die Beamten mit ihren vom Shampoo klebrigen Fingern endlich sagen: »Okay, okay, Sie gehen besser, bevor Sie den letzten Zug verpassen.« Aber meistens verstärken meine Antworten nur ihre Enttäuschung. »Wo sind Sie geboren?«, fragt mich einer, während ein anderer meinen Koffer auf einen doppelten Boden untersucht. »In England«, sage ich, während sie meine *Hideo Nomo*-Telefonkarte mustern. »Nein, wo sind Sie *wirklich* geboren?« – »Oxford, England, wie es im Pass steht.« – »Was machen Sie hier?« Ich zeige ihnen meine Geschäftskarte von Time, meine Photo-Ausweiskarte von Time Inc. und sogar meinen Namen in einer Ausgabe des *Time*-Magazins. Ich zeige ihnen ein ganzes Buch, das ich über Japan geschrieben habe, von mir geführte Interviews in japanischen Zeitschriften, Notizen über japanische Themen, an denen ich arbeite. Unglücklich über das Ergebnis ihrer Bemühungen, versuchen sie es mit einer Art Schnellquiz: »Wer ist *Masako-san*? Was ist an *Kioto* besonders? Wo sind Sie wirklich her?«

Manchmal habe ich genügend Voraussicht, dafür zu sorgen, dass keine einzige Antihistamin-Tablette in einem Radius von 100 Metern um mich herum zu finden ist. Aber das ist nicht der springende Punkt, denn es sind nicht meine Allergien, die sie beunruhigen. Einmal wurde ich einer Leibesvisitation unterzogen, weil ich in der Zollabfertigung telefoniert hatte, einmal, weil ich zur Toilette gegangen war. Einmal wurde ich rausgewunken, weil meine Jacke *abunomaru*, abnormal, war (ich war auf der Durchreise in Richtung Himalaja). Ein anderes Mal wurde ich sogar aufgehalten, als ich das Land verlassen wollte (»Warum ist das Passfoto so zerknittert?« – »Weil so viele japanische Beamte es so genau studiert haben.«), und musste an einem Sonntagabend ein eiliges Fax an die britische Botschaft schicken, um bestätigen zu lassen, dass mit meiner Ausreise alles in Ordnung war.

Was die Japaner offensichtlich beunruhigt, ist, dass ich eine »globale Seele« bin, ein Vollzeit-Bürger im Nirgendwo, jemand der genauso aussieht, wie wenn er ihre bürgerliche Harmonie stören wollte. Zu Zeiten des Golfkriegs wurde ich immer behandelt, als wäre ich Saddam Husseins Lieblingsbruder. Dann wieder wurde ich festgehalten, weil ich wie ein Iraner aussah. (41 000 Iraner haben sich in Japan eingeschlichen und leben als Illegale in Zeltstädten in den Parks von Tokio oder zu neunt in schäbigen Pensionszimmern und unterminieren angeblich die heimische Ökonomie mit gefälschten Telefonkarten.) In der übrigen Zeit wurde ich als das verdächtigt, was ich bin: ein schlecht angezogener, dunkelhäutiger und offensichtlich unbeholfener Inder ohne festen Wohnsitz.

Die neuerdings so mobile Welt mit ihren durchlässigen Grenzen stellt eine Herausforderung für eine einheitliche Kultur wie die japanische dar, die für ihr Überleben strikter Unterscheidungen und klarer Grenzen bedarf und ihre zivile Uniformität bewahren muss, innerhalb derer jeder jeden kennt und weiß, wie er mit ihm umgehen kann. Für mich ist es nicht immer leicht zu erklären, dass mich gerade diese Fähigkeit, klare Linien um sich zu ziehen und damit ein untrügliches Gefühl für Innen und Außen zu stärken, nach Japan zieht. In der postmodernen Welt ist – um Robert Frost umzukehren – »daheim« da, wo sie dich *nicht* nehmen müssen, wenn du hinkommst.[48]

Mein Alltagsleben in Nara ist selbst ein merkwürdiges Kunstprodukt und Teil einer Existenz, wie selbst ich sie mir vor zehn Jahren noch nicht vorstellen konnte, als es noch keine Faxgeräte für das »Heimbüro«, keine *Global Village*-Modems und keine Telefonzellen für Auslandsgespräche an jeder Straßenecke gab, die ein zentrifugales Leben ohne Mittelpunkt erst ermöglichen. Nach den Vorstellungen der Welt, in der ich aufgewachsen bin, macht fast nichts von alldem Sinn, aber nach den Vorstellungen der Welt, in die wir jetzt eintreten, bildet es den Rahmen für ein zusammenhängendes Ganzes.

Ich gehe hier jeden Tag um 9 Uhr schlafen, manchmal auch, weil ich am nächsten Morgen schon um 5 Uhr aufstehen muss, wenn meine Arbeitgeber – dreizehn Zeitzonen entfernt – noch an ihren Schreibtischen sitzen: Sie arbeiten von 11 Uhr abends bis 7 Uhr morgens »Nara-Zeit«. Mein Forschungsarchiv für den Fall, dass ich etwas recherchieren muss, ist ein englischer Buchladen, der neunzig Minuten Zugfahrt entfernt liegt, und mein Ersatz für das Internet ist eine Ausgabe des *World Almanac.*

Der Mensch, den ich – von meiner Freundin und ihren Kindern abgesehen – am häufigsten sehe, ist der Mann von *FedEx*, der Sendungen abholt oder ausliefert, die aus dem fernen Osaka kommen. In der so geschrumpften Welt kann ich Artikel oder sogar Buchtexte ergänzen, ohne dabei mit den Herausgebern ein Wort wechseln zu müssen, und das Geld von meinem Konto auf der anderen Seite des Planeten kann ich mir aus dem Automaten im hiesigen Kaufhaus holen.

Zum Frühstück liebe ich eine Kombination aus Spargelplätzchen und Chlorella-Biskuits, zusammen mit *royal milk tea*. Zum

Lunch gehe ich in einen Laden um die Ecke, der rund um die Uhr auf hat und wo alles aus England und Amerika zu bekommen ist, doch alles ein bisschen anders, als ich es gewöhnt bin. Kleine alte Frauen machen Fotokopien von Chopin-Noten zum Klang dröhnenden Gedudels aus den Lautsprechern, und Teenager mit Sicherheitsnadeln überall im Gesicht, suchen Rat in Magazinen wie *Classy, Waggle* und *Bang*. Obwohl der ganze Laden nur vier Regalzeilen umfasst, ist er voll gestopft mit Wildpflaumen-Kaugummi und Mangosteen-Bonbons, Bechern mit *Grand Marnier*-Pudding und Vitamin-Gelee-Drinks. Es gibt Eiskrem-Schnitten mit Darjeelingtee-Aroma und Kartoffelchips mit Tandoori-Geschmack, dazu *Kiss Mints*, die nach Lychee-Limone, nach Kiwi, »*Wake-up*« und »*Etiquette*« schmecken, *Moisture*-Desserts, Becher mit *Mango Dream Snow* und Packungen mit der Mitteilung, »Hör auf das sanfte Raunen des Gemüses. Du wirst Vergnügen empfinden und der Welt ein Lächeln schenken.« Als ich einmal Kartoffelbällchen aß, entdeckte ich drei Gestalten, die um die Tüte tanzten: Sie hießen Jean, Paul und Belmonte.

Am Nachmittag gehe ich meistens zur Post nebenan, wo bei meinem Eintritt immer alle Angestellten aufschauen, als hebe sich nun der Vorhang zu ihrer täglichen Soap Opera. Mein wichtigster Zugang zur großen Welt ist mit Hindernissen gepflastert. Die Umschläge, die ich benütze (sie sind von meinem Arbeitgeber), sind – gemessen an einem durchsichtig-grünen Lineal, das die Angestellten schwingen – zu groß. Oder ich habe den *Par Avion*-Aufkleber vergessen. Einmal wurde ich getadelt, weil ich auf der Rückseite des Umschlags ein zu langes PS angebracht hatte, und einmal, während der Ferienzeit, wurde mir eine Rechnung über $30 präsentiert, weil herausgekommen war, dass meine Neujahrsgrüße die erlaubten fünf Worte überschritten hatten.

Danach gehe ich im Park spazieren, vorbei am missratenen

Sohn des Elektrikers, der seine *Corvette* aufpoliert, bis ihr Rot noch röter ist als sein bis zur Hüfte reichendes Haar, vorbei an den Hunden, die meinen fremdartigen Geruch wütend verbellen, und vorbei an Kindern, die zurückweichen wie vor dem Monster aus dem kalifornischen Horrorfilm vom letzten Sommer. An einer Straßenecke in dieser friedlichen ländlichen Umgebung steht eine Reihe von Automaten, an denen ich neunundvierzig Zigarettensorten, sechsunddreißig verschiedene Alkohol-Drinks, zweiundneunzig nichtalkoholische Drinks und eine verwirrende Reihe knallbunter Dosen kaufen kann, die *Corn Potage*-Suppe, *Melon Cream*-Soda, einen *Calorie Mate Block*-Drink und *Drafty*-Bier enthalten

Japan ist dafür bekannt, die ganze Welt als gigantischen Souvenirladen zu betrachten, aus dem es nach Lust und Laune alles zusammenmischen und -basteln kann. Viele Neuankömmlinge – beispielsweise in Kioto – sind erstaunt darüber, die alte kaiserliche Hauptstadt voll knalliger *Think Potato*-Bars und *Amazement Spaces* zu finden und Läden, die sich *American Life Theater* nennen, während *New Kid in Town* von den »Eagles« aus den Lautsprechern im Geisha-Viertel quillt. Das Unpersönliche an Japan liegt für mich aber nicht darin, dass es keinen eigenen Charakter zeigt, sondern darin, dass es seine Gefühle für sich behält. Das öffentliche Leben ist betont neutral und unpersönlich, um Reibungen und Verwirrungen auf ein Minimum zu reduzieren. Die Individualität blüht hinter verschlossenen Türen.

Die Wirkung solch eigentümlicher Alltagsstrukturen mag begrenzt sein, aber ich denke doch oft an jene Stelle in Christopher Isherwoods Buch *Der Einzelgänger*, in der eine Frau aus Sarah Lawrence den Vorwurf macht, Kalifornien biete an Stelle von Geschichte und fein nuancierter Tiefe nur »unwirkliche« Plätze, statt gotischer Kathedralen nur irgendein Motel. Isherwoods Erzähler reagiert darauf mit einem leidenschaftlichen Plädoyer für diese überall gleichen Motels, die uns gerade durch ihre Unwirklichkeit davor schützen, sie allzu ernst zu nehmen. Es ist weit weniger wahrscheinlich, dass uns synthetische Oberflächen gefangen nehmen, als »dieser ganze überholte Kult mit den Kathedralen und Erstausgaben, den Modellkleidern aus Paris und den Weinsorten nach Jahrgängen!«[49] Kalifornien fördert die Transzendenz, so argumentiert er, gerade weil es nur leere Oberfläche ist.

Eine solche Position kann sicher ein Exilant aus der Alten Welt leichter einnehmen als jemand, der von Geburt an ständig diesen permanenten Umwälzungen ausgesetzt war, aber sie erinnert doch in heilsamer Weise daran, dass leere Oberflächen gegenüber verlockenden auch einige Vorzüge haben können: Heimatgefühle hängen schließlich nicht nur an sichtbaren Dingen.

Der Wohnblock, in dem ich in Japan lebe, hat vier Apartments. Einer der Nachbarn ist ein baptistischer Priester, der von seinem Studium in Chicago her perfekt Englisch spricht und seine Weisheit in einem Apartment im zweiten Stock des trostlosen Gebäudes gegenüber abgibt, wo außen auf einem Balkon ein Kreuz angebracht ist und ein Schild potentielle Gemeindemitglieder darauf hinweist, dass die Teilnahme am Gottesdienst auch gleichzeitig eine Gratislektion in Englisch beinhaltet. Immer wenn er mir auf der Treppe begegnet, schaut er weg, als wäre er mit einem Agenten von Beelzebub persönlich konfrontiert. Im Apartment über meinem lebt eine *yamama* (ein japanischer Begriff, der eine raffinierte Kombination aus *young mother* und *yankee mother* darstellt), die ganz anders mit mir umgeht: Sie begrüßt mich immer mit besonderer Freude, wenn wir uns begegnen und kämpft dabei tapfer mit ihrem wehenden hennagefärbten Haar, zwei Kleinkindern, einem Buggy und den Anforderungen ihres Leopardenfell-Outfits.

Gelegentlich tauchen Zeugen Jehovas mit dem japanischen *Wachtturm* an meiner Tür auf, fassen sich nach meinem Anblick wieder und händigen mir dann ein Blatt aus, auf dem Gebete in fünfzig Sprachen stehen. Manchmal rufen Angestellte von Telemarketing-Firmen an, um irgendwelche internationale Telefondienste anzupreisen, werden aber sehr schnell von meinen unverständlichen Antworten verscheucht. Japan war über lange Zeiten der Geschichte die am meisten gegen Außeneinflüsse abgeschlossene Kultur, aber heute ist die Welt nicht weit entfernt, wenn man sich mit ihr beschäftigen will: In der englischen Lokalzeitung findet man sogar die Ergebnisse aus den albanischen und luxemburgischen Fußball-Ligen, und das monatlich erscheinende englische Magazin berichtet über die Bahai-Gemeinden von Osaka/Kobe, die Synagoge Ohel Shelomoh und sogar die Kirche für norwegische Seeleute – gleich neben Anzeigen für »kulturelle Freundschaften« und denen von »heiratswilligen Kanadiern«.

Eins wird durch die Menschen in meinem kleinen Apartmentblock deutlich: dass ein Gefühl für Heimat oder Nachbarschaft heutzutage fast nur noch von innen heraus entstehen kann. Weder mit dem Baptistenprediger noch mit der Rock'n'Roll-Mutter habe ich jemals Gespräche geführt, ich bin aber für beide – wenn auch auf ganz entgegengesetzte Weise – das Symbol einer Welt, an die sie nicht herankommen. Umgekehrt brauche ich mir keine Illusionen zu machen, allzu viel über sie herauszubekommen (wie ich das »zu Hause« könnte). Das globale Zeitalter erinnert uns daran, wie wenig wir wirklich von den Menschen wissen, denen wir täglich auf der Treppe begegnen. Unsere Identität muss sich ohne allzu viel Hilfe von außen herausbilden.

Um meine Rechnungen zu zahlen, fahre ich alle paar Wochen mit dem Bus zu meiner Bank mit den farbigen Glasfenstern, wo mir die Kassiererin, wenn sie meine Dollar-Reiseschecks in Yen auszahlt, eine *Nara Bank*-Zahnbürste oder zwei Packungen *Kleenex* als Geschenk des Hauses überreicht, um das Schweigen und die Sprachlosigkeit erträglicher zu machen. Die Frau beim Geldumtausch begrüßt mich bei jedem Besuch mit einem begeisterten »*Pico-san*, lange Zeit nicht sehen!« und beglückwünscht mich zu meinem Entschluss, nach Kalifornien zu gehen, um meine Mutter zu besuchen, oder zu dem Entschluss, das nicht zu tun und stattdessen meine hiesige Familie zu beschützen. Wenn sie nicht da ist, wird ihr Platz von einem ihrer Vorgesetzten eingenommen, der das Gesicht verzieht, mich mit offener Abneigung anstarrt und meinen Pass in der Hoffnung durchblättert, Unregelmäßigkeiten zu entdecken.

Danach mache ich meist in der Bücherei Halt, der einzigen wirklichen Quelle für englischsprachige Nachrichten. Wenn ich dann später im Tsutaya Culture Convenience Club beispielsweise den Film *Chungking Express* (in Kantonesisch mit japanischen Untertiteln) ausleihen will, bekomme ich eine kleine Schachtel *Kellog's Genmai Flakes* und ein 289-seitiges Verzeichnis aller verfügbaren Zeichentrickfilme zur Auswahl vorgelegt. Obwohl er nicht gerade riesig ist, bietet der Culture Club eine Videosammlung mit besonderen Abteilungen für alle nur denkbaren Schauspieler – bis hinunter (oder hinauf) zu Charlotte Gainsbourg, Vanessa Paradis und Moira Kelly. Die Filmtitel führen mir vor Augen, dass selbst wohlvertraute Dinge hier in anderer Gestalt auftreten (aus *Jerry Maguire* wurde in Japan der englische Titel *The Agent*, aus *Up Close and Personal* wurde *Anchor Women*). Als ich mittels japanischer Videos den Aufstieg Forrest Gumps zur Berühmtheit verfolgte, war ich überrascht, den Helden während des Aufruhrs der sechziger Jahre an der »UCLA« zu finden (wie die Japaner für Berkeley sagen), obwohl das vermutlich auch nicht seltsamer ist als die regionalen Baseballübertragungen mit ihren *dead balls, timely errors* und *sayonara homeruns* und der

Angewohnheit, mitten im spannendsten Moment für Slipeinlagen zu werben oder zur nächsten Show weiterzuschalten, weil die Zeit abgelaufen ist.

Kurz: Die genaue Zuordnung, was zum »Hier« oder zum »Dort« gehört und was vertraut oder fremd ist, muss in der modernen Welt neu getroffen werden. In Japan sind es die mir eigentlich vertrauten Dinge – die Dinge aus dem »Westen« –, die mir am seltsamsten vorkommen, ähnlich wie es für japanische Besucher Amerikas die Tempura-Paläste dort oder die Buddhas neben der Badewanne sind. Es ist leichter, eine Fremdsprache zu sprechen, auch wenn man sie nicht perfekt beherrscht, als mit einer Sprache klar zu kommen, bei der zwar alle Buchstaben gleich sind, aber auf unbeschreibliche Weise durcheinander gewirbelt wurden, sodass aus »Heimat« *ma-heit* und aus »Leben« *nebel* wird.

Einmal im Jahr, in der »Nacht des Erntemonds«, mache ich einen Ausflug in das Zentrum von Nara, das vor 1300 Jahren die kaiserliche buddhistische Hauptstadt war. Kostümierte Tänzer fahren an diesem Abend nach zeremoniellen Regeln in Holzbooten auf einem Teich, in dem sich eine Kaiserin einst aus gebrochenem Herzen ertränkt hat. Eine vierstöckige Pagode spiegelt sich im Wasser, und Männer in Baströcken schwingen brennende Fackeln gegen die Dunkelheit. Hin und wieder wird die Nacht von den langen, schwermütigen Klagen einer Bambusflöte unterbrochen. Die Kurtisanen in ihren Booten sehen mit ihren geisterhaft weißen Gesichtern, den blutroten Kimonos und den rabenschwarzen Zöpfen wie Gespenster aus. Der Wind weht rote Laternen gegen die Bäume, und gebückte alte Frauen tragen leuchtende Lampions den Hügel hinauf, wie Gestalten auf einem Holzschnitt von Hiroshige. An den Ständen in der Nähe kichern Schulmädchen über Handpuppen in Buddhaform und Marilyn Monroe-Telefonkarten: Manchmal entdecke ich bei dieser Zeremonie für Touristen (viele von ihnen sind Japaner – Touristen in ihrer eigenen Geschichte) tatsächlich auch etwas Bekanntes.

Meine nächste Umgebung gibt mir vielleicht am ehesten durch ihre Mischung aus Freundlichkeit und Realismus Halt – mit der Weisheit einer Kultur, die in ihrer langen Geschichte einzuschätzen gelernt hat, wie weit sie Gefühle nach außen dringen lassen kann. Für viele aus der Neuen Welt erscheint die Reaktion der Japaner auf Schicksalsschläge und Probleme – von Terroristen über brennende Häuser, endlos lange Arbeitstage und überfüllte Züge bis zu plötzlichen Todesfällen (*Shikataganai* oder »Da kann man nichts machen«) – als fatalistisch und als zu sehr bereit, sich einer höheren Fügung auszuliefern. Für mich aber, der ich aus Kalifornien komme, wo jeder irgendwie auf der rastlosen Suche nach dem perfekten Leben, dem perfekten Partner, dem perfekten Job und dem perfekten Selbst ist, klingt es beruhigend, von Grenzen zu wissen, die sowohl etwas von der Vergangenheit als auch etwas von der Zukunft in sich tragen. Die Kultur eines Landes, in dem das »Streben nach Glück« in der Verfassung verankert ist, scheint geradezu zwangsläufig zu Enttäuschungen führen zu müssen, und sei es nur, weil mit »Glück« etwas angestrebt wird, was man durch angestrengte Suche nicht finden kann. Eine Kultur, die – wenn auch unbeabsichtigt oder unbewusst – auf der »Ersten edlen Wahrheit des Buddhismus« gründet, welche »Alles Leben ist leidvoll« lautet, scheint mit Kummer und Schmerz besser umgehen zu können. Freude und Gelingen stellen vor diesem Hintergrund angenehme Überraschungen dar. In einer Welt, die von der Vielzahl freier Wahlmöglichkeiten und durch den Anschein von Freiheit aufgeputscht ist, vertritt Japan trotz all seines Konsumwahnsinns tief im Inneren eine postglobale Ordnung, die darum weiß, was wirklich perfektioniert werden kann (Straßen, Verhaltensweisen, Oberflächen) – und was nicht.

Praktisch gesehen ist es vielleicht diese Ruhe und Gelassenheit – manche würden eher Selbstgefälligkeit sagen –, die einer geschützten nachbarschaftlichen Umgebung wie der meinen den Anschein der Unschuld von »Friede – Freude – Eierkuchen« gibt. Ich glaube nicht, dass die Japaner unschuldiger als andere sind, aber vielleicht sind sie mehr darauf bedacht, den Schein zu wahren – insbesondere den der Unschuld. So werden alle gesellschaftlichen Gruppen gedrängt, ihren Anteil bei der öffentlichen Zurschaustellung von eitel Sonnenschein zu leisten. (Es ist eine Kultur, in der Frauen, um verführerisch zu wirken, ihre Augen weiter aufreißen als irgendwo sonst auf der Welt.) Man kann viel von alldem auch als Scheinheiligkeit interpretieren, aber es kann auch der vorsichtige Versuch sein, in einer Welt Grenzen zu ziehen, in der alles in Fluss ist, und ein Gefühl dafür zu entwickeln, welche Illusionen man nützlicherweise aufrecht erhalten sollte und welche man besser aufgibt. Eine Werbetafel draußen an meinem Wohnblock verspricht es in aller Zweideutigkeit: »Ehrliche Kosmetik, die dich für immer jugendlich und schön macht.«

Die japanische Gesellschaft verlangt von ihren Mitgliedern, sich einem Sinn und einer Identität zu verpflichten, die höher stehen als sie selbst. (Die Japaner überreichen ihre Firmenkarten, geben aber nie ihre persönliche Meinung preis.) Selbst Punks mit Nasenringen und vergammelte Inder werden ausdrücklich genötigt, sich einer Verantwortung zu stellen, die über ihren sterblichen Leib hinaus reicht. Ich ertappe mich dabei, wie ich verstreuten Müll aufhebe, wenn ich die Straße hinunter gehe – fast so automatisch, wie ich inzwischen in Kalifornien den herunterhängenden Hörer in einer Telefonzelle auf die Gabel lege. Wenn ich in der Bank von meinem Sitz aufstehe, wische ich ihn sauber, was ich »zu Hause« nie machen würde.

Kurz gesagt: Gegenüber unseren erwählten Heimaten bringen wir eine Toleranz auf, die wir unserer ererbten Heimat verweigern. In einer Welt, in der wir hart arbeiten müssen, um ein Gefühl von Heimat zu gewinnen, müssen wir uns ebenso sehr anstrengen, um einen Sinn für das Andere zu bewahren. Deshalb habe ich mir einen Platz zum Leben ausgesucht, der von jenen Hügeln im Osten Kiotos ein Stück weit entfernt ist, die mich wie Erinnerungen an ein Leben berühren, von dem ich nicht wusste, dass ich es gelebt hatte. Wenn man von Nara aus zu einem Besuch der Stadt der Tempel aufbricht, so folgen auf eine neunzigminütige Pilgerfahrt per Bus und Bahn noch zwei Zugfahrten. Damit hat jede derartige Reise etwas von einer Zeremonie und wird von hochgespannten Erwartungen begleitet. Deshalb ist Kioto für mich nicht wie manche andere Stadt von der lästigen Routine aus »Rechnung zahlen« und »Kleider in die Reinigung bringen« bestimmt. Aus einem Provinz-Vorort mit weißen *Ascots* and *Clever*-Cafés in die Stadt zu kommen, ist immer aufs Neue atemberaubend: die Laternen in den herbstlichen Tempeln zu sehen, die den Weg hinauf in die Bambuswälder markieren, wie wenn er in ein anderes Leben führte, die Tempelglocken zu hören, die längs des »Wegs des Philosophen« erklingen.

Zweimal im Jahr begleite ich meine Freundin in ihre Heimatstadt (in gewissem Sinn ihr Oxford). Wir mieten uns für sechs Stunden ein Auto und fahren weit übers Land. Diese für uns ungewohnte Art der Fortbewegung ist allein schon bezaubernd, und Kioto öffnet sich wie ein schweres Tor, das uns in eine tiefere, althergebrachte Stille einlässt.

Als wir einmal an einem kalten Winterabend dorthin fuhren, um den neunten Jahrestag unserer Beziehung zu feiern, überraschte uns am nächsten, noch dunklen Morgen der erste Schnee des Jahres, der die alten Turmspitzen und die paar hölzernen Gebäude bedeckte, die im Zentrum der Stadt noch erhalten sind.

Wir gingen in die noch ganz stille und neblige Kälte hinaus, stiegen ins Auto und fuhren nach Nordosten zum Berg Hiei – der Überlieferung nach einem Gebiet der Dämonen und daher auch der Klöster.

Nachdem wir die Stadt hinter uns gelassen hatten und die engen, kurvigen Straßen des alten Bergs hinaufgefahren waren, eröffnete sich uns ein silbernes Schauspiel, denn unser Auto war das erste, das nach dem Schneefall durchgelassen worden war – und das einzige Auto weit und breit in dieser weißen Welt der Stille. Alles schien tadellos und jungfräulich zu sein, und die Kiefern standen wie mit Zucker überzogen gegen den langsam erwachenden blauen Himmel.

Die riesigen Parkplätze mit ihren Parkuhren standen leer. Die hohen roten Torii-Tore waren weiß gesäumt. Wir kamen auf unserem Weg nicht aus dem Staunen heraus und folgten einer stummen Fährte, die sich vor uns tief in den dunklen Berg schnitt. Schließlich hielten wir an und stiegen in einer glänzenden Landschaft mit riesigen Bäumen aus. Der Himmel leuchtete blau und der Tag war windstill. Nirgends war ein Geräusch zu hören, es gab nur dunkle Bäume, weiße Linien und steinerne, mit Schnee gesäumte Buddhas. Ein steiler Abhang führte zu einem Tempel hinauf, der in einem Wäldchen versteckt war. Große Schneebatzen fielen dumpf von den Zweigen zu Boden, sonst war nichts zu hören.

Vor dem Shyaka-do-Tempel saßen wir auf einer hölzernen Plattform, während drinnen ein Gong ertönte und ein Mann die für diesen Tag gebotenen religiösen Übungen vor einer großen Buddhastatue vorbereitete. Meine Füße fühlten sich kalt an. Vier junge Mönche stapften in blauer Arbeitskleidung in den Wald, weiße Kopfbinden um die rasierten Köpfe. Und dann wieder die Stille, das Weiß, die Ruhe.

Wahrscheinlich wirkt mein Leben in Japan für mich hauptsächlich so befreiend durch die erzwungene Einfachheit, mit der mein absolutes Fremdsein hier einhergeht. So weit entfernt von allem, ohne Auto noch Fahrrad, ohne Zeitungen und Zeitschriften – und mit Fernsehprogrammen, in denen die meisten Worte für mich unverständlich sind – bin ich ein wenig von der Gegenwart befreit und ziehe Neuigkeiten aus der Weise, wie die Blätter fallen, oder aus den Emerson-Essays auf meinem Bücherbord. Das Leben in einem kleinen Zimmer macht mich genügsam. Kaum die Sprache meiner Umgebung zu beherrschen, befreit mich von Klatsch und Geschwätz (und davor, zu lauschen) und lässt mich in einer Stille zurück, die zu größerer Genauigkeit führt.

Das kann natürlich auch zur Folge haben, dass ich den Dingen ausweiche, statt sie zu durchdringen – auf jeden Fall halte ich meist nicht allzu lange an dieser Kargheit fest und fliege hin und wieder nach Kalifornien, um dort meine dringenden Rechnungen zu bezahlen. Manchmal kann ich auch nicht widerstehen und mache den Computer an, um zu sehen, wie die Lakers gerade spielen. Ich kann ja auch schwerlich eine Technologie allzu heftig verdammen, die es mir überhaupt erst ermöglicht, mit meinen Chefs auf der anderen Seite des Globus Kontakt aufzunehmen oder die es mir erlaubt, einfach in ein Flugzeug zu steigen, wenn ich zum Zahnarzt muss. Aber immerhin ist das Dasein in einer derart fremdartigen Umgebung der erste Schritt zu einem langsameren Leben und zu dem Versuch, weit entfernt von einer Welt, die mit immer größerer Drehzahl rotiert, einen befreiten Raum zu schaffen. In unserem globalen städtischen Kontext entspricht das dem alten Traum vom »Leben in den Wäldern«.

Nach drei Jahren meines mehr oder weniger sporadischen Lebens hier beschloss ich, mir eine Schreibmaschine anzuschaffen. Die Maschine, die ich bisher benutzt hatte, war eine alte japanische manuelle, die fast so arthritisch war wie ich selbst, und die einzigen anderen Gerätschaften zur Verfertigung meiner Artikel waren eine Schachtel mit $ 1.19-Stiften und ein begrenzter Papiervorrat für mein völlig unleserliches Gekritzel. Ich schlug eine örtliche Zeitung auf und fing an, die Kleinanzeigen zu durchforsten. Schließlich fand ich eine Firma, die eine einfache, billige, elektrische Schreibmaschine anbot, ähnlich der, die ich früher im College hatte. Ich rief an, faxte ein paar Formulare, zahlte Geld auf der Post ein – und wartete.

Nach ein paar Tagen erschien ein Bote von *Black Cat* an meiner Tür und brachte mir die heiß ersehnte Schreibmaschine. Erwartungsvoll begann ich nun alle Artikel, die ich vorher mit der Hand geschrieben hatte, zu tippen, und schnell war auf Grund meines großen Könnens das Korrekturband aufgebraucht. Plötzlich war ich hilflos – nachdem ich viele Jahre ganz gut ohne Schreibmaschine überlebt hatte. Ungeduldig rief ich bei der Firma an, bekam noch ein paar Formulare, faxte sie zurück, zahlte weiteres Geld auf der Post ein – und wartete. Inzwischen war allerdings auch das Farbband aufgebraucht.

Wieder wusste ich nicht weiter und sah keinen Weg, wie ich den angefangenen Artikel zu Ende schreiben könnte. Ich rief noch einmal den armen Händler an, füllte weitere Formblätter aus, machte weitere Gänge zur Post und lief auf und ab. Das Problem war natürlich nicht die Maschine – es lag in mir. Die eigenen Erfahrungen erinnerten mich daran, wie schnell wir zum Diener unserer Geräte werden und uns selbst in Maschinen mit beschränkten Handlungsabläufen verwandeln.

Die Geschichte ist so alt wie die vom Kamel und dem Nadelöhr – unser Besitz hindert uns am wahren Glück – und erinnerte mich sehr eindringlich an eine Lektion, die jemand eigentlich gelernt haben sollte, dessen Haus niedergebrannt war und dessen Projekte und Hoffnungen alle in Rauch aufgegangen waren –

aber irgendwie hatte das nur auf dem Papier funktioniert. Die Geschichte hat mich auch auf einige Prinzipien der japanischen Gesellschaft gestoßen, die mehr oder weniger auf der Vorstellung beruhen, dass es das Denken konzentriert und für die Blume eine Weihe darstellt, wenn man einen schlichten Raum mit nur einer einzelnen Chrysantheme schmückt. Sie hat mich auch an eine einfachere Zeit erinnert, als die kleinen Vergnügen noch viel zählten und die inzwischen alten Sensationen noch neu waren. Wenn wir uns trotz aller Einschränkungen, die für uns die Kindheit hatte, voll Nostalgie an sie zurückerinnern, dann vor allem, weil wir uns nach einer Zeit sehnen, in der die Tage noch eine Ewigkeit dauern konnten und unser Bewusstsein eins mit unserem Körper war. In dem bescheidenen Rahmen, in dem ich in Japan lebe – mit wenig Besitz, nicht viel Raum und wenig Gewandtheit in den landesüblichen Umgangsformen – habe ich wieder zu diesem Zustand lebendiger Glücksmomente zurückgefunden, in dem Telefonanrufe so selten sind, dass sie noch Freude auslösen und der eine Film jeden Monat als etwas Besonderes erscheint.

An einem Sommerabend – ich war inzwischen vielleicht vier Jahre hier – schlug meine Freundin eine Motorrad-Tour durch unser Viertel vor. Keine fünf Minuten von unserer Wohnung entfernt, gerieten wir unvermutet in eine glatte Welt aus *Big Boy*-Hamburgerläden und *Château d'Or*-Bistros mit dem Hotel *Silk Road* gleich dahinter. Die Gegend sah fast aus wie Atlanta mit Untertiteln: ein x-beliebiger Vorort für Menschen mit fahrbarem Untersatz, ausgestattet mit den überall gleichen Requisiten von *Book Bahn, Sushi Land* und *Bottle World*. Es war das übliche Getöse einer Welt, die mit den Segnungen im aktuellsten internationalen Stil lockte: *Mr. Pachinko, Taco Donald's* und Jungen mit Baseballkappen auf denen »Und jetzt? Sex!« stand, marschierten ins *Neo-Geo*-Land ein.

Als wir weiterfuhren, wechselte allerdings die Szenerie schnell, und die Einkaufszentren wurden von offenem Land und Reisfeldern abgelöst. Bauern arbeiteten vor ihren strohgedeckten Häusern in Dörfern, deren Einwohner noch so eng miteinander verbunden waren, dass jeden Abend um 7 Uhr die Gemeindeneuigkeiten per Lautsprecher in jedes Haus übertragen wurden.

Als dann der Himmel indigofarben wurde und ein gewaltiger Mond über die Hügel stieg, kamen wir zu etwas noch Eigenartigerem: riesige, glasverkleidete moderne Gebäude, mit Rohrleitungen und Werkstätten so kompliziert eingerichtet wie das Innere eines Laptops, ragten mitten im Nirgendwo auf. Schilder klärten darüber auf, das Ding mitten in der Weite der alten grünen Hügel sei das Nara Institute of Science and Technology, und andere kleinere Tafeln erklärten in Japanisch und Englisch, das seien nur die Anfänge der Kansai Science City, die sich eines Tages über 60 Kilometer in jede Richtung erstrecken und so alle Gebiete Westjapans zu einem Silicon Valley des Ostens verbinden würde. Ein Straßenschild wies uns zum Hi-Touch Research Park, und Modelle demonstrierten die Umrisse einer urbanen Schneise, die wie ein blinkender Anrufbeantworter mitten im Land eine Nachricht aus der Zukunft für uns bereithalten würde.

Nun hatte ich schon die Hälfte der Zeit, die der *heisei*-Kaiser[50] regierte, in Nara gelebt und dabei nicht gemerkt, dass ich mich inmitten einer Art kosmischen Stadt des neuen Jahrtausends befand. Plötzlich diesem Raumschiff zu begegnen, war Schwindel erregend. Mir war zumute, als hätte mich jemand so hoch in die Luft gehoben, dass unser Haus nur noch als winziger Punkt auf einem gewaltigen Gemälde erschien, das irgendein Meta-Thomas Pynchon gestaltet hatte. All die Golfplätze, *Family*-Marts, *Tomato*-Tankstellen und Reklametafeln mit *Felix the Cat*, für mich immer Dinge für reiche Ärzte, waren in Wirklichkeit Teil einer Techno-Stadt von morgen, die anstatt der grünen Hügel, die mich so tief anrührten, die Landschaft prägen würden.

Wir fuhren zurück an Reisfeldern, Dorfbächen und Holzhäusern vorbei, die sich in der Dunkelheit drängten, dann ging es um eine Kurve, und wir trafen auf das Schild für die Park-*dori*, die ruhige Straße, die ich dreimal am Tag entlangging.

Die Person, mit der ich all diese Abenteuer teilte, ist für mich natürlich ein wenig wie die Gesellschaft, in der ich dort lebe: Sowohl ihre Vertrautheit als auch ihre Fremdartigkeit ziehen mich gleichermaßen an. Täglich rief mir meine Freundin in Erinnerung, dass es zur Vertrautheit gehört, sich mit dem Geheimnis anzufreunden. Wir wissen nur allzu gut, dass nichts fremder ist als das Gesicht des Menschen, der – im Licht des weit entfernten Mondes – an unserer Seite schläft. Gerade in unserer modernen Welt erhält diese alte Wahrheit ein besonderes Gewicht, da immer mehr von uns das Heim mit privaten »Japans« teilen – halb fremd, halb eigenartig vertraut.

Eine eigene gemeinsame Sprache ist jedem Paar zu eigen. In meinem Fall ist die Situation aber noch etwas eigenartiger, weil ich keine der offiziellen Sprachen mit meiner Freundin teile: Mein Japanisch war nie gut genug, um ihr Englisch beizubringen, und ihr Englisch nie gut genug, um mir Japanisch beizubringen. So verständigen wir uns in einer Art flüssigem Pidgin mit englischen Wörtern, die in japanische Satzkonstruktionen eingebaut sind. Das klingt ein wenig so, wie unsere Umgebung für mich aussieht.

Das bedeutet aber auch, dass wir größtenteils von dem, was zwischen den Zeilen steht, von den Schatten und den verborgenen Bedeutungen, die Worte mit sich tragen, frei sind. Ich kann keine Wortspiele machen, nicht mit Mehrdeutigkeiten jonglieren und mich nicht auf verbale Tricks verlassen. Und sie kann nicht groß darüber nachdenken, was meine Worte »eigentlich« bedeuten (oder was nicht) und was sie an versteckten Angriffen enthalten könnten. Bei einer Kommunikation quer über die Sprachen hinweg geht es weniger darum, zu gewinnen, als darum, sich zu verständigen.

Das globale Dorf bietet immer mehr von uns die Möglichkeit, sich in der Fremde zu bewegen und auf diese Weise zu Klarheit und Einfachheit zu finden. Selbst in der Gegend, in der wir geboren wurden, können wir uns heutzutage oft nur mit Gesten verständigen oder müssen mit Verkäuferinnen oder Telefonistinnen besonders langsam sprechen. Distanz zu den Worten bedeutet auch ein wenig Distanz zu den Oberflächenbedeutungen, die sie transportieren. Meine Gefährtin, mit der ich über zwölf Jahre zusammen bin, hat wenig Interesse daran, wie ich mich durch Markennamen und -zeichen definiere oder was mein Job, meine Schulen und Colleges bedeuten, kurz: wer ich laut meinem »offiziellen« Lebenslauf bin. Und ich selbst kann sie in ähnlicher Weise nicht auf die Angaben reduzieren, die in einem Bewerbungsschreiben stehen würden. Keiner von uns kann eine Silbe dessen lesen, was der andere geschrieben hat, deshalb müssen wir uns gegenseitig in einer Weise wahrnehmen, die etwas tiefer geht als die übliche.

Von einer Sprache umgeben zu sein, die ich nicht verstehe, bedeutet für mich zunächst einmal, dass ich auch schlafen kann, wenn der Fernseher voll aufgedreht ist. Die mir vertraute englische Sprache, tritt hier in fremdländischer Verkleidung auf – in Form von *live house*-Clubs und *viking style*-Frühstücken, *pocket bell*-Piepsern oder *hammer price*-Auktionen. Aus dem linguistischen Koffer lebend, werde ich immer wieder an das erinnert, was ich bisher bei jeder Auslandsreise festgestellt habe: Immer, wenn ich mein Zuhause verlasse, bin ich davon überzeugt, nicht alles dabeizuhaben, was ich brauche – um dann nach ein paar Tagen zu merken, dass es bei weitem zu viel ist. Die zusätzlichen Worte (und die zusätzlichen Sachen) stehen nur im Weg.

Das Beste an allem ist, dass ich Übung darin gewonnen habe, mit dem neugierigen Blick des Fremden auf die für Japaner selbstverständlichen Dinge zu schauen, und dass ich daher auch die Gegenden, die mir sonst selbstverständlich wären (England, Indien, Kalifornien), mit den staunenden Augen Fremder sehen kann. Ich habe einmal den vierundsiebzigjährigen Vater meiner Freundin zu seiner ersten Auslandsreise nach dem Krieg mit nach Kalifornien genommen. Plötzlich wurde er in dieser unbegreifbaren Umgebung wieder zum Kind, er krempelte seine Hosen hoch, wich der Brandung des Pazifiks aus und sammelte Muscheln, um sie mit nach Hause zu bringen. Alles war für ihn neu – wenn auch in die Begriffswelt übersetzt, die er kannte –, und schon bevor er das Flugzeug bestiegen hatte, war ein 36er-Film verknipst. Während des ganzen elfstündigen Flugs hatte er die Hand ans Fenster gepresst und hinaus in die Dunkelheit geblickt.

Solche Durchmischungen bestimmen in zunehmendem Maß das Gefüge unserer hybriden Welt, weil immer mehr von uns schon im Privatleben Grenzen überschreiten. In Toronto, Hongkong oder sogar im olympischen Dorf sieht man heutzutage so viele Paare, für die Nationalitäten und alle anderen trennenden Unterscheidungen aufgehoben sind und die auf diese Weise neue Kulturen begründen.

In einer Hotellobby musterte einmal eine ältere Frau meine Freundin, beugte sich dann zu ihr herüber und fing ein Gespräch an: »Entschuldigen Sie bitte, darf ich Sie etwas fragen?« Wie sich herausstellte, war sie Japanerin, es war Sonntagmorgen und die »Wedding Hall« und die »Holiday Hall« füllten sich gerade. »Wie ist das mit der Kommunikation mit einem Ausländer? Haben Sie Probleme mit der Religion, den Bräuchen und mit anderen Sachen? Wie machen Sie sich verständlich?« Meine Freundin antwortete, dass wir uns vermutlich besser verstehen, als wenn wir zu viele Worte hätten, und dass wir so zumindest von einigen

Problemen verschont wären. Befriedigt lehnte sich die Frau zurück, beobachtete all die Männer rundum und brachte ihre füllige Haarpracht in Ordnung.

Vielleicht sollte sich jeder Fremde in einem Land, das er liebt, das aber nicht sein eigenes ist, stets vergegenwärtigen, dass sein Paradies ein verlorenes ist (und sei es nur, weil es für die anderen um ihn herum die Alltagsrealität darstellt) und dass es Annehmlichkeiten bietet, die weit über das hinausgehen, was für die meisten Menschen auf der Erde erreichbar ist. Immer wenn ich in den Büchern des sehr gegenwartsbezogenen japanischen Romanciers Haruki Murakami lese, der sein Land aus dem Blickwinkel eines Lebens in Europa und einer Lehrtätigkeit in Princeton sieht – und Raymond Carver und John Irving ins Japanische übersetzt hat –, merke ich, dass Japan für einen Einheimischen so seelenlos und so von trauriger Einsamkeit und Verlorenheit erfüllt sein kann wie für mich London oder L. A.

In seinem Roman *Mister Aufziehvogel*[51] ermöglicht uns Murakami tiefe Einblicke in das moderne, gefühllose Japan, die auf die virtuelle Autopsie einer Kultur hinauslaufen, die jede Dimension und Tiefe verloren hat und auf das unbewusste Kredo »Ich denke *nicht*, also bin ich« reduziert ist. Die meisten seiner Figuren haben an ihrer Seele Schilder mit »leer« hängen und treiben durch ihr Leben wie durch die Seiten eines Hochglanzmagazins, kaum greifbarer als die Bilder, die sie verschlingen. »Ich war wie eine wandelnde Leiche«, sagt eine der Figuren und eine andere stellt fest, »Ich existiere im leeren Raum …, wie ein leer stehendes Haus.«

Japan sieht für Marakami nicht viel besser aus als Hongkong oder Atlanta für mich.

Und so sitze ich nun an einem schmalen Tisch aus hellem Holz im einem Kinderschlafzimmer, mit einem *Hello Kitty*-Bleistiftstummel, mit einer japanischen Mappe, die rät, »Muntre deinen Geist auf. Nimm die Dinge, wie sie kommen«, und einem T-Shirt (aus Kalifornien), das mit »Ich will mich nicht zu Hause fühlen, wenn ich im Ausland bin. George Bernard Shaw« bedruckt ist, und schreibe an diesem Essay. Auf dem Tisch liegen ein Federmäppchen, das »Willkommen in meinem Herzen« verspricht, ein Lineal vom Norman Rockwell-Museum in Stockbridge (Massachusetts) – ich habe keine Ahnung, wie es hierher kommt –, und ein kleiner James Dean-Spiegel, auf dem der Name meiner Stieftochter steht, ein Souvenir von einem Schulausflug zum »Tempel des klaren Wassers« in Kioto.

Ich lehne mich an ein mitternachtblaues Kissen und höre auf das Geräusch eines Motorrads und vertrauter Schritte auf der Treppe. Dass dies so etwas wie eine Heimat für mich ist, merke ich inzwischen an Kleinigkeiten. Ich weiß, wann die Blätter der Bäume im Park ihre Farbe wechseln und ab wann die Getränkeautomaten ihr Angebot von »heiß« auf »eisgekühlt« umstellen. Ich weiß, wann meine Freundin den Winter-Futon aus dem Schrank holt und wann ihre Tochter die weiße Schuluniform gegen die blaue tauscht. Wenn ich dann an einem sonnigen Sonntagmorgen Thoreau lese, während der Gesang der Baptisten von gegenüber herüberweht, denke ich mir, dass auf unserem durchmischten Planeten dies hier der Stille und Klarheit von *Walden* so nahe wie nur irgend möglich kommt.

An einem Hochsommertag vor zwei Monaten fuhr ich mit Hiroko nach Kioto. Es war der letzte Tag von *Obon*, den traditionellen Feiertagen im August, an denen die meisten gläubigen Japaner in ihren Heimatort fahren, um den verstorbenen Ahnen die Ehre zu erweisen, die, wie man glaubt, für diese drei Tage auf die Erde zurückkommen. In dieser Zeit der Begräbnisfeiern und gewaltigen Verkehrsstaus auf den Autobahnen war ich mehr oder weniger zufällig vor dreizehn Jahren in ein Kioto gestolpert, das voller Gespenster und Laternen war, und hatte damals beschlossen, irgendwann wiederzukommen.

Jetzt gingen wir zwei am frühen Abend eine breite Allee entlang in Richtung der Hügel im Osten, durch ein langes Spalier weißer Laternen, die in Schwarz mit den Namen von Geschäften beschriftet waren. Am Ende des Kieswegs gelangten wir durch ein großes hölzernes Tor in einen Bereich, der vom Geruch von Räucherstäbchen und dem murmelnden Klang von Gebeten erfüllt war. Überall schwirrten Männer in Priestergewändern herum, und Greise aus einem ganz anderen Zeitalter schritten, halb gebeugt, in ihren Kimonos vorüber, um die Ruhestätten ihrer Lieben zu besuchen. Zikaden zirpten ohrenbetäubend, und unter dem dunkel werdenden Himmel wurden Lampions angezündet.

Wir folgten den alten Männern durch eine schmale Pforte im Süden und kamen in eine Welt mit leuchtenden Laternen, soweit wir nur sehen konnten: überall auf dem Abhang über uns, auf Zickzackwegen Richtung Himmel, wie im Dunklen zitternde Glühwürmchen. Zu unseren Füßen weit unten lag die moderne Stadt – misstönend, fluoreszierend, ein fernes Summen. Über uns bis zum Himmel ein flimmerndes Meer goldener Lichter, fast lautlos und auf merkwürdige Weise körperlos, wie wenn es sich in die Nacht ergießen wollte. Wir stiegen den steilen Hang hinauf, wo an den Grabsteinen die Betenden standen, und folgten den Papierlaternen immer weiter nach oben, vorbei an Reihen illuminierter Gräber, bis wir das Gefühl hatten, wir würden auf Wellen aus Licht schaukeln. Es gab nichts, was uns festen Halt bot, und es waren nur noch die zitternden Kerzenflammen und die Geister aus dem Jenseits, die Abschiedsworte flüsterten, zu sehen. Zu meinem Erstaunen wurde mir klar, dass der Augenblick, den ich auf meiner ersten kurzen Reise ein Jahrzehnt zuvor erlebt hatte, real gewesen war, und nicht, wie ich mir vorgestellt hatte, das Ergebnis des Jetlag, des Kulturschocks und meines Wunschdenkens. Ich erkannte immer klarer, wie außergewöhnlich es war, dass ich damals diesem Anblick gegegnete, wo doch mein Aufenthalt nur drei Tage gedauert hatte und lediglich ein Zwischenstopp mit Übernachtung in einem Hotelhochhaus auf der falschen Seite der Stadt war. Das Tor hier wurde nur an drei Tagen des Jahres geöffnet, und in den ganzen dreizehn Jahren, die seit meinem ersten Besuch vergangen waren, hatte ich dieses weite Meer der Geisterlaternen nicht wieder gesehen.

Dann gingen wir in die Stadt zurück, aßen auf einer Terrasse am Kamo-Fluss, während fünf große chinesische Feuerwerke längs der Hügelketten im Norden und Osten abgebrannt wurden.

In dieser Nacht fiel ich in einen sehr, sehr tiefen Schlaf und landete im Traum in einem englischen Landhaus. Es waren nur einige wenige andere Leute da: ein paar Schuljungen, eine Frau, die in meiner Kindheit wie eine Mutter zu mir war – und Hiroko. Es war ein fauler Sonntagmorgen, wir machten nichts Besonderes, außer dass wir die Wochenendausgaben der Zeitungen lasen und gelegentlich herumwitzelten. Alles war träge und ziellos. Einmal gingen wir in üppig-grünen, von Dunst umhüllten Hügeln spazieren.

Irgendetwas in dieser recht unspektakulären Szene traf ein Gefühl, das ich nicht in Worte fassen konnte, das auch nicht in Worte gefasst werden musste, aber jetzt im Traum hörte ich mich über diese englische Alltagsszene sagen: »Das ist mein Zuhause. Hierher gehöre ich. Normalerweise bin ich nicht sehr gesellig, aber das bin ich. Das macht mich aus.« Mit »das« meinte ich die großen Backsteinbauten, die grauen Nachmittage, das düstre Licht und die Langeweile, das Gefühl, dass nichts Besonderes passiert. Im Wachzustand hätte ich an solche Worte nie gedacht, aber jetzt konnte ich plötzlich die Tage meiner Kindheit nicht nur fühlen und sehen, sondern sie regelrecht schmecken und mitten in ihnen sein – in Japan, diesem weit entfernten Science-Fiction-Land, in dieser Nacht, als die Geister der Toten wieder nach Hause zurückfanden.

Dann wachte ich auf – zu den Klängen eines strahlenden Sonntagmorgens im Nordost-Viertel der alten kaiserlichen Hauptstadt Japans, im zehnten Jahr des Zeitalters, das übersetzt »den Frieden schaffen« heißt.

Anmerkungen des Übersetzers

1 Simone Weil, *Schwerkraft und Gnade*, München 1952.

2 Novalis, *Schriften*, Stuttgart 1983, Bd. 3, S. 434 (*Das Allgemeine Brouillon*, Nr. 857).

3 *Marielitos:* Kubaner, die 1980 per Schiff in die Staaten kamen.

4 Ralph Waldo Emerson, *Die Natur. Ausgewählte Essays*, Stuttgart 1982, S. 102.

5 Ralph Waldo Emerson, *Der Dichter*, in: ders., *Versuche*, Berlin [o. J.], S. 196.

6 Edward Bellamy, *Ein Rückblick aus dem Jahre 2000*, Berlin 1978, S. 114 ff.

7 Simone Weil, *Die Einwurzelung. Einführung in die Pflichten den menschlichen Wesen gegenüber*, München 1956, S. 71.

8 Ludwig Wittgenstein, *Vermischte Bemerkungen*, Frankfurt a. Main 1977, S. 120.

9 Salman Rushdie, *Der Boden unter ihren Füßen*, München 1999, S. 240.

10 So der deutsche Titel von James Hiltons *Lost Horizon*, dem Buch über Shangri-la, das 1937 von Capra verfilmt wurde.

11 Hugo v. Sankt Viktor, *Didascalicon*, Freiburg i. Brsg. 1997, S. 269 (III, 19).

12 Richard Ford, *Der Sportreporter*, Reinbek b. Hamburg 1989, S. 89.

13 CIQ = Customs Immigration Quarantine.

14 John Le Carré, *Unser Spiel*, Köln 1995, S. 265.

15 Winfried G. Sebald, *Die Ringe des Saturn*, Frankfurt a. Main 2001, S. 111.

16 Martin Amis, *Gierig*, Wien 1991, S. 290.

17 T. S. Eliot, *Das wüste Land,* in: *Werke*, Frankfurt a. Main 1972, Bd. 4, S. 111.

18 Simone Weil, *Schwerkraft und Gnade*, München 1952, S. 249; *metaxý:* griechisches Wort für das »Dazwischenliegende«.

19 Marshall MacLuhan u. Bruce R. Powers, *The Global Village. Der Weg der Mediengesellschaft in das 21. Jahrhundert*, Paderborn 1995, S. 190.

20 Anne Michaels, *Fluchtstücke*, Berlin 1997, S. 113.

21 Douglas Coupland, *Shampoo Planet*, Berlin 1994, S. 35.

22 Michael Ondaatje, *Der englische Patient*, München 1993, S. 154 u. 283.

23 *Glimpse:* Einblick; *to misconceive:* verkennen; *to scorne:* verachten.

24 Marshall MacLuhan u. Bruce R. Powers, *The Global Village. Der Weg der Mediengesellschaft in das 21. Jahrhundert*, Paderborn 1995, S. 187, 205 u. 207.

25 Leonard Cohen, *Das Lieblingsspiel*, Herbstein 1963, S. 157.

26 Martin Luther King, *Ich habe einen Traum*, Gütersloh 1996, S. 46.

27 Martin Luther King, *Ich habe einen Traum*, Gütersloh 1996, S. 7.

28 Jaap Mansfeld (Hrsg.), *Die Vorsokratiker*, Stuttgart 1983, S. 133.

29 Daniel Boorstin, *Das Image*, Reinbek b. Hamburg 1964, S. 77.

30 Bertrand Russell, *Philosophie für Laien,* in: ders., *Unpopuläre Betrachtungen*, Zürich 1951.

31 ATF = Bureau of Alcohol, Tobacco and Firearms.

32 *Robaiyat* (wörtlich: Vierzeiler): Spirituelles Werk des persischen Autors Omar Hayyam (1048–1131). Die Übersetzung E. Fitzgeralds ins Englische ist von 1859. Die zahlreichen deutschen Übersetzungen tragen Titel wie *Die Sinnsprüche Omars des Zeltmachers* oder *Wie Wasser strömen wir.*

33 *Etonian, Wykehamist, Oxonian*: Angehörige der Public Schools von Eton und Winchester bzw. der Universität Oxford, die ihre Zugehörigkeit zu den Eliteeinrichtungen u. a. auch durch eine besondere Sprechweise zeigen.

34 Ausdrücke aus der Cricketsprache.

35 Anspielung auf den Cricketspieler Derek Pringle.

36 Beim Cricket einen gerade Schlag schlagen, im übertragenen Sinn: einen ehrlichen, geradlinigen Charakter haben.

37 Charterhouse: berühmte Public School; Cambridge: Universität.

38 *Chink*: »Schlitzauge«, aber auch »schwache Stelle«; Chang: Tennisspieler Michael Chang.

39 *Vindaloo*: Scharfes indisches Gericht.

40 *L'enigma dell' arrivo e del pomeriggio* – Naipauls Buch heißt in der englischen Originalausgabe *The Enigma of Arrival*.

41 Dieses Zitat und die folgenden nach V. S. Naipaul, *Das Rätsel der Ankunft*, Köln 1993, S. 13, 185 u. 71.

42 Dieses Zitat aus Shakespeares *Richard II.* wie auch die folgenden aus dem *Sommernachtstraum* sind den Übersetzungen von Schlegel und Tieck entnommen.

43 Es ist die zerbrochene Heckscheibe eines Nissan. Dieses Zitat und die folgenden (mit kleinen Abweichungen) nach Romesh Gunesekera, *Sandglas*, Zürich 1999, S. 199, 70, 11, 15 u. 246.

44 Theodor W. Adorno, *Minima Moralia*, Frankfurt am Main 1951, S. 41.

45 Graham Greene, *Die Stunde der Komödianten*, Frankfurt am Main 1970, S. 310 u. 369.

46 Huston Smith, *Eine Wahrheit – viele Wege*, Freiburg i. Brsg. 1993, S. 468.

47 Elias Canetti, *Nachträge aus Hampstead*, Frankfurt a. Main 1999, S. 161.

48 In Robert Frosts Gedicht *Der Tod des Instmanns* heißt es: »Daheim ist da, wo sie dich nehmen müssen, wenn du hinkommst.« Robert Frost, *Gedichte*, Ebenhausen b. München 1963, S. 17.

49 Christopher Isherwood, *Der Einzelgänger*, Karlsruhe 1965, S. 122.

50 Das Motto Kaiser Akihitos, der seit 1989 regiert, lautet »*heisei*«: »den Frieden schaffen«.

51 Haruki Murakami, *Mister Aufziehvogel* , Köln 2000, S. 105, 223, 386, 396, 468, 469 u. 487.

Dank

Ich möchte allen herzlich danken, die mir beim Schreiben dieses Buches und während der Zeit, als ich an ihm schrieb, geholfen haben. In Toronto (und von New York bis LAX) hat mich Paul Tough unterstützt und ist mir treu zur Seite gestanden – über lange Jahre und weit mehr, als er es hätte müssen. Die unvergleichlichen Louise Dennys und Rick Young haben mich in ihre verzauberte Welt entführt und mir den Eindruck vermittelt, dass ihre Stadt das zivilisierte Herz unseres Planeten darstellt. David Rothberg und Alicia Peres waren immer wieder gute Freunde und Gastgeber. Guy Lawson und Tom Perlmutter ließen mich ungeheuer großzügig an ihrem Wissen teilhaben. Marge O'Regan war so freundlich, mir die Zukunft der Stadt zu zeigen. Noelle Zitzer hat mir bei der Klärung vieler Fragen geholfen.

Für die mehr als zehn Jahre, in denen ich von den Olympiaden berichtet habe, bin ich ganz besonders den fröhlichen Vertretern des *Time*-Teams dankbar, die mich über alles Multikulturelle auf dem Laufenden hielten. Besonders nennen möchte ich Susanna Schrobsdorff, Larry Mondi, Joe Ferrer, Paul Witteman, Maryanne Golon und, nicht zu vergessen, das Ein-Mann-Technologie-Team Lamarr Tsufura.

In Hongkong waren Richard und Sharon Rawlinson wunderbare und unnachahmliche Freunde für mich – wie schon Jahrzehnte zuvor auf verschiedenen Kontinenten. Sie hatten immer Platz für mich und waren stets mit gutem Rat zur Stelle. Dank schulde ich auch Don und Ann Morrison und ihrem Team (insbesondere Isabelle Ng) für ihre Hilfe bei den Recherchen unter vietnamesischen Flüchtlingen.

Meine Eltern haben – schon lange bevor ich es überhaupt wahrnehmen konnte und in einem Ausmaß, das ich erst im Nachhinein bemerkt habe – die Konsequenzen meines globalen Lebensstils mitgetragen und mir alle Vorzüge ihrer verschiedenen Wohnungen in Oxford, Bombay und Kalifornien zugute kommen lassen.

Mein bester Leser und meine wichtigste Verbindung in Japan war über viele Jahre Michael Hofmann, der mit einer selten Klugheit den Kern der Dinge erfasst hat. In meinem Fall hat er sich über jedes Komma und den letzten Buchstaben jedes Manuskripts hergemacht, hat angemerkt, wenn ich das Wort *orange* zu oft wiederholt habe und hat mir gezeigt, wie schon das Aufteilen eines Satzes ein neues Universum öffnen kann. Oft habe ich beim Schreiben der Sätze den Wunsch verspürt, er möge mit seinem untrüglichen Röntgenblick die globale Oberflächenhaut von der Seele ablösen.

In New York haben für viele Jahre die unvergleichlichen Lynn Nesbit und Sonny Mehta das Projekt getragen. Große Schuld habe ich gegenüber meinem langjährigen Verleger Charles Elliott und gegenüber dem jetzigen, Dan Frank, abzutragen, die mich als Autor akzeptiert haben und mich – mit einer legendären Intuition und Einfühlung – dazu gebracht haben, mehr von meinem Lieblingsautor zu lesen und mir über mein eigenes Schreiben mehr Gedanken zu machen.

Cullen Stanley und Tina Bennett von Janklow & Nesbit haben sich unermüdlich mit meinen Texten befasst, Jennifer Weh und Carol Edwards trugen dazu bei, sie zu übermitteln. An der Westküste waren die sorgfältige Lektüre durch Mark Muro und die umfassende Freundlichkeit Mark Wexlers in vieler Hinsicht unersetzlich.

Ich habe keinen Assistenten, dem ich danken kann, und leider auch keinen Sekretär und keine Schreibkraft. Aber Sue Crispin von meinem Reisebüro hat mich mit unerschütterlicher Sicherheit bei meinen vielen Flügen glücklich »oben« gehalten, während Pam Henstell von Knopf meine »dienstlichen« Reisen nahtlos ineinander fügte. Und wie jeder, den es danach verlangt, über unsere schnellbewegte Zukunft auf dem Laufenden zu sein, mache ich meine fiktiven Reisen im *New Perspectives Quarterly*, dem einzigen Magazin, das ich kenne, das die Globalisierung

ständig unter allen Blickwinkeln im Auge behält. Sein Herausgeber Nathan Gardels hatte den genialen Einfall, all die großen Ideen und Geister zusammenzubringen – nicht, indem er sie alle in ein Zimmer pferchte, sondern indem er selbst von Ort zu Ort reiste, um sie zu einer großen Gesprächsrunde in seinem Magazin zu versammeln. Es ist ein glücklicher Zufall, dass dieses globale Forum auch das offizielle Sprachrohr des Center for the Study of Democratic Institutions ist, das meinen Vater – und damit meine Mutter und mich – das erste Mal in die Neue Welt gebracht hat.

Zuletzt muss ich noch meinen großartigen Gefährten während der Zeit des Schreibens an diesem Buch danken: meiner Freundin Hiroko Takeuchi und ihren Kindern Sachi und Takashi. Ich sollte auch nicht vergessen, an die formvollendeten Concerti Grossi Händels und die schroffen Lieder Van Morrisons, unseres modernen Blake, zu erinnern. In einer Welt, wo der Begriff »Heimat« sich als so schwer fassbar erweist, verankern sie uns fest im Bleibenden.